图中找谱

数智化时代的科技创新管理

国网上海市电力公司 编著

中国电力出版社
CHINA ELECTRIC POWER PRESS

图书在版编目（CIP）数据

图中找谱：数智化时代的科技创新管理 / 国网上海市电力公司编著 .—北京：中国电力出版社，2023.5

ISBN 978-7-5198-7793-4

Ⅰ.①图…　Ⅱ.①国…　Ⅲ.①科学技术管理 - 研究　Ⅳ.① F204

中国国家版本馆 CIP 数据核字（2023）第 074241 号

出版发行：中国电力出版社
地　　址：北京市东城区北京站西街 19 号（邮政编码 100005）
网　　址：http：//www.cepp.sgcc.com.cn
责任编辑：吴　冰（010–63412356）
责任校对：黄　蓓　马　宁
装帧设计：赵丽媛　徐元敏
责任印制：石　雷

印　　刷：北京九天鸿程印刷有限责任公司
版　　次：2023 年 5 月第一版
印　　次：2023 年 5 月北京第一次印刷
开　　本：710 毫米 ×1000 毫米　16 开本
印　　张：19
字　　数：269 千字
印　　数：0001—1000 册
定　　价：158.00 元

《图中找谱：数智化时代的科技创新管理》

编委会

推荐序一

全球迈入数字化时代，以云计算、大数据、人工智能与区块链为代表的数字技术，正持续释放巨大能量。2016 年 AlphaGo 横空出世，战胜围棋世界冠军，将人工智能推向新的高潮。当前，随着算法（Algorithm）、大数据（Big Data）、算力（Computing）这三项要素的综合推动，人工智能技术不断发展，智能制造、智慧城市、智慧医疗等场景的应用越发丰富，自动驾驶、知识图谱等技术大规模落地应用，正快速改变着人类的观念和生活。

人工智能已成为当代经济动力变革的新引擎，是当前引领性的战略性技术和新一轮产业变革的重要驱动力量，被认为是科技创新的下一个“超级风口”。在建设创新型国家的战略背景下，全球科技竞争的主动权离不开科技创新，而科技创新更需要数字化技术予以支撑、赋能，创新发展则需要人工智能担当“头雁”。

当今企业变革最大的驱动因素是数字化转型，基本思想是基于数字技术。随着数字化革命进程的加快，数据越来越多、越来越复杂、越来越多样，为了驾驭数字洪流，企业需要应用人工智能技术提高智慧决策能力，需要通过数据驱动改变与优化工作流程。数据作为数字化最为重要的底层构件，同时也是人工智能的核心要素之一，数字化产生的数据为人工智能提供源源不断的动力，两者互相促进，有机融合。面对庞杂的各类数据，如何抽取其中的关系？如何通过关系的梳理建立可视的图谱？如何通过图谱的分析来辅助各项管理决策？知识图谱技术提供了实现可能，知识图谱在各行业中的应用给出了诸多启示。

知识图谱作为人工智能领域的重要方向之一，是人工智能重要分支知识工程在大数据环境中的成功应用，已逐渐成为信息时代人工智能发展的核心驱动力之一，在新一轮的科技创新浪潮中，知识图谱将发挥越来越重要的作用，在知识融合与认知、语义搜索和推荐、智能分析与决策等领域凸显应用价值，助力科技创新的高质量发展。

在能源革命和数字化转型相融合的历史趋势下，在上海建设具有全球影响力的科技创新中心战略背景下，国网上海市电力公司紧跟人工智能技术发展趋势，深刻研究知识图谱相关技术的前沿应用。通过深入剖析电网企业科技创新工作的现状，深度挖掘企业在科技创新管理中的数字化需求和应用场景，提出了基于知识图谱的科技创新智慧管理体系，并基于公司构建科创智慧平台的优秀实践经验，为企业描绘了构建企业知识图谱的蓝图，带领读者了解知识图谱技术，掌握构建知识图谱的方法和步骤，借鉴通过科创智慧平台辅助科技创新管理决策的经验。

可以预见，这本书的出版将为各类创新主体在构建知识图谱、应用人工智能技术实现科技创新智慧管理等方面提供有益借鉴，为人工智能在科技创新的应用、管理、教育与研发工作中提供有价值的参考。

中国科学院院士、深圳大学校长

毛军发

推荐序二

今天我们所谈论的数字化，其实就是数据化，世界的数据化带来了数字化时代的兴起。我们这个时代，数据，已经渗透到当今每一个行业和业务职能领域，成为重要的生产因素。在人类的历史上，从来没有像现在这样用非常简便的方法，用非常短的时间获得大量的数据。数据成为新的生产资源。数字化时代，大数据和人工智能技术的创新应用不断改变着商业和产业模式，赋能数字化转型和科技创新，在关键技术、硬件系统、技术平台、应用和生态体系建设等方面创造越来越多的价值，推动企业、国家乃至整个社会的进步。

数字化转型过程中会产生海量的数据，它们是重要的智慧社会生产资料，如何更深入、高效地挖掘数据的内在价值，更直观、完整地展现数据之间的关系，是我们面临的一道难题。知识图谱就是在这样的背景下应运而生的，作为人工智能的重要分支，它利用知识工程理论建立大规模知识资源，从语义角度出发，通过对客观世界中概念、实体及其关系的描述，使计算机可以精准挖掘找到数据背后隐藏的有价值的知识，从而使我们具备更好地组织、管理和理解海量数据的能力，在用户需要的时候提供知识服务。知识图谱给互联网语义搜索带来了全新的活力，已经成为知识驱动智能应用的新型基础设施，是数字化时代推动人工智能发展的核心驱动力之一。

今天，我们比历史上任何时候都更加重视科技创新的重要性。伴随着数字化时代的到来，科技数据作为传播速度最快、影响面最广、开发应用潜力最大的科技资源，已经成为科技创新的新型战略资源，一个企业乃至一个国家的科技水平，将直接取决于其在科学数据上的优势，以及将数据转化为知识的能力。科技创新进入了数据驱动的时代。知识图谱的应用，实现了科技数据的加工、存储、挖掘、分析、共享和服务，从而促进科技资源的科学统筹配置，转变企业科技创新管理模式，促进科创资源的共享利用，进而提高服务水平，提高创新服务效率，推动科技创新的快速发展。

在数字化时代的浪潮中，企业要将数字化与科技创新深度融合，创造数字化的未来，做勇立潮头的弄潮儿。本书作者通过探究科技创新管理体系建设路径，探索科技数据数字化应用模式，在企业科技创新管理实践中成功构建了基于知识图谱的科创智慧平台，并在此基础上，通过不断深化科技创新资源数据服务，打造了企业科学数据服务生态体系。该平台汇集了先进的文献计量学、数学、统计学、计算机科学，以及现代数据挖掘、复杂网络和可视化技术，从宏观和微观等层面揭示电力学科领域及其结构、研究主题及其热点、学科进展及其发展趋势、研究团队及其合作关系等，帮助用户深入了解和发现电力技术发展概况、研究前沿、新兴及热点领域、重大转变关键节点、科技合作与竞争、学术水平和核心资源等重要信息；辅助用户观测技术的发展与演变，预测技术的发展趋势，为科技管理决策和战略规划提供量化、直观、有效的参考依据。

本书是作者在知识图谱企业实践应用的完整呈现，书中对于知识图谱的阐释、平台构建方法的展现将为读者朋友更好地了解、掌握知识图谱，开展科技创新管理提供有益的参考和借鉴。

香港科技大学首席副校长、英国皇家工程院院士、欧洲科学院院士

前言

人工智能正在快速地改变着我们的生活，各类产品、应用的涌现离不开背后各个领域技术的飞速发展，包括机器学习、计算机视觉、语音识别、自然语言处理等，作为人工智能时代最重要的知识表示方式之一，知识图谱能够打破不同场景下的数据隔离，为搜索、推荐、问答、解释与决策等应用提供基础支撑，被称为人工智能领域的一颗掌上明珠。

由于知识图谱能够广泛地适用于不同的任务，相较于深度学习，知识图谱中的知识可以沉淀，可解释性更强，更类似于人类的思考方式。近年来，不管是学术界还是产业界都纷纷构建自家的知识图谱，有面向全领域的知识图谱，也有面向垂直领域的知识图谱。其实早在文艺复兴时期，培根就提出了“知识就是力量”，在当今数字化时代，各大科技公司更是不约而同地提出：知识图谱是人工智能的基础。

人类从未停止对于知识的探索，知识图谱便是当下人类知识探索最先进的技术应用，它是以图的形式表现客观世界中的实体、概念及其之间的关系，致力于解决认知中的复杂推理问题，目前被广泛应用于搜索引擎、智能问题、语言理解、推荐计算、大数据决策分析等领域。本书中提到的“图中找谱”，包含两层含义：一是将人类知识表示为图谱的形式。在各类图形中，挖掘实体间的隐藏关联、探索图谱之下的未知知识，真正实现从感知到认知的跨越；二是通过知识图谱的应用，找到靠谱的知识内容，建立可靠的知识体系，发现深层的知识价值，为企业的决策、管理提供智能化的支撑。

本书共包括 6 章。第 1 章从数字化转型带来的机遇与挑战，看人工智能发展的现状和趋势，以此深入探究人工智能重要领域之一的知识工程的复兴，即知识图谱。第 2 章带领读者初探知识图谱，主要介绍知识图谱的基本概念、发展历程、应用价值、常规的构建方法、核心技术、构建的关键工具以及知识图谱具体的应用场景，并通过 3 个先进的实战案例，更深刻的理解知识图谱的运用及价值。同时，紧扣科技创新的主题，从知识图谱的角度阐释图中找谱赋能科技创新，围绕智能搜索、推荐、辅助决策等功能，剖析知识图谱是如何为科技创新从业者出谋划策、求贤用士、提质增效。第 3 章通过对企业科技创新管理的现状进行分析，发现其中短板，挖掘企业科技创新数字化管理的需求，在此基础上，结合数字化管理的需求，设计平台定位、特征和整体架构，并根据需求和场景，设计具体功能。第 4 章结合国网上海市电力公司构建知识图谱的实际案例，手把手带领读者构建自己公司的知识图谱，主要从知识建模、抽取、存储、融合、加工、可视化呈现 6 大步骤展开介绍。第 5 章在建立企业知识图谱的基础上，围绕科技创新资源、项目、人才等要素，构建技术需求识别、科研水平评价、技术趋势预判等辅助决策模型，进一步深化基于知识图谱的科技创新管理应用，丰富公司科技创新平台的应用场景，实现科技创新的智慧布局，项目的闭环管理，人才的优选培育等。第 6 章结合中国内外部环境现状，对我国科技创新发展进行展望，同时，从面临的挑战看知识图谱现阶段研究和推广的难点，提出知识图谱未来的发展形态。

全书内容涵盖了知识图谱技术的发展历程，介绍了相关核心技术、应用场景和实战案例，结合以知识图谱为核心的科技创新智慧平台搭建实例，全面展示了知识图谱技术在科技创新管理中的应用。本书为数字化时代的科技创新管理打开了一扇智慧大门，让我们一起开启这场知识发现之旅吧。

随着人工智能技术的不断演进，数字经济的迅猛发展，科技创新的数字化需求不断发生变化，相关理论、技术也持续演化，由于作者水平所限，本书中不足及错误之处在所难免，衷心地欢迎各位专家与学者给予批评指正。

国网上海市电力公司

2022 年 8 月

目录

推荐序一
推荐序二
前言

第1章　数字化时代的新浪潮　/ 001
1.1　数字化转型的新趋势　/ 003
1.2　人工智能的新篇章　/ 006
1.2.1　数字化转型与人工智能　/ 006
1.2.2　人工智能的简述　/ 007
1.2.3　人工智能的发展趋势　/ 007
1.2.4　我国人工智能发展趋势　/ 009
1.2.5　人工智能与知识图谱　/ 010
1.3　知识图谱的新机遇　/ 011

第2章　改变你观察世界的方式　/ 015
2.1　走进知识图谱　/ 017
2.1.1　知识图谱的基本概念　/ 017
2.1.2　知识图谱的发展历程　/ 019
2.1.3　知识图谱的应用价值　/ 021
2.1.4　知识图谱的构建方法　/ 024
2.1.5　知识图谱的核心技术及关键工具　/ 030
2.1.6　知识图谱的应用场景　/ 039

2.1.7 知识图谱的实战案例 / 044
2.2 知识图谱赋能科技创新 / 056
2.2.1 图中找谱——出谋划策 / 056
2.2.2 图中找谱——求贤用士 / 057
2.2.3 图中找谱——精益求精 / 058

第 3 章 搭建基于知识图谱的科创智慧平台 / 061
3.1 企业科技创新活动现状分析 / 063
3.1.1 拨开云雾：科技创新管理现状分析 / 063
3.1.2 与时俱进：科技创新管理数字化提升需求 / 070
3.2 平台的总体构想 / 075
3.2.1 锚定乾坤：平台的定位 / 075
3.2.2 匠心独具：平台的特征 / 077
3.3 平台的功能设计 / 078
3.3.1 洞若观火：用户需求挖掘 / 078
3.3.2 因地制宜：应用场景梳理 / 081
3.3.3 称心如意：平台功能设计 / 084
3.4 平台的架构设计 / 088
3.4.1 量体裁衣：用户需求与平台功能匹配 / 088
3.4.2 一览而尽：平台架构设计 / 089

第 4 章 跟着我一起创建属于你的知识图谱 / 097
4.1 知识图谱的构建 / 099
4.1.1 精准定义：知识建模 / 100
4.1.2 抽丝剥茧：知识抽取 / 108
4.1.3 千仓万库：知识存储 / 122
4.1.4 融洽无间：知识融合 / 126
4.1.5 枝分缕解：知识加工 / 131
4.2 知识图谱可视化展示 / 133

4.2.1 知己知彼：可视化需求分析 / 133
4.2.2 千变万化：丰富的可视化展示 / 134
4.2.3 对症下药：图谱可视化的具体应用 / 149
4.2.4 知识图谱应用场景示例 / 162

第5章 教你如何图中找谱玩转科技创新 / 169

5.1 科技创新项目管理 / 171
5.1.1 高瞻远瞩：科技创新布局 / 171
5.1.2 长辔远驭：项目闭环管理 / 196
5.2 科技创新资源匹配 / 228
5.2.1 擘两分星：科创资源推荐 / 229
5.2.2 选贤任能：人才画像优选 / 242
5.3 科技创新人才管理 / 253
伯乐相马：人才潜能评价 / 253

第6章 数字化时代知识图谱与科技创新的未来 / 263

6.1 知识图谱的未来 / 265
6.1.1 知识图谱发展面临的挑战 / 265
6.1.2 知识图谱的发展趋势 / 267
6.2 科技创新的未来 / 269
6.2.1 科技创新激发新动能 / 269
6.2.2 科技自主创新能力的打造 / 272

附录 单项技术水平评价细则 / 274

参考文献 / 279

第 1 章
数字化时代的新浪潮

当前，世界面临百年未有之大变局。在多变复杂的国内外环境下，在互联网经济迅猛发展的形势下，消费愈加个性化、技术变革与产业革命升级加速。唯有依靠科技创新来破局，才能在危机中孕育创新发展的先机。同时，对于企业而言，科技创新也不再是一道选择题，而是一道创新发展的必答题，是当前企业的核心战略。

1.1 数字化转型的新趋势

当前，数字化转型的热度持续飙升，但社会各界对于数字化转型的理解和实现路径各有自己的见解。其中一种社会认同度较高的解释认为，数字化转型就是利用数字化技术来实现企业组织在业务模式、组织架构、企业文化等方面变革的一系列措施。高德纳公司给数字化转型（digital transformation）下的定义是开发数字化技术及支持能力以新建一个富有活力的数字化商业模式。

本书认为，数字化转型是通过各种新兴数字技术的应用，如移动互联、大数据、机器学习、人工智能、物联网、云计算、区块链等，为企业组织构想、缔造、实现新的、差异化的价值，帮助企业去追寻新的收入来源、打造新的产品和服务、构建新的商业模式。数字化转型通过技术与商业模式的深度融合，最终实现商业模式的变革。

数字化转型还可以从“数字化”和“转型”两个维度来看。“数字化”通过数字表达实现了真实世界与虚拟世界的紧密链接，将客观存在的现实信息转换成可分析的数据。比如，在万物互联的时代下，智能汽车通过上百颗各类传感器，收集车辆道路、车辆换将、驾驶员行驶等数据，分析道路情况、环境变化以及驾驶员行驶习惯等，实时动态调整汽车的行驶速度、方向，从而实现了智能汽车的自动辅助驾驶。而“转型”则是通过数字技术的加持实现企业和客户之间的双向互动、信息的双向流通，创造新的商业模式。例如，当消费者快要用完某件商品的时候，企业可以通过收集到的数据信息——消费者的购买时间、使用偏好、使用频率等——向消费者推送购买提醒、优惠活动或发放折扣卡券等，提高消费者的体验满意度、优化企业的产品运营模式，激励企业为不断提高产品效益而加快智能化产品和服务的研发，推动企业转型升级。

我国“十四五”规划对数字化的发展做出了重要部署，将其推向了一个新的高度。在规划中，“数字化”一词出现了 25 次。其中，明确指出，我国的数字化建设将以数字化转型为驱动，涵盖数字经济、数字社会、数字政府等方面，并辅以良好的数字生态，从而更加全面、系统和规范。而在宏观经济层面，数据也已经成为生产要素，数字经济成为核心经济形态。中国信息通信研究院（CAICT）发布的《中国数字经济发展报告（2022 年）》中指出，2021 年我国数字经济规模达到 45.5 万亿元，同比名义增长 16.2%，高于同期 GDP 名义增速 3.4 个百分点，占 GDP 比重达到 39.8%，数字经济在国民经济中的地位更加稳固、支撑作用更加明显。从当前实践来看，数字化转型对企业的价值主要体现在以下几个方面：

（1）提升企业效率。通过数字技术规范业务流程，实现业务操作自动化和专业工作智能化，提升企业人员管理效率和业务运行效率，达到降本增效的目的。

（2）优化运营管理。数据信息为企业制定决策提供了更加全面、客观的依据，有利于提升企业的管理能力和水平。

（3）改善产品服务。通过数字化技术能够让产品和服务更加快速、更加精准地直达客户，降低客户需求不确定性带来的影响，提升产品和服务的个性化。

（4）创造新增长点。数字化转型可以催生企业在数字领域的业务或项目，在实现企业商业模式变革的同时，为企业创造新的业务增长点，提升企业收益。

与此同时，5G通信技术、大数据、AI智能、物联网等技术领域的快速发展也为数字化转型奠定了良好的技术底座，为企业实现数字化转型也提供了有利条件。

虽然大多数企业都认识到了进行数字化转型的重要性以及转型后带来的价值，但是在实际执行和落实的过程中仍存在较大困难，例如，数字化转型方案本身落地难度较高，而很多企业更是因为对数字化转型的认知偏差、缺少数字技术基础和技术人才等原因，面临着不敢转、不能转、不会转等问题。

在对数字化转型的认知方面，很多企业只关注到了“数字化”这一部分，简单地认为将工作由纸面搬到电脑上、机器上就实现了数字化转型，对数字化转型的认知只停留在对数据和技术的简单利用层面，而忽视了“转型”这一部分。数字化转型包含了“数字化”和“转型”两个维度，最终是要通过数字技术的应用实现企业运营、人员管理、组织架构的转型，带来企业战略、组织文化的变革，而不只是技术的应用。因此，忽视企业战略，盲目追求技术，将难以对企业的实际经营赋能，更不要说成功转型了。

在数据基础方面，不少企业的数据基础并不稳固。数字化转型的关键就是数据，数据的全面性、科学性、准确性是确保数字化转型成效的基础。如果数据不准确，则任何技术都没有意义，得不到正确的见解。目前不少企业拥有海量数据，但数据的应用、处理、共享不足，存在着数据孤岛、无效数据、虚假数据等问题，数据基础薄弱，无法和企业的数字化应用匹配起来。甚至有些传统企业仍然停留在纸质文档记录数据的阶段，信息化水平低。只有解决数据基础问题，才能使数字化技术实现真正的价值。

缺少企业数字技术人才也是数字化转型中的一个巨大挑战。技术人才是企业实现数字化转型的关键资源。当前，企业除了缺少足够的数字技术人才外，已有的数字技术人才质量不高也是一大问题。企业需要的是精技术、懂业务、懂运营的高质量T型人才。而巨大的人才缺口加上弱于互联网行业的吸引力，使得传统行业在数字化转型过程中，面临着“找不到、招不起、留不住”的人才困境。

1.2 人工智能的新篇章

1.2.1 数字化转型与人工智能

数字化转型奠定了人工智能发展的基础，被赋予生命和智慧的人工智能又进一步助推数字化转型的加速，两者密不可分。数字化转型的三个本质特征是连接、数据和智能。连接是数字化的基础。随着互联网、物联网等移动网络的发展，人与人、人与物、物与物之间的沟通和联系方式发生了颠覆性变化，只有通过连接，才能实现业务的线上化、数据化，将现实中的业务通过数据模拟，构造数据空间中的镜像，表现为数字孪生。连接方式的改变为企业积累海量数据奠定了基础。当企业所有业务发展为线上之后，与企业相关的所有业务数据、财务数据、行业大数据等能够实现数字空间中的实时、动态存储，构成了海量数据源。企业可以利用数据源开展数据治理、数据计算、数据建模、数据加工，进行多维度的数据洞察，实现业务和管理的数字化，为企业创造价值。

数据是数字化转型的核心，只有通过数据的驱动才能实现数字化转型。而数据的驱动离不开人工智能（AI）的普及和应用，人工智能的发展也离不开海量数据的发现和输入，两者的关系是相辅相成的。早期，人工智能无法进行有效的自我学习和训练，主要原因就是缺乏大量而多样化的数据，缺少强大的数据运算处理能力，数字化实现了海量数据价值的发现，为数字机器自主学习提供了丰富的信息资源，加速了人工智能的进程。与此同时，自然语言、图像和视频理解灯技术赋予了机器“看”“听”和“说”的能力，深度学习的神经网络赋予了机器“自主学习”的能力，大数据处理赋予了机器“决策”的能力，各种传感器和执行器又赋予了机器“感知”和“操作”的能力，这些被赋予能力的人工智能系统能以极高的速度查阅海量的信息和样本，进一步又实现了海量数据价值的挖掘和实现。

智能是数字化转型的目标，也是驱动各领域数字化转型的关键。在

Gartner公布的2021年十大数据和分析技术趋势中，人工智能位居于首位。通过人工智能技术，企业能够实现更深入、更快速的数据挖掘，通过智能应用还能够进一步放大数据资产的价值，提升数字化转型效益。智能作为数字化转型的本质特征，需要人工智能提供更像人类思考的技术和工具。

1.2.2 人工智能的简述

人工智能（artificial intelligence，AI）是在1956年的达特茅斯（Dartmouth）会议上正式提出，距今已有60余年历史，时至今日，人工智能出现了三波发展浪潮：发展形成阶段（20世纪40年代—20世纪70年代中期）、快速成长阶段（20世纪70年代中期—90年代中期）、纵深发展阶段（20世纪90年代中期至今）。目前正处于第三次增长爆发期。2006年随着深度学习概念的提出和突破，人工智能的软硬件技术取得突破性进展，同时，也伴随着全面商业化的爆发。计算机技术飞速发展、互联网催生了海量数据，这些都加速了人工智能领域中深度学习技术的发展，也带来了语音识别、人脸识别、图像识别等技术的快速产业化。在此期间，涌现了一大批与人工智能相关的理论成果，其中“符号主义”“联结主义”“行为主义”是人工智能理论研究中最重要的三大理论成果，这三大理论也是人工智能的理论基础。

1.2.3 人工智能的发展趋势

人工智能已成为人类有史以来最具革命性的技术之一，目前被广泛应用在各行业领域，其范围从电子商务到量子计算系统，从医疗诊断系统到消费电子产品。可以预见的是，人工智能正在与各行各业相融合，发生着奇妙的化学反应，迸发着不一样的火花。

趋势一：人工智能技术进入大规模商用阶段，人工智能产品全面进入消费级市场。

华为在其发布的智能手机产品中使用了自主研发的人工智能芯片，苹果公司从iPhone X系列开始也采用了面部识别等功能，三星最新发布的语音助手Bixby实现了软件层面“你问我答”模式的语音助手的升级。人工智能通过智能手机已经与人们的生活息息相关。

在人形机器人市场，沃尔玛从2017年开始与机器人公司Five Elements合作，用具备导购和自动跟随功能的机器人代替了传统的购物车；肯德基也曾与百度合作，在餐厅引入机器人“度秘”帮助用户实现智能点餐；软银公司研发的人形情感机器人Pepper于2021年开始大面积售卖。

人工智能在商业服务领域的全面应用，为其实现大规模商用开辟了一条新路。能够预见，人工智能机器人在商场等公共场的大规模普及会早于其在我们客厅的普遍使用。

趋势二：人工智能在超自动化中的重要作用日益凸显。

“超自动化”是调研机构Gartner公司研究发现的一种新兴技术趋势。它以交付工作为目的，由多种机器学习、套装软件和自动化工具集合而成。超自动化中除了丰富的工具组合外，还包含自动化本身所涉及的发现、分析、设计、自动化、测量、监控和再评估等流程和步骤。超自动化的关键在于明晰自动化步骤的作用范围、各要素之间的关联、组合与协调方式。

2020年新冠疫情的爆发加快了“超自动化”的应用，其中人工智能是关键组成部分和主要驱动因素，除此之外，机器人自动化工具等技术的应用也快速发展，自动化的业务流程在适应不断变化的同时，也提升了主动应对意外情况的能力。

趋势三：基于深度学习的人工智能的认知能力将达到人类专家顾问级别。

Gartner的报告认为，基于机器深度学习能力的提升和大数据的积累，未来2~5年内“认知专家顾问”将成为被采用的主流新兴技术。近些年，人工智能技术的快速发展得益于性能更强的神经元网络、价格低廉的芯片以及大数据这三个要素的融合。其中神经元网络通过模拟人类大脑，让机器具备了进行深度学习的基础，而对某一领域的持续的深度学习给了人工智能逼近人类专家顾问水平的可能，更有甚者，未来进一步取代人类专家顾问。

趋势四：增强智能的兴起。

IA，即intelligence augmented，通常被称作增强智能，是指信息技术在增强人类智能中的有效利用，也被一些组织称作认知增强或者智力放大。这一概念最早可追溯至20世纪50～60年代控制论和早期计算机先驱的言论中。

与人工智能以机器替代人类的终极目标不同的是，增强智能工具的创建是为了帮助而不是替代人类。增强智能是为人工智能提供辅助支撑为目标，以提高人的智力与能力为认知技术的目的。

对于企业来说，增强智能的兴起应该是一个令人振奋的趋势。实现智能技术和人员能力的有机结合，能够提高企业员工的效率和绩效。

Gartner公司预测，2023年，大型企业中约40%的基础设施和运营团队将采用人工智能增强的自动化技术来提高生产率。

1.2.4　我国人工智能发展趋势

（1）人工智能与其他技术加速融合。

5G技术、IoT、VR/AR技术与人工智能结合，加速了万物互联的实现，其中5G技术为万物互联奠定了技术基础，IoT提供了数据基础，VR/AR带来了全新的交互体验，这些技术与人工智能的结合，将加速人工智能的商用落地及万物互联的实现，创造出更丰富的应用场景。

（2）迈入认知智能时代。

自然语言处理技术的发展提升了人工智能在语句分析、语义理解方面的准确率，知识图谱技术赋予了机器更完备的知识推理能力，推动了人工智能从感知智能向认知智能迈进，丰富了更加多元的业务和应用场景。语言、语义、视觉和情感的多模态融合将成为人工智能领域的重点研究方向。

（3）新基建加速了人工智能的普及。

面对经济下行和疫情的双重冲击，在转型升级方面，传统产业的意愿日趋强烈。疫情期间，人工智能广泛应用于医疗、生活、生产等众多新场景之中，为实现社会的正常运转提供了有力的支撑保障。随着国家在5G基站等一系列新基建建设的推进，中国经济新旧动能转化加速，也为人工智能发展奠定了坚实的硬件条件，能够推动新一轮的产业升级革命。

（4）人工智能纵横拓展加快。

纵向上，算法、算力等技术的不断突破催生人工智能实现阶段性飞跃；

横向上，人工智能与新、老产业不断融合加速不断拓展应用领域。技术突破和场景丰富不断发展，也强化了人工智能在基础设施中的地位，在贯穿、重构社会生产生活方面不断提速，催生了众多新产品、新模式、新业态。

（5）人工智能落地场景更加细分垂直。

随着人工智能产业发展更加成熟、完善，各行业对人工智能应用场景的垂直化、专业化、场景化、细分化诉求也更加苛刻，一些通用化、浅层化的人工智能产品和服务无法适应行业的高标准要求。人工智能企业需要通过更精细化、高质量的数据不断改善、优化、提升产品和服务，并加速其商业化应用，尤其是高质量数据的积淀至关重要。

1.2.5 人工智能与知识图谱

谈到人工智能技术，第一时间出现在人们脑海中的很可能是深度学习、机器学习技术等；谈到人工智能应用，人语音助理、自动驾驶等也很可能是人们的第一反应。但是如果你对人工智能有持续的关注就会发现，知识图谱作为人工智能的必要依托技术，正在被越来越多地谈起。我们在进行人工智能探索的道路上，需要不断深入地了解其本质，并在其基础上衍生出各种上层的智能应用。在笔者看来，知识图谱正是起到了这样一个作用（见图 1-1）。

知识图谱是人工智能很重要的一个分支，是人工智能三大路线中符号学派的重要研究方向。人工智能的目标是为了让机器能够具备像人一样进行理性思考及做事的能力→在符号主义的引领下，知识工程（其核心内容为建设专家系统）取得了突破性的进展→在整个知识工程的分支下，知识表示是其中一个非常重要的任务→而知识图谱又恰恰是知识表示的重要一环。

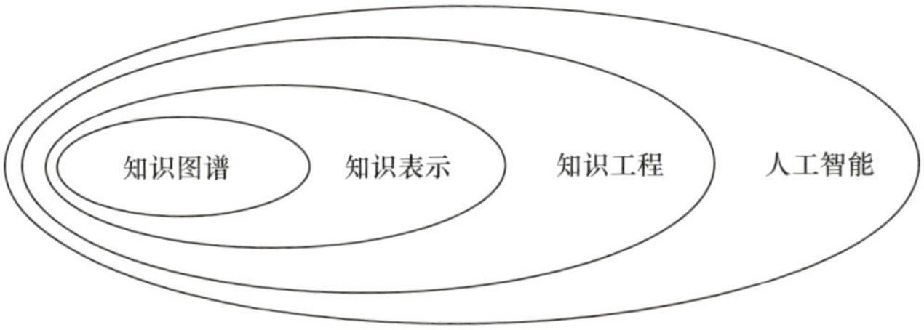

图 1-1 知识图谱与人工智能的关系

人工智能时代下，知识图谱又有什么独特的魅力？为什么会受到如此广泛的关注呢？

知识图谱赋予了机器语言认知的可能性。机器要认知语言、理解语言，就需要了解语音的相关背景知识。而知识图谱涵盖了大量的实体及概念间的关系，可以为机器理解自然语言提供必要的背景知识的支撑。

知识图谱使可解释人工智能成为可能。在人工智能发展的过程中，事物的可解释性对于我们理解人工智能的各项操作是必需的，现在的深度学习也常因为缺少可解释性而受人诟病。知识图谱中包含的众多概念、属性、关系等都是一定逻辑、联系的体系，是天然可拿来做解释的。

知识能够显著增强机器的学习能力。传统的机器学习是通过大量的样本进行知识学习的，然而随着大数据红利的逐渐消失，这一传统的机器学习方式难以为继。通过知识图谱等先验的知识去赋能机器学习，可以降低机器学习对于样本的依赖，还能够增强机器学习的能力，这一趋势或许是新时代下连接主义和符号主义的新的和谐共生。

除了上述的种种优势，知识图谱在一系列实际的操作应用上也发挥着重要作用，如在针对性搜索、精准推荐、风险识别、行业数据的理解与洞察等各种各样的应用场景中发挥了重要作用。

信息技术革命仍在深入推进，数据会趋向更大规模、更多连接的方向发展，在此背景下，知识图谱在知识工程的复兴之路中将发挥引领作用，推动机器认知智能的实现。

1.3　知识图谱的新机遇

知识图谱属于人工智能的重要分支——知识工程的研究范畴，它以知识工程中语义网络作为理论基础，结合了机器学习、自然语言处理、知识表示和推理的最新成果，它利用知识工程理论建立了一个大规模的知识资源库。知识图谱给互联网语义搜索带来了新的活力，在智能问答中彰显了特色和优势，已经成为知识驱动的智能应用的底座。知识图谱与大数据、深度学习一起，成为推动互联网和人工智能发展的核心驱动力之一。

首先，让我们来了解一下知识工程，它是实现认知智能的过程中的一门重要学科。知识工程脱胎于人工智能最重要的学派之一——符号主义。符号主义认为认知即计算，知识是人工智能的核心和基础，知识的表示、推理和运用是人工智能实现的关键。其代表性人物是 Newell 和 Simon，他们提出了符号主义的理论基础，即物理符号系统。这一理论认为智能的本质就是符号的操作和运算。这一理念被知识工程的鼻祖 Edward Feigenbaum 重新阐释为：AI 系统＝知识＋推理。知识工程正是在这样的基础上蓬勃发展起来的。

知识工程的发展，从 20 世纪 70 年代提出到今天经历了两个阶段：

（1）第一个阶段——传统知识工程。

传统知识工程在 20 世纪 70～80 年代时严重依赖专家和人的干预，先由领域专家把知识表达出来，然后知识工程师把领域专家的语言描述为计算机可以表达和处理的形式，是典型的自上而下的做法。受当时存储等环境条件的制约，在没有大数据技术的情况下，很难做到大规模数据化留存，自下而上的数据驱动的知识获取也不可能实现，所以只能靠有限的专家、人力去做。这就导致了知识规模有限、质量存疑，具体表现为知识表示和知识应用方面的困难。

知识表示方面的困难主要是在隐性知识、过程知识、领域知识的形式化表达较为困难，专家知识也不可避免地存在主观性，不同专家之间知识可能存在不一致等情况，知识表达难以完备，知识缺漏更是常态。知识应用方面的困难主要表现为，在知识的应用方面，经常发生超出预先设定的知识边界、很多应用缺乏必需的常识支持、针对异常情况和不确定性推理难以处理、知识更新困难等。

基于以上这些约束和限制，传统知识工程的应用场景较为狭窄，只能用于规则明确、边界清晰、应用封闭的场景。其中最成功的应用就是几何定理的证明，因为规则是绝对明确，边界绝对清晰，应用绝对封闭。当前 AI 领域所谓的成功应用绝大部分也都满足这样的条件，如 AlphaGo 下棋，就是在下棋规则的封闭场景应用。

（2）第二个阶段——大数据知识工程。

虽然知识工程解决问题的思路极具前瞻性，但由于其在传统知识表示的规模方面受到限制，也不能适应互联网时代大规模开放应用的需求，在20世纪80年代之后，传统知识工程就渐渐淡出了人们的视野，学界和业界的知识工程研究者们也在试图寻找新的解决方案以更好地应对这些问题。

谷歌在这方面取得了率先突破。谷歌搜索是谷歌公司的核心产品，这类互联网产品主要有以下特点：大规模开放性应用，用户搜索内容的不可预测性，低精度需求，对搜索内容的理解与回答涉及的简单推理多、复杂推理极少。

基于此，谷歌构建了自己的知识图谱，在使用与语义检索中，增加收集信息的渠道，提高搜索质量。知识图谱的推出是知识工程发展的一个重要节点，推进知识工程进入了大数据时代的新阶段。谷歌用一个全新的名称表达表示了与传统知识决裂的坚定态度。

知识图谱在大数据时代的出现绝不是偶然的，大数据时代的技术和环境为知识图谱技术的发展培育了丰沃的土壤。大数据技术为大规模获取知识提供了可能性，知识图谱作为一种大规模语义网络，通过知识规模上的量变带来了知识效用的质变。

在大数据时代，我们拥有海量数据、强大的计算能力、群智计算技术以及层出不穷的模型。这些外在条件解决传统知识工程中知识获取这一制约其发展的瓶颈问题，利用数据算法能够实现知识的大规模自动化获取。

传统知识获取方式是通过专家自上而下的获取，而现在则可以通过数据实现自下而上、从内到外的知识挖掘和抽取。另外，众包与群智也为大规模知识获取提供一种新的方式，高质量的UGC内容，成为自动挖掘知识的高质量数据源。

总的来说，知识图谱技术的发展带领知识工程进入了全新的发展阶段，即大数据时代的知识工程阶段。

第 2 章
改变你观察世界的方式

随着互联网的发展，网络数据内容呈现爆炸式增长的态势。由于互联网内容的大规模、异质多元、组织结构松散的特点，给人们有效获取信息和知识提出了挑战。知识图谱（knowledge graph）以其强大的语义处理能力和开放组织能力，为互联网时代的知识化组织和智能应用奠定了基础。

本章我们将向大家全面介绍知识图谱，从它的前世今生，到目前的前沿应用，让大家体会知识图谱一图胜万言、一目了然的魅力。

2.1 走进知识图谱

2.1.1 知识图谱的基本概念

2010 年谷歌通过收购 Metaweb 公司获得了该公司的语义搜索核心技术，通过这些核心技术可以从互联网的网页中抽取出实体及其属性信息，以及实体间的关系，由此构建了一套信息检索的新模式，为解决搜索与实体相关的智能问答提供了解决方案。2012 年 5 月 17 日，谷歌在这一技术的基础上，宣布以知识图谱构建下一代智能化搜索引擎，由此，谷歌通过这一项目提出了“知识图谱”的概念。

1. 知识图谱的定义

知识图谱是一种用图模型来描述知识和建模世间万物的关联关系的技术方法，即描述现实世界中存在的实体以及实体之间的关系，见图 2–1。知识图谱以人类对世界的认知视角，通过资源描述框架（RDF）三元组，即“实体 – 关系 – 另一实体”或“实体 – 属性 – 属性值”集合的形式来展现世间万物之间的关系。为赋予机器以人类的认知效果，利用 NLP 技术、图计算、知识表示学习等手段，将非线性世界中的知识信息结构化，实现机器计算、存储和查询的功能。知识图谱是人工智能技术走向认知的必要基础。

知识图谱的早期理念来自语义网（semantic web），其最初理想是实现真正的语义检索，通过把基于文本链接的万维网转化成为基于实体链接的语义网，支持用户按主题而不是按照字符串检索。在知识图谱的应用下，用户不必浏览大量网页，搜索引擎直接以图形方式向用户反馈结构化的知识，帮助用户准确定位和深度获取知识。

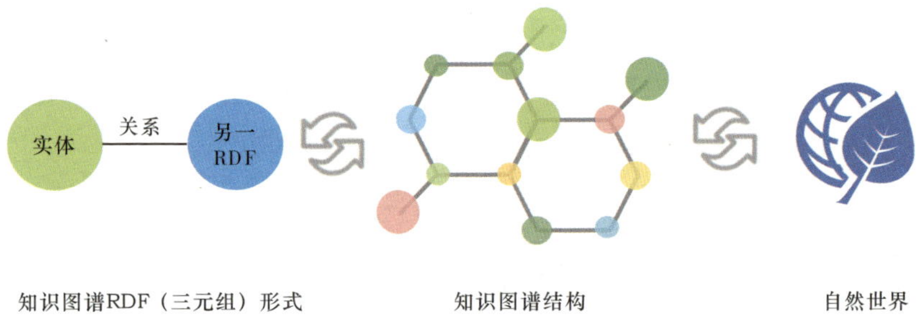

图 2–1　知识图谱的定义

知识图谱的定义包含 3 层含义：

（1）知识图谱是一种网状知识库，由某个具有属性的实体通过关系链接而成。从“图”的层面来说，知识图谱其实是一种概念网络，该网络中的节点代表着物理世界的某个实体（或概念），各个节点之间的连线则代表着实体间的各种语义关系，因此，也可以说对物理世界的另一种符号表达就是知识图谱。

（2）知识图谱提升了网络信息的知识价值。知识图谱以当前的 Web 为基础，通过在 Web 网页之上建立概念间的链接关系从而形成另一层覆盖网络（overlay network）。这种网络用最小的代价重新组织起了互联网中积累的信息，将这些信息变成了可以被人们利用的知识。

（3）知识图谱改变了现有的信息检索方式。相对于现有的字符串模糊匹配方式而言，知识图谱则是通过推理来实现概念检索。同时通过对结构化知识进行分类整理，为用户展现出一种图形化的结构方式，帮助人们摆脱了通过人工过滤网页寻找答案的低效模式。

2. 知识图谱的架构

知识图谱从逻辑上可以划分为 2 个层次：数据层和模式层。

数据层主要是由知识构成的图数据库，在这里，知识以事实（fact）为单位进行存储，例如谷歌的 Graphd 和微软的 Trinity 都是典型的图数据库。在以“实体—关系—另一实体”或者“实体—属性—属性值”三元组作为事实的基本表达方式下，这些数据将构成图数据库中庞大的实体关系网络，即知识的“图谱”。

模式层位于数据层之上，存储的是经过提炼的知识。模式层是知识图谱的核心，一般通过借助本体库对公理、规则和约束条件的支持能力来规范实体、关系以及实体的类型和属性等对象之间的联系，实现对模式层的管理。

3. 知识图谱的特征

知识图谱的特征表现为四个方面：强大的关系表达能力、类人分析能力、知识学习能力、高速反馈能力。

在关系表达能力方面，与传统数据库通过表格、字段等方式进行读取的方式不同，知识图谱中的关系层级及表达方式多种多样，并且运用图论和概率图模型，可以对复杂多样的关联关系进行分析和处理，从而能够满足企业管理多种角色关系的需要。

在分析能力方面，知识图谱能够在对象关系的发现、分析、推理、论证等方面模拟人的思维方式和思考过程，实现一种交互探索式分析，业务人员不用借助专业人员的协助就能够自己独立完成。

在知识学习能力方面，知识图谱能够支撑一些交互动作的学习，例如推理、纠错、标注等，利用交互式及其学习技术沉淀知识逻辑和模型，提高系统智能性，帮助企业通过内部知识的沉淀降低对经验的依赖。

在高速反馈能力方面，相比于传统存储方式，知识图谱的优势在于图式的数据存储能够更快地调取数据，例如，在计算超过百万潜在的实体分布时，计算结构可实现秒级返回，达到实时响应人机互动，帮助用户即时决策。

2.1.2 知识图谱的发展历程

虽然知识图谱的概念较新，但它并非是一个全新的研究领域。知识图谱的理论源头在20世纪50年代就已出现，且涵盖了专家系统、语义网、描述逻辑等重要技术形态。回顾知识图谱60年来的发展历程，可以将其分为五个标志性时期。

1. 前知识工程时期 1950～1970年

1955年，加菲尔德在《Citation Indexes for Science：A New Dimension in Documentation through Association of Ideas》论文中提出将引文索引应用于检索文献。1965年普赖斯在借助《科学引文索引》研究了论文之间的引用与被引用关系，指出文献间的引用关系可以用"引证网络"的形式表示。1968年，罗斯奎林提出语义网络（semantic network）的概念，即用相互连接的节点和边来表示知识，其本质上是一种存储知识的数据结构。

2. 专家系统时期 1970～1990年

1977年，在第五届国际人工智能会议上，美国计算机科学家费根鲍姆教授（B.A.Feigenbaum）首次提出知识工程的概念。知识工程是通过存储现存的知识来实现对用户的提问进行求解的系统，其中最典型和成功的知识工程的应用是专家系统。随后，涌现出了很多成功的限定领域专家系统，如MYCIN医疗诊断专家系统、识别分子结构的DENRAL专家系统及计算机故障诊断XCON专家系统等。20世纪80年代后期，出现了很多针对专家系统的开发平台，可以将专家领域的知识转变成计算机可以处理的知识。特别是以Cyc为代表的常识性大型知识库系统，希望能够用知识描述世界，同时实现对自然语言的理解、生成与推理。

3. 万维网和统计机器学习时期 1990～2000年

这一时期出现了大量由人工构建的大规模知识库，如WordNet和中文的Hownet等，万维网Web1.0的产生为人们提供了一个开放平台，人们可以利用HTML来定义文本的内容，再通过超链接把文本连接起来，实现大众的信息共享，也让知识从封闭走向了开放、从集中走向了分布。这是文本数据开始爆炸性增长的开始，也使以统计机器学习为核心的人工智能技术逐步占据主流。为了使信息更加规范、检索更加便捷，1998年网景公司制定了"开放目录规范计划"（ODP），将网页按照性质、内容进行分类，从而帮助人们实现有效而快捷的检索。

4. 群体智能时期 2000～2006 年

进入 21 世纪以后，群体智能的出现使得互联网的数据进一步呈现爆炸性增长，同时伴随搜索技术发展，人们更加意识到网页字符流背后语义的重要性，也就是知识的重要性。为了更好地理解互联网上的内容，实现多源内容的融合，2001 年由蒂姆·伯纳斯·李（Tim Berners-Lee）提出了语义网（semantic web）的概念，语义网即对互联网内容进行结构化语义表示，他还提出了互联网上语义标识语言——资源描述框架（RDF）和万维网本体表述语言（OWL）。它们利用本体描述互联网内容的语义结构，通过对网页进行语义标识获得网页内容的语义信息，使人们能够更好地协同工作。百科类协同知识资源的出现，使互联网大众可以对世界知识做出贡献并加以共享，这是今天大规模结构化知识图谱形成的重要基础。

5. 2006 年至今

从 2006 年开始，大规模维基百科类机构知识资源的出现和网络规模信息提取方法的进步，打破了手工构建知识库的方式，使得对大规模知识的获取方法获取得了巨大进展。其中的代表是 DBpedia 和 Freebase，它们都是以维基百科的 InfoBox 为数据来源构建的。为提升搜索质量，Google 公司在 Freebase 的基础上提出了知识图谱（knowledge graph），试图通过事实性知识对网页内容进行语义理解，提取非结构化文本中实体及实体之间的关系结构，提高搜索的准确度。现在的实施图谱包含数以千万级或亿级规模的实体（entities），以及数十亿或数百亿的事实（facts）。除了通用的大规模知识图谱，各行业也在建立行业和领域的知识图谱，在各种真实场景中体现出广泛的应用价值。

2.1.3 知识图谱的应用价值

知识图谱最早应用于提升搜索引擎的能力，随后在辅助智能问答、自然语言理解、大数据分析、推荐计算、物联网设备互联、可解释人工智能等多个方面展现出应用潜力。

1. 辅助搜索

万物互联可以说是互联网的终极形态，而搜索的终极目标则是能够对万物实现直接的搜索。使用传统搜索引擎搜索网页依赖的是网页之间的超链接，而语义搜索可以直接对来自文本、图片、视频、音频、IoT设备等各种信息资源的事物，如人物、机构、地点等进行搜索。知识图谱和语义技术描述了这些事物的分类、属性和关系，所以搜索引擎可以直接对事物进行索引和搜索。

国外的搜索引擎以谷歌的Google Search、微软的Bing Search最为典型。谷歌的知识图谱相继融入了维基百科、CIA世界概览等公共资源以及从其他网站收集、整理的大量语义数据。国内的主流搜索引擎公司，如百度、搜狗等在近两年来相继将知识图谱的研究从概念转向产品应用。搜狗的知立方是国内搜索引擎行业的第一款知识图谱产品，它通过整合互联网上的碎片化语义信息，对用户的搜索进行逻辑推荐与计算，并将最核心的知识反馈给用户。百度将知识图谱命名为知心，主要致力于构建一个庞大的通用型知识网络，以图文并茂的形式展现知识的方方面面。

2. 辅助问答

辅助问答是人工智能实现的关键标志之一，它可以让人与机器通过自然语言进行问答与对话。知识图谱在人机问答交互中也得到了广泛的应用。问答系统是信息检索系统的一种高级形式，能够以准确简洁的自然语言为用户提供问题的解答。

随着机器人和IoT设备智能化的快速发展，在智能驾驶、智能家居和智能厨房等领域，基于知识图谱的问答对话被更多的嵌入进来，是实现人机交互问答必不可少的模块。典型的基于知识图谱问答的对话技术和方法包括：基于语义解析、基于图匹配、基于模板学习、基于表示学习和深度学习以及基于混合模型等。这些技术和方法能够在知识图谱的应用中，辅助语义解析、匹配问句实体，以及用于神经网络和排序模型等的训练。

目前，很多问答平台都引入了知识图谱，例如，华盛顿大学的Paralex系统和苹果的智能语音助手Siri，都能够为用户提供回答、介绍等服务；亚马逊收购的自然语言助手Evi，通过true knowledge引擎进行开发，使用Nuance的语音识别技术也可以提供类似 Siri 的服务；IBM Watson 依托 DBpedia 和 Yago 等百科知识库和 WordNet 等语言学知识库也能够实现深度知识问答。在国内，小度机器人、小爱机器人、天猫精灵等的背后离不开知识图谱的支撑。

3. 辅助大数据分析

知识图谱和语义技术在数据分析与决策中也提供了辅助支撑作用。例如，大数据公司 Palantir 基于本体融合和集成数据源，利用知识图谱和语义技术赋予了数据之间更强的关联关系，为用户进行关联数据的挖掘与分析提供了更加直观的图谱方式。

知识图谱在文本数据的处理和分析中也具有独特的优势。知识图谱可以作为先验知识实现从文本中实体和关系的抽取，应用于远程监督。知识图谱也能够用于文本中的实体消歧、指代消解和文本理解等。

近年来，人们更加重视描述性数据分析，这种数据分析方法依赖于数据本身的语义描述。不同计算性数据分析通过建立各种数据分析模型，如深度神经网络，突出预先抽取数据的语义来分析描述性数据，建立起数据之间的逻辑关系，依靠逻辑推理来实现数据分析。

4. 辅助语言理解

实现深度语义理解，如阅读理解、人机问答等，必须依靠背景知识，特别是常识知识。自然语言理解的先驱特里·温诺格拉德（Terry Winograd）曾说过，当一个人听到一句话或看到一段句子的时候，会使用自己所有的知识和智能去理解。这些知识包括语法、拥有的词汇、上下文知识等，更重要的是还包含了这个人对相关事物的理解。

5. 辅助设备互联

语义理解是实现人机对话的重要环节，只有让机器理解人类语言的语义才能实现人机对话。实现机器之间的对话，也需要让机器能够理解互相发出的语言的语义，这也必须依靠技术手段实现机器语言的表示和处理。语义技术可以为设备之间的语义互联提供有力的辅助支撑。2012 年成立的全球最大的物联网国际标准化组织 OneM2M，通过提供“标准化黏合剂”实现了物联设备之间的互联。OneM2M 注重在封装设备数据语义中的语义技术的应用，并关注在此技术应用上实现设备之间的语义互操作，以及设备数据的语义和人类语言的语义的适配性问题。一个设备产生的原始数据在封装了语义描述之后，可以更加容易地与其他设备的数据进行融合、交换和互操作，并可以进一步链接进入知识图谱中，以便支持搜索、推理和分析等任务。

2.1.4 知识图谱的构建方法

1. 知识图谱构建的基本方法

（1）自上而下的构建方法。

自上而下的构建方法主要用于数据模式的构建中。知识图谱要先定义数据模式，数据模式的构建从最顶层的概念开始，每一层概念逐步向下分解细化，形成结构完整、清晰的分类学层次，之后再将实体添加到每一层的概念中。

自上而下的构建方法在发展比较成熟的领域中应用的更加广阔。在成熟的领域中，行业内的知识体系更加固定，专家的梳理更加完备，具备形成可定义模式的数据基础，适合采用自上而下的方式构建知识图谱。在知识图谱技术发展初期，多数参与企业和科研机构都是通过这种方式来构建基础知识库，例如，Freebase 项目就是采用维基百科作为主要数据来源。

国内外现有的可借助的建模工具以 Protégé、PlantData 为代表。数据模式的可靠性基本上都经过了人工校验，因此确保数据层的融合成为知识融合的关键任务。工业界一般在进行知识融合时为了降低融合过程中的难度、保证数据质量，通常都会在知识抽取环节中就对数据进行控制。

建模后根据数据源的不同进行知识获取，主要方法分为三种：

第一种是 D2R 工具，该方法主要针对结构化数据通过 D2R 工具将关系数据映射为 RDF 数据。常用的开源 D2R 工具有 D2RQ、D2R Server、DB2triples 等。D2RQ 通过 D2RQ Mapping Language 将关系数据转化为 RDF 数据，同时支持基于该语言在关系数据上直接提供 RDF 形式的数据访问 API；D2R Server 提供对 RDF 数据的查询访问接口，以供上层的 RDF 浏览器、SPARQL 查询客户端以及传统的 HTML 浏览器调用；DB2triples 支持基于 W3C 的 R2RML 和

DM 的标准将数据映射成 RDF 形式。

第二种是使用包装器，该方法主要针对半结构化数据，通过使用构建面向站点的包装器解析特定网页、标记语言文本。包装器通常需要根据目标数据源编写特定的程序，因此学者们的研究主要集中于包装器的自动生成。

第三种是借助信息抽取的方法，该方法主要针对非结构化的文本。按照抽取范围的不同，文本抽取可以分为 OPEN IE 和 CLOSE IE 两种。OPEN IE 面向开放领域抽取信息，是一种基于语言模式的抽取，无法得知待抽取知识的关系类型，通常抽取规模大、精度较低。典型的工具有 ReVerb、TextRunner 等。CLOSE IE 面向特定领域抽取信息，因其基于领域专业知识进行抽取，可以预先定义好抽取的关系类型，且通常规模小、精度较高。DeepDive 是 CLOSE IE 场景中的典型工具，其基于联合推理的算法让用户只需要关心特征本身，让开发者更多思考特征而不是算法。

（2）自下而上的构建方法。

自下而上的构建方法是指先公开采集的数据中借助一定的技术手段提取出资源模式，再从中选出置信度较高的新模式，最后通过人工审核，加入知识库中。

自下而上的构建方法适用于缺乏完整知识体系的领域。在这种情况下，模式构建以开放链接数据集和百科为基础进行自动学习，学习的内容包括实体与概念、上下位关系、数据模式等。目前，自下而上的构建方式得益于自动知识抽取与加工技术的不断成熟，成为知识图谱构建的主要方式，最典型的例子包括谷歌的 Knowledge Vault 和微软的 Satori 知识库。

开放链接数据集和百科中拥有海量的实体和概念信息，在这里，数据通常呈现出一种结构化的组织形式，从中抽取概念和实体相对来说就较为容易。另外，这些结构体系都由专门的管理员或高级编辑人员负责校验和管理，其数据可靠性非常高。所以从这些数据源中抽取概念和实体时，一般科研将标题视作实体的候选，将其中的分类系统直接作为概念的候选。

实体对齐是为了合并从不同百科中学习到的、描述统一目标的实体或概念，合并后的这一实体集再与从开放链接数据集中抽取的实体进行合并。实体对齐过程主要分为六步：

1）将同义关系从开放链接数据集中抽取出来；

2）在结构化数据的基础上对百科中的实体进行实体对齐；

3）运用自监督方法对百科的文章进行实体对齐；

4）对齐百科中的实体与链接数据中的实体；

5）运用语言学模式抽取同义关系；

6）实体通过 CRF 的开放同义关系抽取方法进行同义词关系的学习。

开放链接数据集对于上下位关系的描述有非常清晰明确的机制，不同的数据集可以通过编写相应规则进行直接解析获取。百科中描述了两种上下位关系，一种与概念的层次关系相对应，即类别间的上下位关系；另一种与实体与概念之间的从属关系相对应，即类别与文章间的上下位关系。实体对齐可以从开放链接数据集和百科中抽取上下位关系。

数据模式的学习又称为概念的属性学习，属性又包含三个内容：属性名、属性的定义域、属性的值域。当已定义好某一概念的属性时，我们就会默认从属于的实体已具备该属性，只需填充该实体的属性值。概念属性的实体、子概念以及子概念下的实体会随着概念属性的变更而变化。因此，定义好某一概念的属性是关键。当前，大多采用人工定义等方式生成知识库中的概念属性。通用知识图谱要生成概念的属性，要经过获取、学习、线上规约三个步骤，即先在开放数据集中获取概念的属性，再通过在线百科学习实体的属性，最后对实体属性进行线上规约来实现。在进行属性往上规约的过程中，要保证属性的准确性，一方面需要一定的保证机制，另一方面可以通过人工校验来保证概念属性的准确性。

2. 知识图谱构建的技术流程

构建知识图谱的技术流程一般可通过以下 4 个步骤：首先，建立知识表示模型；其次，根据数据的特征（来源、类型等）选取对应的知识抽取方法；然后，提升知识图谱质量，可以利用知识推理、融合等技术或方法；最后，设计知识访问与呈现方法，根据不同场景的需求进行不同设计，例如在不同场景下可以采用语义搜索、问答交互、图谱可视化分析等访问与呈现方法。

（1）知识建模。

知识建模即定义关系数据库的表结构，也是建立知识图谱概念模式的过程。定义知识图谱的模式能够合理组织知识，为知识本身与知识之间的关联提供更加完备的描述。

知识建模的方式一般有两种，一种是自上而下法，先定义数据模式，数据模式的构建从最顶层的概念开始，每一层概念逐步向下分解细化，形成结构完整、清晰的分类学层次，之后再将实体添加到每一层的概念中。另一种是自下而上法，即首先对实体进行归纳组织，形成底层概念，然后逐步往上抽象，形成上层概念。

要保证知识图谱的质量，需关注以下几个方面：一是概念划分是否合理，知识体系及知识点之间关联关系的描述方式；二是如何定义属性，在定义属性时如何同时实现低冗状态下应用和可视化展现能够满足需求；三是如何表示像事件、时序等这样的复杂知识，匿名节点的描述方法和边属性的面试方法各有什么优缺点，哪个更适合描述；四是后续在知识扩展时能否支持概念体系的变更以及属性的调整。

（2）知识抽取。

知识抽取指提取不同来源、不同数据中的知识，并将其形成结构化数据再存入知识图谱的过程。现实世界中存在种类繁多的数据类型和介质，所以在数据接入过程中数据源的高效、稳定就非常重要，因为数据源的质量会对知识图谱总数据的规模、实时性及有效性产生直接影响。

在现有数据源中，数据大致可以分为三类：第一类为结构化数据，包括以关系数据库（MySQL、Oracle）等为介质的关系型数据，以及开放链接数据（Yago、Freebase 等）；第二类为半结构化数据，如百科数据（Wikipedia、百度百科等），或是垂直网站数据（如 IMDB 等）；第三类是以文本为代表的非结构化数据。

结构化数据中会存在一些复杂关系，针对这些关系的抽取是此类研究的重点，主要方法包括直接映射或映射规则定义等。半结构化数据进行网站解析时一般采用包装器的方式，包装器是计算机程序，它通过制定目标数据源中数据的抽取规则对网站进行解析。当前，包装器的使用中还存在着一些问题，例如包装器的定义、主动生成，包装器的更新及维护，与网站的匹配适应度等；与此同时，还面临着非结构化数据抽取难度最大的问题，在知识获取中保证抽取的准确率和覆盖率是至关重要的。

3. 知识存储

知识存储，即为了存储各类知识，需要为构建完成的知识图谱设计底层存储方式，存储的知识涉及基本属性知识、关联知识、事件知识、时序知识、资源类知识等。知识存储方案需要结合应用场景进行良好的设计，方案的优劣也会直接影响查询的效率。

目前主流的知识存储解决方案包括单一式和混合式两种存储方式。在单一式存储中可以采用三元组、属性表或者垂直分割等方式进行知识存储。其中，三元组的存储方式具有直观性强的优点，但也存在连接查询开销巨大的缺点。属性表是通过区分不同主语的类型进行数据表划分，难以实现对缺失属性的查询。垂直分割是通过区分不同谓词实现数据的划分，这种情况下就会造成数据表过多、写操作的代价较大等问题。

对于知识存储介质的选择，可以分为原生（Neo4j、Allegro Graph 等）和基于现有数据库（MySQL、Mongo 等）两类。原生存储的优点是图查询语言或算法较为完备，但不能够实现个性化定制，缺乏灵活性，在复杂节点等极端数据情况的应用中适用性非常差。因此，基于现有数据库的自定义方案能够实现较高的自由度和灵活性，可以根据数据特点进行知识的划分、索引的构建等，但这样一来也会增加开发和维护成本。

4. 知识融合

知识融合是通过对齐、合并不同来源的知识，并将其形成全局统一的知识标识和关联，体现了开放链接数据中互联的思想，是构建知识图谱的必要环节和重点核心工作。要避免信息孤岛、紧密知识的连接就需要优良的融合方法，这样才能提升知识应用价值。

知识图谱中的知识融合包含数据模式层的融合和数据层的融合。数据模式层的融合包括概念合并、概念上下位关系合并以及概念的属性定义合并，通常依靠专家人工构建或从可靠的结构化数据中映射生成。在映射的过程中，一般会通过设置融合规则确保数据的统一。数据层的融合包括实体合并、实体属性融合以及冲突检测与解决。在知识融合时通常需要考虑以下问题，例如不同来源、不同形态知识融合的方式选取，海量知识在融合中怎样提高效率，新增知识怎样实现实时融合，如何进行多语言融合等问题。

5. 知识加工

知识加工是领域知识图谱能力输出的主要方式，利用知识图谱本身赋能传统的应用形态，从而提升服务质量和效率。其中，图挖掘计算和知识推理是典型的两种能力，如何将这两种能力与传统应用结合是需要解决的一个关键问题。

知识推理作为知识加工常用的能力之一，目前被广泛用于知识发现、冲突与异常检测中，已经成为实现知识精细化、辅助决策分析的主要实现方式。知识推理还包括基于本体的推理和基于规则的推理两种方式。在应用时，需要根据行业业务特征定义规则，并基于本体结构按照执行推理过程，最终得到推理结果。在知识推理过程中要关注大数据量下的快速推理及记忆对于增量和规则的快速加载等问题。

知识图谱的挖掘、统计、计算与分析依赖图论的相关算法。知识图谱中的图算法一般包括图遍历、最短路径分析、权威节点分析、族群发现最大流算法、相似节点等，大规模图的算法效率是图算法设计与实现要解决的主要问题。

6. 知识应用

知识应用是实现知识图谱应用形态与领域数据和业务场景的结合过程，通过知识应用可以帮助领域业务实现转型。知识图谱的典型应用包括语义搜索、智能问答以及可视化决策。其中，知识图谱语义搜索可以解决传统搜索中遇到的关键字语义多样性及语义消歧难题，以实体链接的方式达到知识与文档混合检索的目标。智能问答是指在理解用户输入的自然语言的同时，利用知识图谱答复用户问题。可视化决策为用户获取信息提供统一的图形接口，还可以结合可视化、推理、检索等方式。

2.1.5 知识图谱的核心技术及关键工具

1. 知识图谱构建的核心技术

（1）知识抽取。

知识抽取是一种从半结构或无结构的数据中自动化地抽取实体、关系以及实体属性等结构化信息的技术。如何从异构数据源中自动抽取信息得到候选知识单元是其中的关键问题。知识抽取按任务可以分为实体抽取、关系抽取和属性抽取。

实体抽取，又叫作命名实体识别（named entity recognition，NER），是指从文本数据集中自动识别出命名实体。实体抽取的质量（准确率和召回率）对后续的知识获取质量及获取效率都有非常大的影响，因此实体抽取是知识抽取中最为基础、最为关键的部分。

关系抽取是在文本数据集经过实体抽取后，文本语料变成一系列离散的命名实体，但是为了得到相应的语义信息，还需要把实体之间的关联关系从相关语料中提取出来，通过关系将实体（概念）连接起来，才可以产生网状的知识结构。解决如何从文本语料中抽取实体间的关系这一根本性的问题是研究关系抽取技术的最终目的。

属性抽取是指从不同信息源中采集特定实体的属性信息，因为可以把实体的属性看成是实体与属性值之间的一种名词性关系，所以也可以把属性抽取的问题视为关系抽取的问题。目前主流的属性抽取技术有两种：一是基于百科类网站的半结构化数据，通过自动抽取生成训练语料，用于训练实体属性标注模型，然后将其应用于对非结构化数据的实体属性抽取；另一种是采用数据挖掘的方法直接从文本中挖掘实体属性与属性值之间的关系模式，据此实现对属性名和属性值在文本中的定位。

（2）知识融合。

知识融合是对实体、关系以及实体属性信息进行清理和整合，去除其中冗余和错误信息，构建起数据间的层次和逻辑，确保知识的质量。知识融合包括两部分内容：实体链接和知识合并。

实体链接是指将文本中抽取得到的实体对象链接到知识库中对应的正确实体对象。实体链接的基本思路是根据给定的实体指称项，从知识库中选出一组候选实体对象，然后通过相似度计算将指称项链接到正确的实体对象。实体链接中最为重要的内容是实体消歧和共指消解。其中，实体消歧（entity disambiguation）是指消除同名实体产生歧义，简单可以理解为重名问题，目前常用的解决方法是聚类法。共指消解。共指消解（entity resolution）是指解决多个指称项对应于同一实体对象，简单可以理解为一个实体有多个指称项。

知识合并是指从已有结构化数据或第三方知识库产品中获取知识输入。主要包括合并外部知识库和关系数据库。合并外部知识库是指把外部知识库融合到本地知识库；合并关系数据库是指将企业或机构自己的历史关系数据库融入知识图谱中。

（3）知识加工。

知识加工是将知识抽取和融合得到的事实表达，加工形成结构化、网络的知识体系。主要包括本体构建、知识推理、质量评估和知识更新 4 个方面。

本体构建是以规范的行驶对概念及其联系进行明确定义。主流的构建方法有两种：一是采用人工编辑的方式手动构建；另一种是采用计算机辅助，通过数据驱动的方式自动构建，然后采用算法评估和人工审核相结合的方式加以修正和确认。

知识推理是指根据知识库中已有的实体关系数据，通过计算机推理，建立实体间的新关联，拓展形成丰富的知识网络。知识推理是知识图谱构建的重要手段和关键环节，通过知识推理，新的知识能够从现有知识中发现。目前主流的知识推理方法有两种，一是基于逻辑的推理，主要包括一阶谓词逻辑、描述逻辑和基于规则的推理；另一种是基于图的推理，主要基于神经网络模型或 Path Ranking 算法。

质量评估是指在将知识加入知识库前，对其进行质量评估的过程。引入质量评估的意义在于可以对知识的可信度进行量化，通过舍弃置信度较低的知识，可以保障知识库的质量。

知识更新是指对知识图谱的内容进行实时、动态的更新，主要包括概念层和数据层的更新。概念层的更新可以理解为新增数据后获得了新的概念，数据层的更新可以理解为新增或更新了实体、关系和属性值。当前流行的方法是选择百科类网站等可靠数据源，并选择在各数据源中出现频率高的事实和属性加入知识库。

（4）知识存储。

知识存储是指将知识按照类别，以规范化的形式分类存储在知识库中。目前主流的存储方式包括基于关系数据库的存储和基于图模型的存储。其中基于关系数据库的存储是目前知识图谱采用的主要存储方法，基于图模型的存储因其可以最大限度地保持数据语义信息，同时可以借鉴成熟的图算法，也逐渐被更多地应用。

2. 知识图谱构建的关键工具

（1）知识建模的工具。

由于本体的开发是一项庞大的工程，因此本体的构建任务需要借助开发工具来完成。目前主要有两类常用的本体构建工具，分别是可视化手工构建工具和半自动化构建工具。可视化手工构建工具为用户提供可视化界面，用户可以通过简单的操作完成本体的构建，主要有 Protégé、Apollo、WebODE 和 OntoEdit 等。

1）Protégé。Protégé 是一套开源本体编辑器，是基于 RDF（S）、OWL 等语义网规范，支持模块化设计，而且操作比较容易，适用于原型构建场景。Protégé 支持 OWL 语言，并且拥有图形化的用户界面，可在系统外利用 RDF、RDFS、和 OWL 等本体描述语言对本体进行编辑和修改。而且提供在线版本的 WebProtégé，方便自动构建知识图谱语义本体。

2）Apollo。Apollo 是一个本体开发工具，并且界面友好，能用 Java 实现，工业界可以在不需要复杂的语法和环境下用它方便地使用知识模型技术。Apollo 支持所有基本的知识建模型：本体、类、实例、函数和关系，在编辑的过程中就能完成一致性检测，比如它能检测未定义的类。Apollo 定义了自己的语言来实现本体的存储，而且根据用户的不同需求把它导出为不同的表示语言。

3）WebODE。WebODE 是一个本体建模工具，由马德里技术大学开发，它支持本体开发过程中的大多数行为，而且支持 METHONTOLOGY 本体构建方法论。WebODE 提供了很大的扩展性和灵活性，是通过 Java、RMI、COBRA、XML 等技术实现的，而且可以方便地整合其他的应用服务。WebODE 体系结构分为三层：第一层通过使用 Netscape 或 Internet Explorer 等 Web 浏览器提供用户接口；第二层包括表示子层和逻辑子层，提供了业务逻辑；第三层是数据层，本体存储在关系数据库 Oracle 中，通过 JDBC 访问。

4）OntoEdit。OntoEdit 是使用图形工具来支持本体开发和维护的工具，由卡尔斯鲁厄大学开发。OntoEdit 将合作开发和推理功能与骨架法相互结合，分层构建本体，系统的基本公理有传递性关系、对称性关系和不相交的概念。OntoEdit 关注本体开发的需求说明阶段、修正阶段以及评价阶段三个阶段。OntoEdit 支持 RDF（S）、XML、DAML+OIL 或框架逻辑 Flogic，并且支持推理的多重继承，提供对于本体的并发操作，并能输出和输入数据与数据库结构。

（2）知识抽取的工具。

知识抽取是实现自动化大规模知识图谱的重要技术，从不同来源、不同结构的数据中进行知识提取并存入知识图谱中是知识抽取的目的。知识抽取的数据源可以是结构化、半结构化或者非结构化数据，不同数据源的抽取技术有所不同。目前，面向非结构化数据的常见知识抽取工具包括 Deepdive、Reverb、OLLIE、Wandora 等。

1）Deepdive。Deepdive 是基于语法分析器构建，是斯坦福大学开发的信息抽取系统，是面向异构、海量数据，可通过各类文本规则实现实体间关系的抽取。Deepdive 的工作机制由特征抽取、领域知识集成、监督学习、推理四步构成。Deepdive 使用机器学习算法的训练系统来减少各种形式的不确定性和噪声，通过基于规则的结构化领域知识、Mindtagger 接口，让用户能够在较低的反馈下完成系统训练的工作。Deepdive 系统运行过程中包括一个重要的迭代环节，即每轮输出生成后，用户需要对运行结果进行错误分析，通过特征调整、更新知识库信息、修改规则等手段干预系统的学习，这样的交互与迭代计算能使得系统的输出不断得到改进。

2）Reverb。Reverb 可以从英文句子中抽取形如（augument1，relation，augment2）的三元组，是华盛顿大学 Turing Center 研发的开放三元组抽取工具。它支持全网规模的信息抽取，不需要提前指定关系，目前用于华盛顿大学开发的 KnowItAll 知识库系统。

3）OLLIE。OLLIE 是知识库 KnowItAll 的三元组抽取组件，是华盛顿大学研发的，和 Reverb 相似。OLLIE 是第二代提取系统。Reverb 的抽取建立在文本序列上，而 OLLIE 对于长线依赖效果更好，因为其支持基于语法依赖树的关系抽取。

4）Wandora。Wandora 是一个通用的数据提取、管理和发布应用程序，基于主题地图和基于 JAVA 的开源组织首页面，支持 RDF、主题图、OBOB 等多种输入输出格式，并内置了 HTTP 服务器，非常适合快速本体建设和知识的 mashup。

（3）知识融合的工具。

知识融合的核心问题在于映射和匹配的生成，目前知识图谱融合工作使用的技术基本可以归结为 3 类，分别是基于实例的机器学习、基于结构进行匹配以及基于自然语言处理进行术语比较几类，不同技术在适应范围、效率以及效果上有所不同。目前，常见的实体关系发现工具有 LIMES、Dedupe、SILK 等几类。

1）LIMES。LIMES 是 Web of Data 的链接发现框架，遵循 cc-by 协议，由德国莱比锡大学计算机科学研究所开发。LIMES 基于度量空间的特征实现了用于大规模链接发现的高效方法，结合了数学统计、前缀后缀、位置过滤来计算相似率。LIMES 可以通过配置文件以及图形用户界面轻松配置看，也可以作为独立工具下载，用于执行链接发现或作为 Java 库。

2）Dedupe。Dedupe 是基于主动学习的方法，只需用户标注框架在计算过程选择的少量数据，即可有效地训练出复合的 Blocking 方法和 record 间相似性的计算方法，并通过聚类完成匹配。Dedupe 支持自定义类型和多种灵活的数据类型。

3）SILK。SILK 是一个用于集成异构数据源的开源框架，它的核心是关联发现引擎，其从数据源中获取数据，并对其进行 Blocking 处理，进行比较和发现关联，最后过滤结果并进行输出。关联发现引擎工作的依据是用SILK-LSL语言写成的关联规则描述文件，它定义了数据间关系的规则，供关联发现引擎读取。

（4）知识加工的工具。

知识图谱上的推理方法与人类的思维方式相对应，由基于演绎的推理和基于归纳的推理构成。演绎法是指从一个初始的事实出发，不断地应用规则得出结论或执行指定动作。归纳法则是根据假设，不断寻找符合假设的事实。目前，效率最高的一个前向链结（Forward-Chaining）推理算法是Rete算法，许多Java规则引擎都是基于Rete算法来进行推理的。目前，常见的推理引擎包括JBoss Rules、Visual Rules、iLog、Easy Rules、JESS等。

1）JBoss Rules。JBoss Rules原来是Codehaus的一个开源项目Drools，后来被纳入到JBoss，于是更名为JBoss Rules，成为了JBoss应用服务器的规则引擎。Drools是为java量身定制的，它基于Charles Forgy的Rete算法的规则引擎。具有OO接口的RETE，使得商业规则有了更自然的表达。JBoss Rules是一个开源业务规则引擎，具有易于访问、易于管理以及易于调整的特点，并且符合业内标准，速度快、效率高。业务分析师或审核人员可以利用它轻松查看业务规则，从而检验已编码的规则是否执行了所需的业务规则。

2）Visual Rules。Visual Rules旗正规则引擎是国内最早自主研发的一款商业规则引擎，包含了规则引擎、规则编辑器、规则管理系统等业务规则管理系统所应该具有的全部功能模块。Visual Rules采用java语言来实现规则引擎，并且提供了Socket、java类接口、SOAP、Servlet等多种外部调用接口。

3）iLog JRules。IBM WebSphere iLOG JRules是目前业界领先的业务规则管理平台。与传统的由IT人员用硬代码来维护规则的做法不同，ILOG JRules让用户能够在不依赖或者有限依赖于IT人员的情况下，快速创建、修改、测试和部署业务规则，以满足经常变化的业务需求。ILOG JRules提供了一整套的工具，帮助开发人员和业务人员进行规则的全生命周期管理。

4）Easy Rules。Easy Rules是一个Java规则引擎，灵感来自一篇名为《Should I use a Rules Engine？》的文章。Easy Rules提供了规则抽象来创建带有条件和操作的规则，以及运行一组规则来评估条件和执行操作的 Rules Engine API。

5）Jess。Jess 由加利福尼亚州利弗莫尔市 Sandia 国家实验室的 Ernest Friedman–Hill 开发，是完全由 Java 语言编写的规则引擎和脚本环境。Jess 使用 Rete 算法的增强版本来处理规则，提供向后链接和工作记忆查询功能，强大的脚本语言可以访问所有 Java API，可以直接操作和推理 Java 对象。

（5）存储数据库工具。

1）面向 RDF 的三元组数据库。由于 RDF 是表示和发布 Web 上知识图谱的最主要的数据格式之一，RDF 也是 W3C 推荐的表示语义网上关联数据（linked data）的标准格式。面向 RDF 的三元组数据库是专门为存储大规模 RDF 数据而开发的知识图谱数据库，其支持 RDF 的标准查询语言 SPARQL。面向 RDF 的三元组数据库主要有开源和商业的两大类。主要的开源 RDF 三元组数据库包括：Eclipse 旗下的 RDF4J、源自学术界的 RDF–3X 和 gStore，以及 Apache 旗下的 Jena。主要的商业 RDF 三元组数据库包括：AllegroGraph、GraphDB、Virtuoso 和 BlazeGraph。

下面对部分主流 RDF 三元组数据库工具进行介绍。

a. 开源 RDF 三元组数据库 RDF4J。RDF4J 前身是荷兰软件公司 Aduna 开发的 Sesame 框架，目前是 Eclipse 基金会旗下的开源孵化项目。RDF4J 支持全部的 SPARQL1.1 查询和更新语言，可以使用与访问本地 RDF 库相同的 API 访问远程 RDF 库，本身也提供内存和磁盘两种 RDF 存储机制，支持所有主流 RDF 数据格式，包括 RDF/XML、Turtle、N–Triples、N–Quads、JSON–LD、TriG 和 TriX。其模块化的软件架构设计是 RDF4J 框架的重要特点。

b. 开源 RDF 三元组数据库 RDF–3X。RDF–3X 是 RDF 三元组数据库系统，由德国马克斯·普朗克计算机科学研究所研发的，为 RDF 数据精心打造的压缩物理存储方案、查询处理和查询优化技术是其最大特点。在逻辑存储上，虽然以三元组表为基础，但首次提出全索引方案：建立 6 种三元组索引 spo、sop、osp、ops、pso 和 pos；建立 6 种二元聚合索引 sp、ps、so、os、po 和 op；建立 3 种一元聚合索引 s、p、o。

RDF–3X 的查询处理器首先对 SPARQL 查询进行转化，生成若干查询执行计划。对于仅包含一个三元组模式的查询，可以通过一次相应索引查找操作完成。对于由多个三元组模式组成的查询，需要对多个链接的顺序进行优化。RDF-3X 采用的是一种自下而上的动态规划优化算法，其优化过程充分考虑了 SPARQL 查询的特点，并且最大限度地保持了有利用全索引方案进行归并连接的连接顺序。同时，RDF-3X 还开发了基于代价模型的选择度评估（Selectivity Estimates）机制，采用选择度直方图和频繁连接路径相结合的方法进行查询执行计划的选择度评估。

c. 开源三元组数据库 Apache Jena。Apache Jena 前身为惠普实验室开发的 Jena 工具包，是 Apache 顶级项目。Jena 是语义 Web 领域主要的开源框架和 RDF 三元组库，较好地遵循 W3C 标准，其功能包括：RDF 数据管理、RDFS 和 OWL 本体管理、SPARQL 查询处理等。Jena 可对 RDF 三元组进行基于磁盘或内存的存储管理，具备一套原生存储引擎，并且具有一套基于规则的推理引擎用于执行 RDFS 和 OWL 本体推理任务。

Jena 的存储 API 为上层提供基本三元组存储和本体存储功能，支持底层存储类型包括：基于内存的存储、基于关系数据库的 SDB 存储、基于原生三元组的 TDB 存储和用户定制的存储。推理 API 为上层提供本体推理服务，可以使用 Jena 内置基于规则的推理机进行 RDFS 和 OWL 本体上的推理任务，或者选择通过接口调用第三方外部推理机。Jena 对外界应用程序的 API 包括基本三元组管理功能的 RDF API、实现 RDFS 和 OWL 本体推理功能的本体 API 和实现查询处理功能的 SPARQL API。Java 应用程序代码可以通过导入类库的形式直接调用这些 API。Jena 还提供了支持各种 RDF 三元组格式的解析器和编写器，支持的三元组格式包括：RDF/XML、N-Triple、Turtle 和 RDFa。

d. 商业 RDF 三元组数据库 Allegro Graph。Allegro Graph 对语义推理功能具有较为完善的支持，是 Franz 公司开发的 RDF 三元组数据库，除了三元组数据库的基本功能，Allegro Graph 还支持动态物化的 RDFS++ 推理机、社会网络分析库、OWL2 RL 推理机、时空推理机制、Prolog 规则推理系统、可视化 RDF 图浏览器等。

e. 商业 RDF 三元组数据库 GraphDB。GraphDB 实现了 RDF4J 框架的

SAIL 层，由 Ontotext 软件公司开发的 RDF 三元组数据库，可以使用 RDF4J 的 RDF 模型、解析器和查询引擎直接访问 GraphDB，GraphDB 的特点是对于 RDF 推理功能的良好支持。

2）原生图数据库。图数据库是基于图论或图数据模型的 NoSQL 数据库类型，这些数据库由表示实体的节点和表示节点之间关系或连接的边组成。每个边都有一个唯一的标识符、属性、起始节点和结束节点，每个节点都有一个唯一的标识符、传出和/或传入边缘，以及属性或键值对。主流的图数据库有 Neo4j、Arangob、Orientdb、titan 等。

下面对部分主流图数据库工具进行介绍。

a. Neo4j。Neo4j 的 1.0 版本于 2010 年发布，其存储管理层为属性图结构中的节点、节点属性、边、边属性等涉及了专门的存储方案，基于属性图模型，在存储层对于图数据的存取效率 Neo4j 天生就优于关系数据库，并且还具备 OLTP 数据库必需的 ACID 事物处理功能。Neo4j 的缺点在于其社区版是单机系统，虽然其企业版支持高可用性集群，每个节点上存储图数据库的完整副本，不是将图数据划分为真正意义上的分布式数据库系统是其与分布式数据库的最大区别。

b. Arangodb。ArangoDB 兼有 key/value 键/值对、graph 图和 document 文档数据模型，是一个原生多模型数据库，提供了统一的数据库查询语言且涵盖三种数据模型，并允许在单个查询中混合使用三种模型。基于其本地集成多模型特性，可以搭建高性能程序，并且这三种数据模型均支持水平扩展。

c. OrientDB。Orientdb 是文档－图形数据库管理系统，兼具文档数据库的灵活性和图形数据库管理链接能力的可深层次扩展。支持诸如 ACID 事务、快速索引、原生和 SQL 查询功能等许多高级特性。可以 JSON 格式导入、导出文档。

d. Titan。Titan 是一个支持横向扩展、可容纳数千亿个节点和边的分布式的图数据库。Titan 不仅支持事务，而且可以支撑上千用户并发进行复杂图遍历操作。技术上，Titan 是一个数据库之上的客户端库，并不是数据库。它依赖于下面的存储引擎来存储其数据，比如 Cassandra 或者 Hadoop。也依赖于索引引擎来执行相关的查询，比如 Lucene、ElasticSearch 或者 Solr。因此，只要堆栈中有这些技术，就可以在上面添加 Titan。实际上你不需要部署另一个分布式数据库系统，这样做不仅减少了额外的开支，而且可以加速新技术的应用。

Titan 的特点：弹性与线性扩展、分布式架构，支持多种存储后端，可容错、支持多数据中心的高可用和热备用，支持位置、数字和全文检索，支持 ACID 和最终一致性。

2.1.6 知识图谱的应用场景

1. 知识图谱的商业化应用

知识图谱按照概念层和数据层的区别可分成通用知识图谱和行业知识图谱。通用知识图谱一般来源于开放性的网络，三元组多是具有普识性的常识知识，知识涵盖的广度越广，其价值就越突出，其特点更适用于百科型的搜索引擎，比如谷歌、百度、搜狗等，是下一代搜索引擎的核心技术。

行业知识图谱更强调在具体场景中的认知深度，以及与行业 know-how 的结合程度，在此基础上实现的知识检索、隐藏关系挖掘和缺失数据补足，都可以很好地满足垂直领域知识类查询的需求，其中，行业数据复杂、单一价值有限、问题抽象需要可视化展现、五层关联维度以上的场景更适合搭建知识图谱，目前金融、公安、医疗、教育、能源、工业等领域均已经实现了知识图谱的应用（如图 2-2 所示）。

	行业知识库	关联搜索	预警应用	预判应用	推荐应用	数据中台
金融领域	✓	✓	✓	✓	✓	✓
公安领域	✓	✓	✓	✓		
医疗领域	✓	✓	✓	✓	✓	
教育领域	✓	✓		✓	✓	✓
能源领域	✓	✓	✓	✓		✓
工业领域	✓	✓	✓	✓		✓
网络搜索领域	✓	✓			✓	
零售电商领域	✓	✓	✓		✓	✓
政务领域	✓	✓		✓	✓	✓
客服领域	✓	✓			✓	
媒体舆情领域	✓	✓	✓	✓		
企服领域	✓	✓		✓	✓	✓
司法领域	✓	✓			✓	

图 2-2　知识图谱的应用领域

（1）医疗领域。

知识图谱为医疗信息系统中海量、异构、动态的医疗大数据的表达、组织、管理及利用提供了一种比较有效的方法，提高了系统的智能化水平，更贴近于人类的认知思维。当前医学知识图谱技术主要在临床决策支持系统、医疗智能语义搜索引擎、医疗问答系统、慢病管理系统等方面得到了应用。

1）临床决策支持。利用知识图谱技术，可以辅助医疗行业和领域的大数据分析与决策。临床决策支持系统根据患者症状、检验、检查等数据，自动生成诊断、治疗方案，对医生的诊疗方案实施智能化的分析，能够有效减少误诊情型的出现。

2）医疗智能语义检索引擎。从大规模医学数据中搜索查找生物医学信息是一项非常复杂的任务，而医疗信息语义搜索则有助于建立大规模医学知识库对用户搜索的关键字和文档内容进行语义标注，从医学知识图谱中检索并查询相关的实体对、实体关系及属性进行扩展查询，不仅能够改善医疗信息搜索结果，而且还可以利用医学主题词表对医学术语的用户检索进行扩展，使得多模块医学信息检索系统得到改进。

3）医疗问答。医疗问答系统能够以准确简洁的自然语言形式为用户提供问题的解答，是医疗信息检索系统的一种高级形式。多数基于知识图谱的医疗问答系统把给定问题进行分解，分解成多个小的问题，然后逐一去知识库抽取匹配的答案，并自动检测答案在时间和空间上的吻合度等，最后将答案进行合并，以直观的方式展示给用户。

（2）搜索引擎领域。

搜索引擎解决了人们如何方便获取信息的问题，是互联网发展中最具代表性的应用之一，并一度成为大部分流量的入口。但随着发展，网络中沉积的信息越来越多，隐藏在大量无用信息中有价值的部分，是人们真正需要的知识内容，却往往得不到直观展现，这成为搜索引擎领域重点要解决的问题。

传统搜索引擎一般采用网页索引，流程是“网页 –（预处理）→临时库 –（索引）→索引好的库 –（由用户行为触发检索）→为用户展示网页结果”，并且网页是其信息源，网页链接是其展现的内容。作为和网页索引同级、并行的另一套知识索引，基于知识图谱的搜索更注重自然语言理解和信息间的关联性，互联网中的信息通过图存储的形式重新组织，查询和展现再以人类的语言习惯进行，搜索体验进而得到提高。由于知识的存储形式发生了变化，知识索引信息来源和展现载体都不再局限于网页文字，因此未来的发展方向将会是语音交互和更加丰富 IoT 场景。

（3）金融领域。

无论是互联网金融还是传统金融，在金融领域中最为关键的环节都是信用评估、风险控制和反欺诈，最近这些年，金融数据呈现爆发式增长的趋势，造成传统风控系统逐渐力不从心，而应用机器学习算法和知识图谱的智能风控系统在风险识别能力和大规模运算方面具有突出优势，在金融领域风控反欺诈领域，逐渐成为其主要手段。目前主流的解决方案是机器学习和知识图谱相结合，其中机器学习算法利用概率计算的方式，以数学运算特征反应风险情况，形成易于机器计算的风控模型；而知识图谱通过权威规则和经验创建抽取实体的范围和本体模型，根据实体间关系形成关联数据网的图谱形式，描绘包括个人基础信息、社交网络行为、金融行为等用户综合画像，并根据画像情况和模型对应，形成具有金融业务特点的风控体系，在解决方案的决策环节结合规则和概率的综合评价，给出最终的风险评估，整个过程能够实现秒级响应。能够为缺乏可解释性的机器学习算法带来必要的参考系是知识图谱的应用之一，但是知识图谱还可以串联金融业务中产生的大量多源异构数据形成数据中台，挖掘数据深层次的价值，为实现产业链风险预警、精准营销、智能催收、投资关系梳理等上层应用打下基础。

对多源异构数据的知识化整合是知识图谱在金融领域主要解决的问题。金融行业拥有海量的信息，这些信息包含各行业的数据且存储在大量文档中，并且是以图形、表格、文字等形式，格式不仅标准不统一，而且呈现出碎片化的状态。可用于风控、产业链分析、反欺诈、营销推荐、信用评估等应用服务的数据不仅不容易寻找，又往往隐藏在多层关联下的细微处，因此采用集自然语言理解技术和多维多层级关系挖掘技术于一体的知识图谱应用成为了金融领域较好的中台支撑形式。

（4）司法领域。

司法领域是以公检法等国家司法机关及司法人员依照法定职权和法定程序，运用法律处理案件的专业领域。近些年，司法领域深入业务场景，积极运用人工智能、云计算、大数据等先进技术解决痛点问题，服务群众诉讼、有效提升办案质效、辅助司法管理，加速推进司法智慧化、现代化、数字化转型升级。构建知识图谱是实现智慧司法不能缺少的基础工程。通过司法知识图谱，可以将法律领域中的关系、属性、实体进行体系化梳理，并建立逻辑关联，通过大数据技术和知识图谱进行数据挖掘，进行辅助决策，最终洞察知识领域动态发展规律。通过技术手段可实现司法业务场景的智能应用，基于司法知识图谱能够解决“同案不同判”“案多人少”等问题。目前，司法知识图谱已广泛运用于知识智能问答、裁判结果预测预警、法律知识检索和推送、文书自动生成、数据可视化等方面，为司法人员办案提供了高效参考和科学依据，重新定义了司法智能化和司法数据应用，不仅凝练了司法智慧，而且服务了法治建设。

（5）教育领域。

搭建知识图谱是 AI 技术落地教育领域核心环节的关键前提。当前的教育场景主要围绕教育者进行授课、答疑、阅卷等活动，围绕受教育者进行学习、练习、考试等活动，其本质是通过系统化的知识传授与强化练习使受教育者掌握知识点。教师集中授课是传统教育模式的主要方式，存在着教学内容和教学节奏制式化、作业练习布置缺乏个性化、特级教师资源少、优质教学资源分配不佳等问题。

在线上教育和教育信息化发展普及之后，产生了 AI+ 教育的概念，教育机构和人工智能公司希望通过 AI 技术部分解决上述痛点，从而实现对教育参与者减负增效的目标，目前 AI 技术并未能有效深入到教学场景中，更多应用在如拍照搜题、口语评测、课堂监控等外围需求的工具上面，主要是因为教育领域参与个体众多，采集到的数据混杂且零碎，难以直接有效应用。而类似课题推送等应用不深究知识的掌握程度，更多是将教学资源再分配，只重点关注知识的点状强化练习，以至实际使用者反馈平平。只有建立在充分且必要的数据基础上，人工智能技术才能真正产生生产价值。因此将教与学的全过程进行可视化展现，搭建贯穿受教育者学习轨迹、教学资源管理和教材知识体系的知识图谱，使静态知识点数据与动态教学活动（如考试、作业等）数据产生关联，为算法应用提供支撑环境，是AI+教育能落地到产业核心的关键前提。

教育知识图谱为机器学习算法提供充分且必要的数据支撑。知识图谱在教育领域主要有以下五种应用场景：一是为了形成可关联性查询的知识网络，对学科教材知识进行本体建模；二是以图结构将教学资源以及关系进行语义化组织，以便合理调用；三是为了实现千人千面的教学方案，在知识图谱的基础上，应用AI、大数据等技术形成面向学习目标的个性化学习路径；四是面对受教育者搭建个人知识图谱，通过对其知识点学习进度和考试反馈数据的实时关联，形成知识掌握状态的可视化个人画像，帮助习题推送和老师一对一教学有的放矢；五是将教育领域碎片化多源异构数据进行处理，形成标准化的关联数据集，为机器学习算法训练提供充要条件。通过以上五点应用，描绘出基于知识图谱的数字中台形式，对教育领域数据最大限度地进行资源整合，为上层智能化应用提供支撑，改变了“传统教育披上人工智能外衣”的状况，用技术揭示教育的内在逻辑，形成数据指导下自适应学习的价值闭环。

2. 中国知识图谱产业链现状

我国知识图谱产业链由上游数据源、中上游支撑层、中游解决方案层、下游应用层四个环节构成。知识图谱产业链上游主要以各类数据源企业或机构为主，因所处理数据多具有敏感性和专属性，所以往往数据源也是服务的需求方，目前主要集中于企业数据、电商数据、政府数据、社交数据、广播电信数据、网络搜索数据等。中上游主要提供软硬件支撑服务，但涉及保密数据采集加工的业务更多交由解决方案提供方直接处理，主要包括应用开发服务商、数据采标服务商、服务器硬件服务商、云服务商、数据库服务商等。

中游是产业链核心环节，主要以提供知识图谱解决方案的互联网公司、AI 公司和大数据智能公司为主。互联网公司多以巨头企业为主，因其具有生态优势、综合服务能力强等因素，在资源调动和承接整体解决方案方面具有优势；AI 公司主要以 NLP 能力、机器学习能力切入知识图谱市场，在算法应用开发和技术创新方面具有优势；大数据智能公司多脱身于大数据公司，凭借多年数据服务积累，在具体领域中具有工程落地经验和先发优势，随着市场对于认知智能需求的觉醒，近些年越来越多的大数据公司开始向知识图谱做技术拓展。下游为基于知识图谱而开发应用的各类具体场景应用，由于知识图谱应用在中国刚刚起步，所以目前主要聚焦于公安、金融、客服、能源等重要领域，随着市场推进将辐射更多行业（如图 2–3 所示）。

图 2–3　中国知识图谱市场企业图谱

2.1.7　知识图谱的实战案例

1. 百科知识图谱案例

百科知识图谱（Encyclopedia Knowledge Graph）是以确定性知识为基础构建的，大体可以分为两类：一类是通过深度抽取单百科数据源，构建的知识图谱，典型代表如 DBpedia；另一类是以语言数据库为核心，具备语言知识的百科数据库，典型代表有谷歌知识图谱（Google Knowledge Graph）、IBM 的 YAGO、BabelNet、WikiData，国内的有 OpenKG、CN-

DBpedia。

（1）DBpedia。

DBpedia 可以看做是数据库版本的多语言维基百科，它采用 RDF 语义框架描述，与 Freebase、OpenCyc、BioRDF 等数据集建立了实体映射关系，这使其拥有 127 种语言的超过 2800 万个实体与 30 亿个 RDF 三元组，准确率超过 85%。

（2）Yago。

Yago 是 IBM 智慧大脑的核心数据库之一，它集成了维基百科、wordNet 和 GeoNames 三大数据源，利用制定的固定规则进行实体抽取，并推断构建“概念 – 实体”“实体 – 属性”间的关系。在此基础上，Yago 进一步融合语言知识，丰富知识条目时空属性维度的描述。目前，Yago 的实体规模已超 450 万个，三元组超过 2400 万个，准确率更是达到惊人的 95% 以上。

（3）BabelNet。

BabelNet 的核心是一个由概念、实体、关系构成的语义网络，它的技术路线与 Yago 类似，将维基百科标签与 WordNet 中的概念（Synset）进行映射，以 WordNet 概念体系完成百科知识本体构建。

（4）WikiData。

WikiData 知识库的两大特点是多语言和众包协作编辑，其中的每个实体都存在多个不同语言的标签、别名、描述，同时，每个条目的来源或出处都可以通过处理复杂的多远进行表示，以此刻画实体间的多元关系。

2. 企业知识图谱案例

（1）电商知识图谱 – 以 A 电商平台为例。

电子商务平台是围绕着商品、买卖双方在线上进行交易的平台。目前，A 电商平台的电商知识图谱以商品、标准产品、标准品牌、标准条码、标准分类为核心，利用实体识别、实体链指和语义分析技术，整合关联了 9 大类一级本体，例如舆情、百科、国家行业标准等，包含了的三元组达到了百亿级别，形成了巨大的知识网（如图 2–4 所示）。

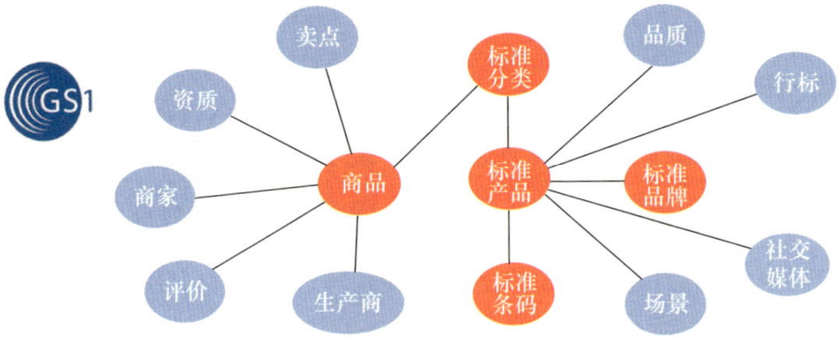

图 2-4　电商知识图谱的数据模型

1）知识图谱的数据来源。电商知识图谱的海量的数据来源于多个市场，比如 ToB 平台、ToC 平台、快递平台、社交媒体等，同时多种角色参与其中，比如物流商、治理运营、行业运营、国家机构、消费者、品牌商等。

知识众包是电商知识主要的来源，知识图谱本体设计是其中的关键。在设计上不仅要考虑商品本身，而且要考虑消费者需求以及便于平台运营管理，此外还要开发面向卖家的商品发布端等面向电商各种角色的数据采集工具。

文本数据是电商知识的另一个来源，例如商品的标题、评价、详情、图片，舆情中的场景、品牌、卖点、型号等信息。这就要求命名识别系统具有跨越大规模实体类型的识别能力，能够支持电商域数据、人机语言交互自然语言问题以及更广泛的舆情数据的识别，比如微博、新闻等。并且把识别出的实体与知识图谱链接，特别是商品属性和属性值涉及上千类别的实体类型，主要包括商品域实体、LBS 域实体和通用域实体，商品域实体包括类目、产品词、品牌、标准产品、商品属性、属性值等，LBS 域实体包括小区、超市、写字楼、商场、公司等，通用域实体包括人物、数字、时间等。

2）知识图谱的构建。大量多源异构数据的汇集需要考虑知识的融合，主要涉及商品和产品两个核心节点知识融合。主要利用大规模聚类、大规模实体链指、大规模层次分类等技术，依据商品或产品的图片、文本、属性结构化等数据，图片涉及相似图计算、OCR 等技术。

把统一数据源的信息先做一次融合是大规模聚类的目的。通过知识图谱的候选实体排序是大规模实体链指的核心，把知识图谱目标识别与新的实体进行关联，从而把新知识融入知识图谱。大规模层次分类需要把目标商品或产品归到上千个商品 1 级和 2 级类目中去，其难度在于类目的细分和混淆度，以及大规模的训练数据的生成和去噪。

3）知识图谱的应用。A 电商平台的电商知识图谱广泛地应用于核心、创新业务，比如品牌商运营、搜索、智能问答、前端导购、平台治理等。智能导购和平台治理是最具有代表性的应用场景。

智能导购即帮助消费者更容易找到他们想要的东西。例如，买家输入"我需要一条漂亮的真丝丝巾"，商品大脑会通过语法词法分析来提取语义要点"一""漂亮""真丝""丝巾"这些关键词，从而帮买家搜索到合适的商品。在导购中，为了让发现更简单，商品大脑还学习了大量的国家标准与行业规范，比如说低糖、全棉、低嘌呤等。此外，从公共媒体、专业社区的信息中商品大脑可以识别出近期热词，并跟踪热点词的变化，由运营确认是否成为热点词，这也是为什么买家在输入流苏风等热词之后，出现了自己想要的物品。最后，通过实时学习商品大脑还能构建出场景，例如输入"海边玩买什么"，结果中就会出现泳衣、沙滩裙、防晒霜、游泳圈等商品。

在平台治理方面，A 电商平台过去对商品发布进行审核只能通过人工"巡检"来，面对海量的商品发布量"巡检"模式现在已不太现实。为了最大限度地保护消费者权益、保护知识产权，该平台设计了一套框架来实现知识表示和推理，按照不同场景把推理分为上下位和等价推理、本体概念推理、知识发现推理、不一致性推理等，满足了更高的技术要求，比如智能化、可解释、毫秒级响应、自学习等（如图 2–5 所示）。

上下位和等价推理也就是检索父类时，通过上下位推理把子类对象召回，同时利用等价推理（实体的同义词、变异词、同款模型等）扩大召回。例如，为保护消费者需要拦截"产地为某核污染区域的食品"，推理引擎翻译为"找到产地为该区域，且属性项与'产地'同义，属性值是该区域下位实体的食品，以及与命中的食品是同款的食品"。

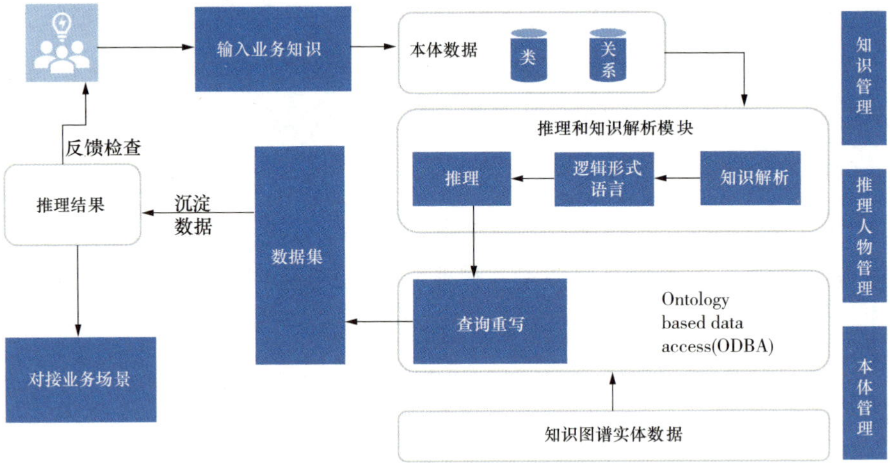

图 2-5　推理引擎背后的技术框架

不一致推理即在与问题卖家对弈过程中，需要对商品标题、商品资质、图片、属性、卖家资质中的品牌、成分、材质等基础信息，做一致性校验。比如说标题中的品牌是 Nike 而属性或者吊牌中品牌是 Nake，商品标题、属性、吊牌上的品牌信息是一致的，推理为一致。吊牌和商品品牌不一致的商品，被推理引擎判断为有问题的商品。

确保信息的确定性是一致性推理的目的。数据覆盖到的食品配料表正确能通过一致性推理确保，但购物时消费者关心的是无糖、无盐等强感知的知识点，很少去看配料表那些繁杂的数字。为了提高消费者购物体验，知识发现推理通过配料表数据和国家行业标准生成食品标签，例如，无糖：碳水化合物≤ 0.5g/100g（固体）或 100mL（液体），无盐：钠≤ 5mg/100g 或 100mL。通过推理，可以把配料表数据转化为“无糖”“无盐”等知识点，从而把数据变成了知识标签。通过 AB test 验证，在前端导购中类似知识点极大地改善了消费者体验。

（2）生活娱乐知识图谱 - 以 M 公司为例。

围绕吃喝玩乐等多种场景，M 公司构建了生活娱乐领域超大规模的知识图谱，在商家和用户之间建立起了全方位的链接。M 公司知识图谱有数十类概念、数十亿实体和数百亿三元组，其知识关联数量预计在未来将会变得更多。

1）知识图谱的构建。M 公司积累了 40 亿的公开评价数据、3450 万全球商家数据、1.4 亿点菜数据以及 10 万个性化标签。从实际业务需求出发，M 公司针对大量的数据，在现有数据表之上抽象出数据模型，以用户、商品、商户等为主要实体，其基本信息为属性，商户与商品、与用户的关联为边，将多领域的信息关联起来。此外，利用互联网数据、评论数据等，采用深度学习模型、统计语言模型、主题生成模型等各种模型，对菜品标签、商家标签、情感分析进行挖掘，填充图谱信息。

a. 挖掘商户标签：可以采用有监督的深度学习模型与无监督模型相结合的方式，通过机器对用户评论进行阅读。有监督的深度学习模型则采用了 LSTM，需要大量的标注数据是其特点。无监督模型采用了 LDA，其特点是成本比较低，无需标注数据，当然，其准确性不可控，同时对挖掘出来的标签还需要进行人工筛选。通过这两种模型挖掘出来的标签，再加上知识图谱里面的一些推理，最终构建出商户的标签（如图 2-6 所示）。

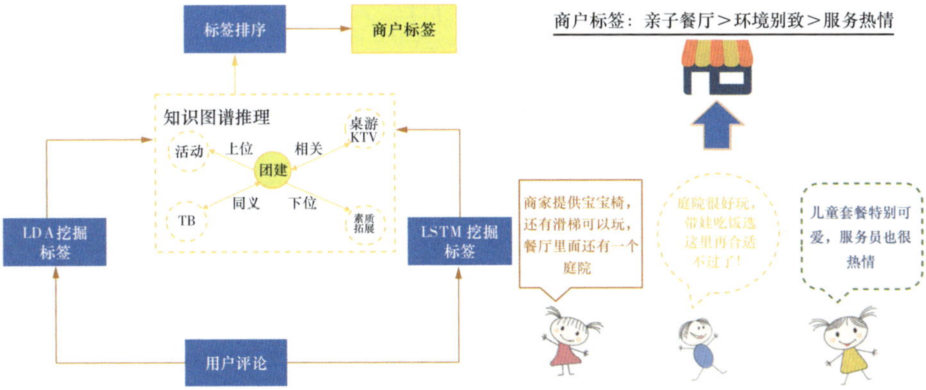

图 2-6　商户标签挖掘示意图

b. 聚合评论标签：采用知识图谱推理技术与标签排序相结合的方式。举例来说，如果某商户的用户评价都围绕着宝宝椅、带娃吃饭、儿童套餐等话题，就可以得出很多关于这家商户的标签。可以知道它是一个亲子餐厅，环境比较别致，服务业比较热情等，这些新的标签可以基于知识图谱的推理来进行扩展。

c. 挖掘菜品标签：通过对用户评论进行分析，提取菜品的描述信息，能够更精确地匹配菜品。主要采用 Bi-LSTM 以及 CRF 模型。例如可以从某些评论里抽取出一些实体，再通过与其他的菜谱网站做一些关联，建立关联更加丰富的菜品知识图谱，就可以得到它的口味、烹饪方法、食材等信息，这样就为每一个店挖掘出了非常丰富的各种各样的标签，比如口味标签、食材标签等（如图 2-7 所示）。

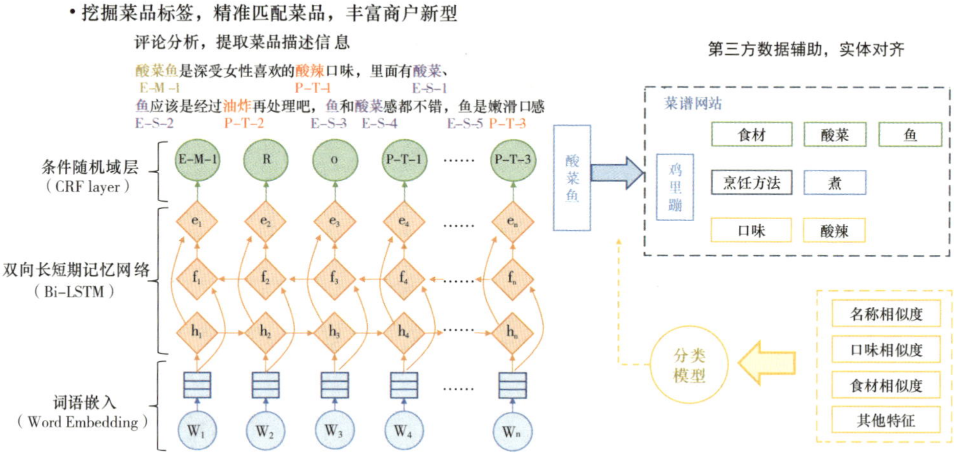

图 2-7　菜品标签挖掘示意图

d. 挖掘评论数据：对每一个用户的评价采用 CNN+LSTM 模型进行分析，分析出用户的一些情感的倾向。同时，M 公司也正在做颗粒度的情感分析，希望能够通过用户的评价，分析出用户在不同维度方面的情感分析结果，比如交通、口味、卫生、环境、菜品等（如图 2-8 所示）。

2）知识图谱的应用。M 公司知识图谱依托深度学习模型充分挖掘、关联各个业务场景公开数据（如菜品、标签、用户评价等），构建餐饮娱乐“知识大脑”，并且已经在不同业务中落地，利用人工智能技术全面提升用户的生活体验。主要应用有 ToB 商户赋能、智能搜索、金融风险管理和反欺诈。

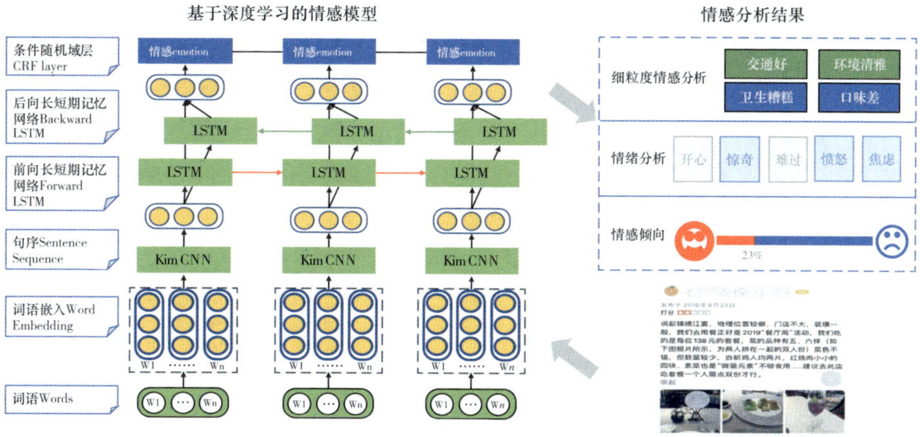

图 2–8　情感挖掘示意图

a. 智能搜索：帮助用户做决策。知识图谱可以从多维度精准地刻画商家，为用户搜索出更适合的店。例如，当用户在美食类目下搜索关键词“虾”时，未通过图谱搜索而得到的信息仅仅是包含关键词“虾”的相关结果，通过图谱可以认识到用户搜索的是“虾”这种食材，因此搜索的结果不仅有精准的结果，比如“蒸虾”“油爆虾”等。而且，对于每一个推荐的商家，能够基于知识图谱找到用户最关心的因素，生成“千人千面”的推荐理由。例如，在浏览到某西餐的时候，偏好“环境优雅”的用户 B 看到的推荐理由是“环境小资，有舞台表演”，而偏好“饮食口味”的用户 A 看到的推荐理由是“牛排名不虚传”，不仅让搜索结果更具有解释性，同时也能吸引不同偏好的用户进入商家（如图 2–9 所示）。

知识图谱对于场景化搜索也具有很强的优势。以七夕节为例，通过知识图谱中的七夕特色化标签，如别墅餐厅、菜品新颖、环境私密、约会圣地、音乐餐厅等，结合商家评论中的颗粒度情感分析，为搜索提供了更多适合情侣过七夕的商户数据，用于七夕场景化搜索的结果召回与展示，极大地提升了用户点击转化和用户体验。

b. ToB 商户赋能：商业大脑指导店老板决策。M 公司知识大脑正应用在 SaaS 收银系统专业版中，通过机器智能阅读每个商家的每一条评论，可以充分理解每个用户对商家的感受。将大量的用户评价进行归纳总结，可以发现

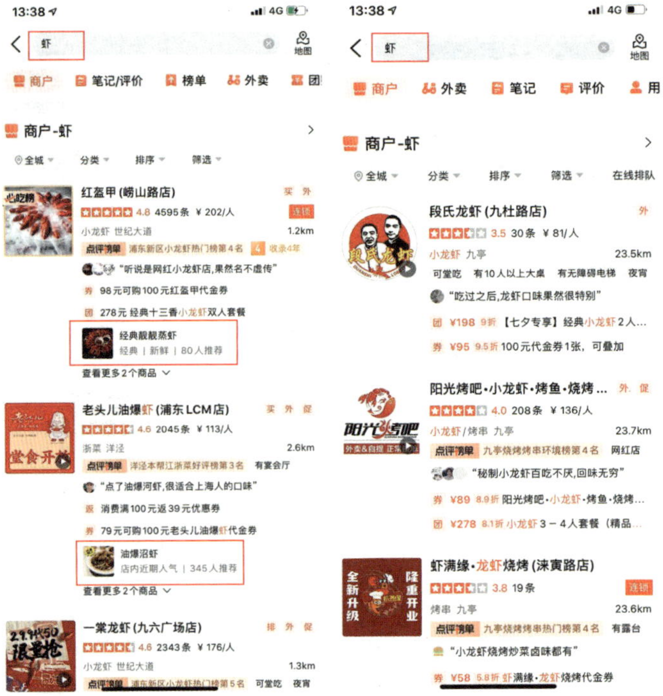

图 2–9　知识图谱在点评搜索中的应用

菜品的受欢迎程度变化、用户对商家的总体印象趋势、商家在市场上的竞争力。进一步通过颗粒度用户评论全方位分析，可以细致刻画商家服务现状，以及给商家提供前瞻性经营方向。通过 SaaS 收银系统专业版，这些智能经营建议将定期触达到各个商家，智能化指导商家精准优化经营模式。

在给店老板提供的传统商业分析服务中，主要聚焦于单店的客源分析和现金流。M 公司知识大脑充分挖掘了客户及商户之间的关联关系，可以提供围绕客户到顾客，商户到所在商圈的更多维度的商业分析，在商户营业前、营业中以及经营方向，均可以提供细粒度的运营指导。

在商家服务能力分析上，通过图谱中关于商家评论所挖掘的主观、客观标签，例如“停车免费”“上菜快”“服务热情”等。同时结合用户在这些标签所在维度上的 Aspect 细粒度情感分析，告诉商家在哪些方面做得不错，这是目前的竞争优势；在哪些方面做得还不够，需要尽快改进这些方面，因而可以更准确得指导商家的经营活动。M 公司知识大脑更加智能的方面则是它还可以推理出客户对商家的认可程度，展现出商家的情感值是高于还是低于所在商圈的平均情感值，让店老板清晰地了解自己的实际竞争力。

在消费用户群体分析上，知识大脑不仅能够告诉店老板顾客的性别构成、年龄分布，还可以推理出顾客的其他信息，比如适合他们的推荐菜对于就餐环境的偏好、消费水平，让店老板有针对性地优化就餐环境、更新菜品、调整价格。

c. 金融风险管理与反欺诈：从用户行为建立征信体系。知识图谱在金融场景中具有的天然优势是其推理能力和可解释性，M 公司 NLP 中心和金融中心共建的用户反欺诈及金融好用户扩散，就是利用知识图谱中的标签传播、社区发现等方法来对用户进行风险管理，能够更准确地识别用户的不良行为以及逾期客户，从而使得信用风险管理能力得到大大的提升。

在反欺诈场景中，知识图谱已经帮助其金融团队在案件调查中发现并确认多起欺诈案件。由于团伙通常会存在较多的相似及关联特性，关系图可以帮助识别出多层、多维度关联的欺诈团伙，能通过设备和设备、用户和设备、用户和用户之间的四度、五度甚至更深度的关联关系，发现共用 Wifi 来、共用设备识别诈骗团伙，还可在已有的反欺诈规则上来进行推理预测可疑用户、可疑设备来进行预警，从而成为案件调查的有力助手。

（3）企业商业知识图谱 – 以 T 公司为例。

在基本面分析中，丰富的企业信息是非常重要。中国企业数量十分庞大，而且数据来源比较多，需要构建统一的企业商业知识图谱。企业商业知识图谱包含企业、专利、人物等实体类型，以及股权、任职、专利所属权等关系类型，以完善企业及个人画像，助力企业风险管控、潜在客户获取、多层次研究、客户背景调查报告；辅助发现非法集资、企业风险、不良资产等。

1）知识图谱的数据来源。构建企业商业知识图谱，通常从相应网站中抽取企业信息、诉讼信息、信用信息以及人物信息，再添加股票、上市公司等概念和相应属性。上市公司的股票信息、企业招投标信息可以从相关网站采集。企业的并购事件、竞争关系可以从百科站点中进行抽取。这些信息存在于表格、列表、信息框等半结构化数据以及无结构的纯文本中（如图 2–10 所示）。

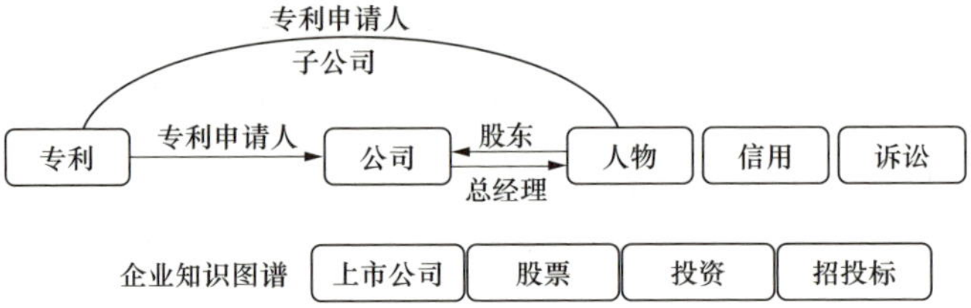

图 2–10　企业商业知识图谱

企业商业知识图谱的数据源主要包括两大类：

a. 半结构化的网页数据。其中包括中国执行信息公开网、全国企业信用信息公示系统、国家知识产权局、中国裁判文书网、版权局、商标局等。

b. 文本数据。如企业年报、法律文书、招投标信息公告、新闻等。通过包装器、文本信息抽取、D2R 工具等方式对以上数据分别进行抽取。由于数据来源多种多样，一方面会出现人物重名现象，另一方面，也会出现企业全称和简称产生的不一致问题。因此，人物和公司两类实体是企业知识图谱融合的主要目标。公司融合推荐基于公司名的全称进行链接，人物实例的融合推荐使用基于启发式规则进行集成。

2）知识图谱的应用。企业商业知识图谱的应用主要集中在辅助信贷审核、反金融欺诈。例如，在反金融欺诈中，多个借款人联系方式的属性相同，但地址属性不同，可通过不一致验证的方式来判断借款人是否有欺诈风险。

除此之外，通过关联探索、企业风险评估、异常关联挖掘、最终控制人、战略发展等方式，全国企业知识图谱为行业客户提供风险管理和智能服务。异常关联挖掘是通过关联探索、路径分析等操作，挖掘目标企业谱系中的异常关联。基于企业商业知识图谱从多维度构建数据模型，进行全方位的企业风险评估，有效规避潜在的资金风险与经营风险（如图 2–11 所示）。

最终控制人分析是基于股权投资关系寻找持股比例最大的股东，最终追溯至国有资产管理部门或自然人（如图 2–12 所示）。

战略发展则以“信任圈”的展现形式，将目标企业的对外投资企业从股权上加以区分，探寻其参股、合营、控股、全资的股权结构及发展战略，从而理解竞争对手和行业企业的真实战略，发现年龄结构、风险结构、区域结构、投资行业结构等（如图 2–13 所示）。

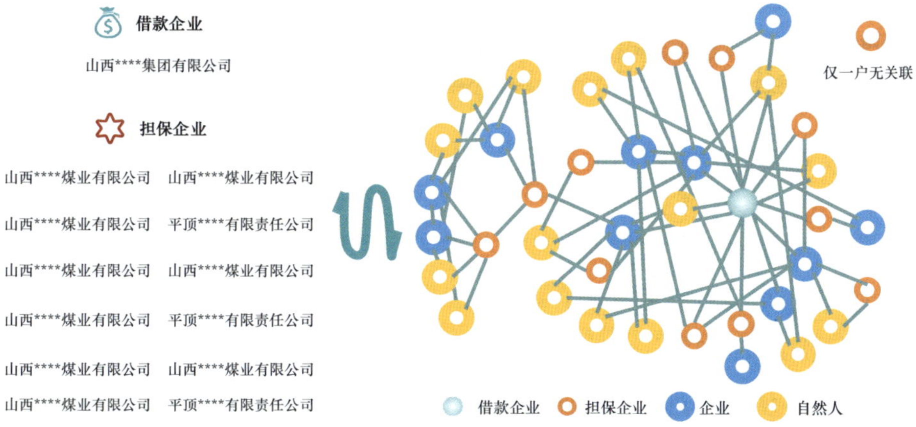

图 2-11　异常关联挖掘

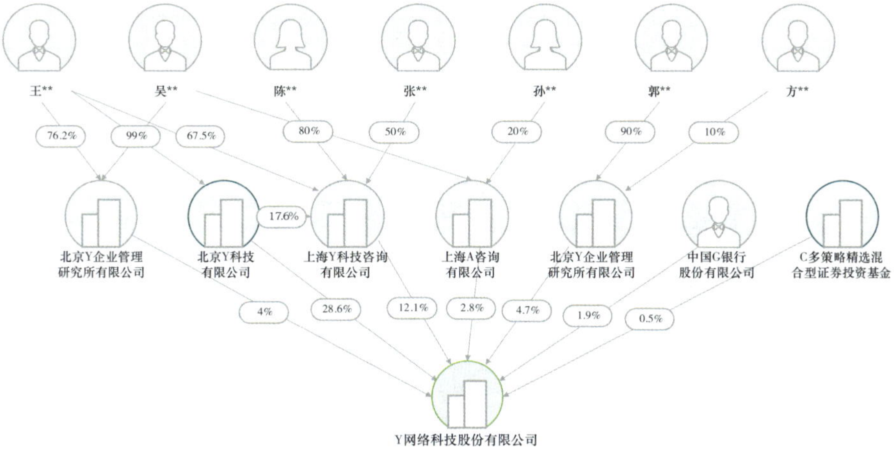

图 2-12　最终控制人分析示例

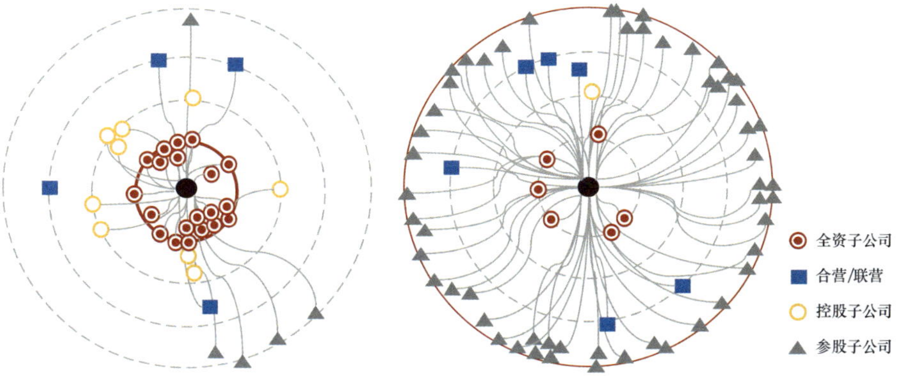

A集团子公司情况　　B集团子公司情况

图 2-13　企业投资图谱示例

2.2 知识图谱赋能科技创新

2.2.1 图中找谱——出谋划策

知识图谱是一种先进的集文献计量学、数学、统计学、计算机科学以及现代数据挖掘、复杂网络和可视化技术为一体的科学发展及其研究前沿知识发现与分析方法与技术。它利用图谱技术和引文分析把抽象数据映射到 2D 或 3D 图形中，从宏观、中观、微观等层面揭示学科进展及其发展趋势、研究主题及其热点、学科领域及其结构、研究团队及其合作关系等。使研究者能概貌与深入了解和发现学术水平和核心资源、科技发展概况、科技合作与竞争、研究前沿及其新兴、重大转变关键节点、热点领域等重要信息。由于图形直观、绚丽等特点，知识图谱更符合人的认知习惯并更利于人脑处理，因此知识图谱分析方法越来越为各领域研究者关注和使用。通过知识图谱，人们可以透视庞大的人类各个领域中的知识体系结构、关联与演变，理顺当代知识大爆炸形成的复杂知识网络，探测科学技术知识前沿与发展、活动分布与竞争的最新态势与趋势。

目前，用知识图谱方法来帮助科技人员从科技文献发展新趋势和突变中获得科技新发现和重大突破点是国内外应用较多的，从高被引文献分析中探测科技发展趋势，从引文（共引）及聚类分析中了解研究前沿分布，从引文（共引）随时空变化分析中观测科技发展与演变，从高词频统计或关键节点计算分析中得到关键或转折性研究领域等；利用 3D 专利地图技术与方法以及可视化专利分析工具及其专利计量分析，能够帮助管理人员宏观了解行业技术发展趋势和竞争对手专利布局和企业技术研发，从而发现核心技术、合作伙伴和竞争对手，利用技术矩阵图可以直观了解技术方案分布，发现技术雷区和空白点，有利于专利分析决策和战略规划等；利用知识图谱方法可为科技管理决策和战略规划提供量化、直观、有效的参考依据。目前，国内外管理界较成熟地采用知识图谱对学科结构布局、科研成果、科学家及科研团队、合作关系、学术水平等科技竞争力方面进行分析研究。在实际应用发展方面，可探索应用于企业发展与管理，如行业战略设计、前沿（共性、关键）技术、技术评估与技术预见等分析研究。

例如：在石油石化行业科研生产领域，科研人员经常会去写报告和研究科学技术的文章，那么如何快速查找和定位知识，如何利用知识图谱去理解用户意图，推荐相关知识？当我们去搜“塔里木盆地”的时候，背后实际上已经定位出来塔里木盆地是一个实例节点。与以往通过“塔里木盆地”按关键词的方式匹配出来不同，通过知识图谱，可以把它背后的这种本体连接在一起，它可能是一个盆地，盆地是不是有这样相关的地层结构？它的区域，它的空间地理坐标，通过这样去推荐它更相关的信息，帮助科研人员发现其隐藏在背后的知识。

2.2.2 图中找谱——求贤用士

科技人才是国家科技创新经济发展的首要驱动力，也是实现中华民族伟大复兴的关键因素。以高端人才驱动产业创新是产业做大做强的重要举措，也是区域发展的重要驱动力之一。但是，人才引进一直以来存在以下问题：人才信息不对称，难以精准匹配各地区用人需求。如何发现、吸引、培养、留住、使用相关的人才，成为在当今日趋严峻的国际竞争中抢占先机的重要课题之一。

知识图谱可以有效解决寻找人才过程中的痛点和难点，它利用社会网络分析和数据挖掘技术，从海量互联网信息及文献中获取信息并进行语义抽取和隐含关联关系挖掘，构建全球全领域的人才网络，为企业、机构、学者等提供论文搜索、人才搜索、学者能力图谱、学者社会网络关系识别等多样化功能，真正实现“天下才俊，尽收眼底”。

知识图谱通过收录海量的论文、期刊、会议、图书等文献，展现相关学者、文献数量、引用情况等内容，建立如优秀青年人才、知名高校教师、各领域知名学者、大奖获得者、各国院士等一系列特色人才数据库。知识图谱可以通过访问特色人才数据库来查看已经进行分类的人才信息，也可以根据学者的研究领域、姓名以及机构进行全局检索。知识图谱提供的检索功能是人才语义检索，这种检索基于大规模知识图谱，可以智能理解用户查询的语义信息，自动从就职单位、研究兴趣、人才姓名、学科领域等多个维度对系统提供的专家智库进行快速而准确地检索，准确定位用户寻找的专家人才，并提供多维度人才语义属性的快速过滤和智能排序。

在此基础上，可以结合大数据挖掘技术，对人才的基础信息，比如单位、职称、职位、地址、联系方式等，还包括工作经历，教育背景；科技人才的科研成果信息，比如论文、专利、科研项目等；分析目标人才的领域全维度，学科贡献度，引进难度，引进成本甚至相似学者等信息，以此对人才特征进行全面评价描绘，为科创人才学术成就评价提供客观的依据和辅助决策的支撑，为企业人才发展策略调整和决策提供支撑，助力企业发掘和激活人才，实现更高效的人才资源配置。

2.2.3 图中找谱——精益求精

搜索引擎是最早应用知识图谱的，除了能通过推理实现概念检索，还能以图形化方式向用户展示经过分类整理的结构化知识，从而使人们从人工过滤网页寻找答案的模式中解脱出来，可应用到自然语言理解、智能问答、推荐等方面。基于知识图谱的搜索大大提高了搜索的精确度，一方面能够直接回答用户的问题，另一方面还有语义推理能力；知识图谱引入了主体之间更多复杂的语义关系，利用其中多种关系的边向外扩展用户的兴趣集合，可以很好地提升推荐结果的多样性和准确性，此外，知识图谱连接了用户的推荐结果和历史兴趣，这提供了一种额外的解释性的来源，能够使科研人员快速、准确、高效掌握科研动态和信息，提高科研效率与质量。

知识图谱能够分析科研热点、盲点、预测前沿，从而在资源利用、组织管理等层面产生溢出效应，发挥情报在科研决策中的作用，节约人财物力和时间，加快科研进程，同时，它突破原有信息分析的方法，有利于提高文献资源利用率和信息工作水平，助力企业信息服务向知识管理迈进。

此外，相对来说知识图谱的结构是比较稳定的，如果有一段时间这个图的结构或者子图的结构突然发生了一个剧烈的变化，这个图就可能产生某种异常，这可以作为风险的判断。

基于知识图谱的推论与分析，如故障排查。当问题出现的时候，该如何去排查？当生产过程中真的出现问题时，很多业务人员第一时间想的就是找专家，让专家去帮我解决这个问题，专家的思路更多，专家去看一下这个场景可能就可以找出来。

以电网设备管理为例，在电网运行的过程中，如果发生了故障，应该如何利用知识图谱把专家丰富的排查经验结合到业务模型中，来驱动知识图谱解决这些故障呢？在实际应用中，主要是通过概念图谱和实例图谱两层，结合业务模型去完成这件事情的，这是一个整体的过程。通过实例对象的锁定，达到故障原因的分析，再到故障要素的分析，直至最后的排查故障原因。这里有一个简单的技术原理：我们可以看当变压器漏油的时候，我们该怎么办？第一步去做一些自然语言的理解和处理，先把问题里面的要素抽取出来，然后去做概念的识别和实体的识别。比如这个案例里面我们说的是这座变压器，它实际上对应的本体是“变压器”。“漏油”是一种异常。那么对于出现了“怎么办”这样的特征，它是异象分析的一个过程，前期我们还是需要大量的资源和语言去解析，去理解这样的一个业务是要问什么。实际上我们解析出来的两个核心本体，一个是变压器，一个是异常。变压器和异常之间，他们有什么样的关联关系呢？可以通过知识图谱实现分析和推测故障原因。

第 3 章

搭建基于知识图谱的科创智慧平台

从本章开始，我们将结合国网上海市电力公司构建科技创新智慧平台的实践经验，与大家分享如何基于知识图谱，打造企业自己的科技创新管理平台，希望可以为立志于在科技创新管理方面有所作为的你们抛砖引玉。

3.1 企业科技创新活动现状分析

3.1.1 拨开云雾：科技创新管理现状分析

根据企业科技创新管理的主要工作，可以将科技创新管理分为六大模块，即科技规划、研究开发、科技成果运作、创新资源管理、创新机制管理以及对外合作管理。下面以国网上海市电力公司（以下简称公司）为例，对于企业科技创新管理的现状可以从以上六个模块进行分析。

1. 科技规划模块

科技规划是为指导较长时间内科学技术研究与开发而制定的一种综合性规划，包括发展方向、规划目标、主要政策和重要措施等方面。科技规划规划按照时间长短可分为长期规划和中期规划，长期规划一般为10～15年，是一种指导性的科技规划，中期科技规划一般为5年，与国家5年经济发展计划并行。科技规划编制完成后，一般会根据实际情况的变化按年度滚动修订。

2. 研究开发模块

研究开发是指各种研究机构、企业或个人为获得科学技术（不包括人文、社会科学）新知识，创造性运用科学技术新知识，或实质性改进技术、产品和服务而持续进行的具有明确目标的系统活动，包括系统及设备的测试、安装、维护、维修等一系列的系统活动。

3. 科技成果运作模块

科技成果运作是经过深入思考、调研考察、实验研究、设计试验等活动，某一项科学研究取得了有价值的创造性劳动成果，并通过了技术鉴定、得到了社会认可。具体到科技创新工作中，科技成果指科技项目的研究开发产出，对于成果的运作主要包括成果报奖、成果申请专利、成果生成技术标准和成果转化及推广四种方式。其中，科技成果申报的高层次奖励主要包括世界级、国家级、省部级、行业级和企业级四类奖项，世界级包括全球科技创新进步奖、泰勒奖（环境科学、能源、医学领域的国际性奖项）、爱迪生发明奖等；国家级奖项包括国家科技进步奖、技术发明奖等；省部级奖项包括省部级科技进步奖、技术发明奖等；行业奖项包括各行业协会或组织设立的科技创新奖项，例如电力行业的中国电力科技奖；企业级奖项包括企业自行设立的科技创新奖项，例如国家电网有限公司的科技进步奖、技术发明奖等。科技成果申请专利包括发明专利、实用新型专利和外观设计专利三种类型。成果生成技术标准是对标准化领域中需要协调统一的技术事项所制订的标准，主要包括地方标准、企业标准、团体标准、行业标准、国家标准和国际标准。科技成果转化是指为提高生产力水平而对科学研究与技术开发所产生的具有实用价值的科技成果所进行的后续实验、开发、应用、推广直至形成新产品、新工艺、新材料，发展新产业等活动。

4. 创新资源管理模块

科技创新资源主要是指能用于科技创新活动、能为科技创新提供保障，并能用于科技创新活动的各种有形资源和无形资源的总称。按照参与科技创新活动的职能角度进行划分，将其分成科技人力资源、科技财力资源、科技物力资源和科技信息资源四类。其中，科技人力资源是指实际从事或有潜力从事系统性科学和技术知识的产生、发展、传播和应用活动的人力资源，包括国家级、省部级和公司级的科技创团队和个人；科技财力资源是指能够有效支撑区域科技创新活动的资金，如投入研究开发费等；科技物力资源是指为科技创新活动提供支撑的实验平台、科研设备、仪器等所有有助于科技创新活动开展的有形物资资源的总和，包括国家级、省部级、企业级的实验室、研究中心、创新基地、新型研发机构与研转平台等；科技信息资源是指有助于科技创新活动开展的知识积累、预测信息、咨询信息、历史资料、科技成果信息、知识产权信息以及与科技创新活动相关的政策信息等所有具有价值和使用价值的资料与信息，主要包括企业自建或购买的各类数据库、情报信息等。

5. 创新机制管理模块

科技创新机制管理包含科技创新组织体系架构、全过程管理模式和人员管理三块内容。

（1）科技创新组织体系架构。

一般来说，企业的科技创新组织体系架构通常包含三层：最上层为战略决策主体，中间层为管理主体，最下层为实施主体，有些企业还包括专业指导主体，其中，科技创新战略决策主体主要负责制定科技创新相关重大决策，包括科技规划布局、外部战略合作、体制机制创新等，明确科技创新工作的方向目标和总体战略；科技创新管理主体主要负责组织编制公司科技规划，组织、管理和协调公司科技项目，组织开展科技成果奖项申报、专利申请和标准制定，组织开展科技成果转化、应用和推广，统筹建设公司科技创新资源并协调科技资源配置等；科技创新实施推进主体是企业科技创新的主力军，主要承担科技创新的策划、实施等；科技创新专业指导主体主要负责企业重大科研布局、技术决策、技术方案、新技术和新成果示范应用、技术规定等的评审和论证，以提高科技创新重大决策的科学化水平，同时，在企业科技创新组织体系中发挥智囊的作用，通常由公司邀请熟悉技术领域国内外发展动态、理论和实践经验丰富、科技成果丰硕、影响力巨大的专家组建而成，为重大创新布局、创新方向论证、创新项目审查、创新成果鉴定提供咨询顾问支持。

（2）科技创新全过程管理模式。

科技创新全过程管理模式主要涉及科技规划、研究开发和成果管理三大主要阶段，科研人员管理贯穿全过程。

1）科技规划的管理模式。目前，科技规划由公司科技领导小组牵头，科技部组织、协调和推进规划编制工作，从全公司抽调科技骨干力量组建规划编制团队，其中，电力科学研究院专家发挥核心作用，各专业、各单位专家组成专业技术领域专题工作组，公司技术委员会进行审查和论证，群策群力共同完成。科技规划可以分为三个阶段：

a. 分析评估阶段。基于公司和电网发展形势，评价上一个五年规划的实施结果，总结科技领域、子领域的科技发展现状和科技管理成效，分析科技发展中的优势与不足，深入挖掘公司科技发展需求，形成上一个五年规划的实施评估报告。

b. 规划编制阶段。贯彻上级公司科技部规划编制大纲的工作要求，紧跟国家、上海市和自身的发展变化，深入分析宏观形势和科研需求，通过召开专题研讨会，发动骨干专家的智慧，提出规划时段公司科技发展的总体思路和发展目标，明确科技管理和科技攻关领域的重点任务，初步形成规划方案。

c. 审查上报阶段。广泛征求各部分专业意见，汇总分析反馈意见，优化完善规划内容，形成规划送审稿；提交公司技术委员会审查，确保规划与公司整体发展规划有机衔接；提交上级公司审查，确保规划内容与上级公司科技规划有机衔接。

2）研究开发的管理模式。研究开发以科技项目为依托，由公司科技部统一归口管理，发展部、财务部等管理部门协同推进，各部门、各单位负责提出本专业领域的项目需求和建议，具体承担科技项目的组织和推进工作。科技项目开展可分为立项、实施、验收、评价四个阶段。

a. 立项阶段。科技项目立项包括申报、评审、储备、批准四个基本程序。首先，公司科技部根据公司发展战略和科技规划，结合电网生产、建设和公司经营发展的要求，组织立项申报；申报部门和单位按照要求编报申报材料，并经本部门或单位领导批准后报科技部；科技部组织立项评审，分为预审、专家评审和审核三个阶段，经过三阶段评审的项目纳入公司科技项目储备库；科技部根据公司综合计划和预算总体安排，从科技项目储备库中选择项目，会同计划管理部门和财务部门综合平衡，经公司审定、批准后纳入综合计划和预算一起下达。

在科技项目常规立项程序之外，公司于 2018 年提出“举手制”。“举手制”指在群众性科技创新项目安排中，对各单位共同面临的、有创新性且成果具有可推广性的群众性科技创新需求，面向青年员工、博硕士群体、技术骨干进行公开发布，由个人或团队（众创微单元）毛遂自荐，“举手”申请承担公司群众性科技项目，公司在组织评审的基础上，选择技术路线合理、创新性突出、组织实施有保障的个人或团队承担。

b. 实施阶段。科技部依据研究开发费专项计划，按照公司科技项目统一合同文本组织签订合同或计划任务书；项目承担单位根据合同组织项目实施，提供项目实施的必要条件，保证人员和设备投入；科技部定期组织项目中间检查，及时发布检查结果，对存在的问题监督整改，项目承担单位按照项目计划要求，按期上报项目执行情况。

c. 验收阶段。项目承担单位在项目完成后向公司科技部提出验收申请，准备技术报告、工作报告、项目经费决算报告、项目审计报告、其他支撑与证明材料。科技部对验收材料审查合格后，确定验收方式并下达通知。验收可视具体情况采取现场考察、书面评议、网络评审、会议验收、委托中介机构评估等方式进行。

d. 评价阶段。公司科技部组织实施科技项目评价工作，分为科技项目后评估和科技项目管理综合评价。科技项目后评估对项目成果的技术创新性、先进适用性和实用化水平，项目组织管理的综合效益和影响，推广应用和产业化前景以及后续的改进等进行客观分析研究并做出评价；科技项目管理综合评价对科技项目管理工作成效进行评价，评价内容包括科技项目的立项组织、实施管理、经费管理、验收管理和实施效果等。

3）科技成果管理模式。科技成果的管理主要包括成果报奖管理、成果转化管理和技术标准实施评价管理三方面：

a. 成果报奖管理。对于通过验收的科技项目成果，由公司科技部组织成果第一完成单位根据申报要求准备书面版和电子版申报材料。对于高等级奖项，科技部对申报材料进行形式审查，根据项目的创新性、技术水平和推广应用情况等择优推荐，并填写申报意见和申报等级后上报。对于公司级奖项，科技部对申报材料进行形式审查后，组织专家组评审，由科技领导小组确定获奖名单及获奖等级，科技部组织开展征求异议和授奖工作。

b. 成果转化管理。公司科技部每年向各部门、各单位征集拟转化的科技成果，各申报部门或单位填写《科技成果转化项目审批表》，科技部对上报的科技成果进行综合评估，并择优发布成果信息。成果供需双方在科技部的组织下，针对有意向的成果进行洽谈，明确转化方式、费用、知识产权归属、后期合作、利益分配等事项，完成洽谈并达成一致的，成果供需双方签订科技成果转化合同。对于通过公司科技成果转化并成功实现产业化的产品，优先纳入《国家电网公司新技术推广目录》和《国家电网公司新技术目录》，加快其在公司系统的挂网试运行及推广应用。

c. 技术标准编制。由公司科技部归口管理，各业务部门专业负责，按照“谁应用谁负责、管专业必须管标准”原则，协同推进，纵向业务贯通，按照“层级 + 专业”结构，指导本专业技术标准实施评价工作开展，自上而下逐级分解实施、逐级监督评价。在实施评价上，配合上级公司开展实施评价示范工程，完成《体系化实施与整体性反馈模式研究报告》，提出标准实施评价“七步法”，设计“两统一、三体系”为标志的国网技术标准实施评价模式。

（3）科研人员的管理模式。

科研人员的管理主要包括人员评价管理、人员激励管理和人员选拔管理。

1）人员评价管理。企业绩效管理体系是对员工进行评价的主要依据，传统的个人绩效考核内容主要包括工作业绩、工作表现、工作时间和工作态度四个部分，工作业绩是完成个人本职工作以及本职工作范围外的协助，工作表现是对员工工作能力和发展潜力的考察，工作时间是员工的出勤及加班情况，工作态度考察员工的责任性、服从性、纪律性等，员工参与科技创新的绩效并没有纳入传统绩效管理体系的范畴。

公司于 2018 年推出了与“举手制”相配套的“积分制”。“积分制”以创新结果为导向，围绕企业科技、管理等创新活动，通过积分对员工在项目质量、项目成果、项目奖励、创新价值和成果转化五个方面的创新业绩进行全方位量化。“积分制”全面兼顾各类创新，突出高层级重大创新在创新中的核心作用，综合考量员工在创新中承担的角色及做出的贡献，以分层、分类、分级为评价原则，按照承担角色及贡献分值递减的方式，开展量化评价积分，以数据来衡量创新业绩（如图 3–1 所示）。

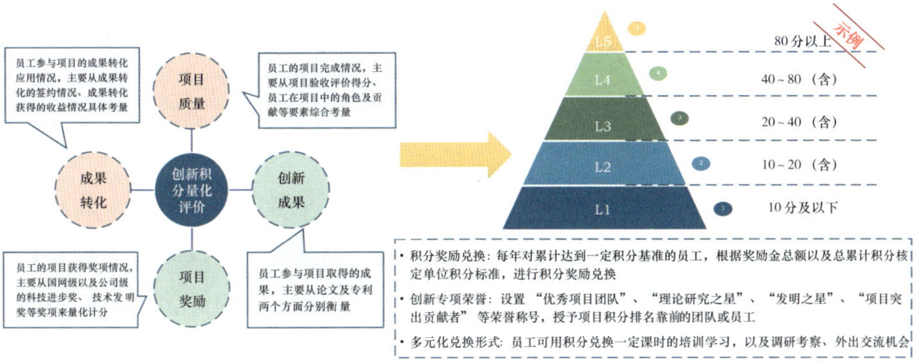

图 3–1　科技创新“积分制”示意图

2）人才激励管理。公司基于人本激励、资本激励和知本激励“三位一体”的人才激励思想，建立了丰富多样的激励手段，满足科创人才全方位的需要。在人本激励方面，公司设立了“十佳科技精英”“十佳科技创新团队”“科技创新先进集体”等荣誉称号，由公司科技部组织通报表扬。在资本激励方面，公司严格执行《国家电网公司科学技术奖励办法》和《国家电网公司科学技术奖励办法实施细则》；设立公司科技进步奖、群众性科技创新成果奖，对获奖成果在颁发奖励证书的同时发放奖金；建立“举手制”积分奖励专项基金，对积分靠前的优秀“举手人”进行奖励；并进一步扩大对高层次标准、专利和论文的奖励覆盖面。在知本激励方面，公司对于表现优秀的科创人才，优先推荐职务晋升、推荐承担重大项目、推荐进入公司专家库，优先安排高级业务培训、安排参加国际会议和论文发布，放宽优秀科创人才晋升的年龄上限限制，解除创新人才的后顾之忧（如图 3–2 所示）。

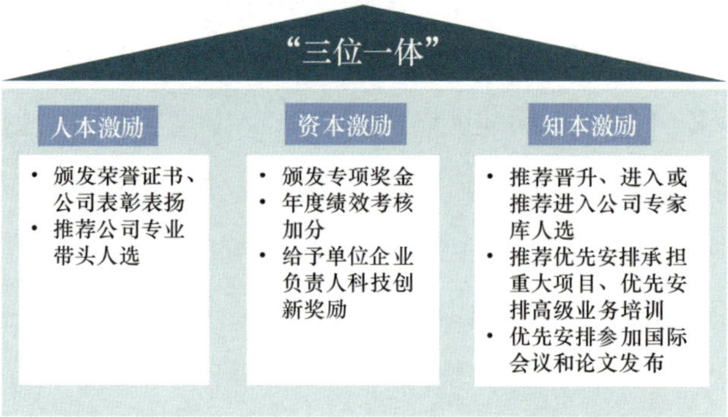

图 3–2　公司"三位一体"的人才激励模式示意图

3）人员选拔管理。人员的选拔可以分为优秀专家人才选拔和岗位晋升选拔两类。优秀专家人才每两年选拔一次，分为公司级、省公司级、地市公司级三级，主要考察人员的学历、职业资格、工作经历、科技成果、竞赛调考等方面，未来要进一步加强选拔标准对于科技创新能力的倾斜，让创新成为人员选拔的重要标准；岗位晋升选拔以岗位任职能力为核心，目前任职资格对科技创新能力的要求较弱，未来需要分层、分类地修订现有的岗位任职能力标准，强化对科技创新能力的要求。

6. 对外合作管理模块

企业的科技创新活动需要借助外部力量，整合国内外科技创新资源，调动科技创新各要素的充分流动，实现科技资源共享联通、创新链条完整融通、科技人才交流畅通，以此提高自身科技创新的能力。

企业的科技创新对外合作主要包括产业合作、高等院校合作和研究院所合作。其中产业合作是与相关技术领域的专业公司开展合作，充分发挥各自在技术领域的优势，通过此类的创新合作，赋能整体产业的发展；与高等院校和研究院所的合作，主要采用产学研的合作模式，发挥各自在产业、专业技术领域、人才等方面的优势，实现协同创新，提升科技创新的能力。

3.1.2　与时俱进：科技创新管理数字化提升需求

在对企业科技创新管理现状梳理完成后，结合自身的战略发展要求和目标并对标行业标杆，在此基础上对现状进行全面分析，以此发现科技创新管理的短板和不足，有的放矢地实现企业科创管理数字化需求的挖掘。

根据大量的企业调研和自身的活动实践，可以总结出目前科技创新管理总体表现为两大特征：一是主要依托人的经验决策，采用专家组讨论会的形式进行；二是对科技项目、成果和资源的管理比较粗放，没有根据对象的特征进行个性化精细管理。这两大特征对提高科技创新管理质量和效率构成了巨大阻碍。

（1）人为核心的经验式决策模式。

以公司科技创新管理现状为例，在科技规划编制阶段，公司多以电力科学研究院相关技术领域的专家为核心，以公司内部各专业、各单位从事相关工作的人员为主体，对技术领域专题工作组进行编制，主要采用专家头脑风暴会议的形式；在科技项目立项和验收阶段，由公司科技部组织专家组进行资料评审，采用专家评审会的形式；在科技成果在报奖和转化阶段，由专家组对科技成果进行评估，同样采用专家评审会的形式。以上三个阶段的共同特征都是高度依赖专家的经验开展重大决策。

以人为核心、以经验为依托的决策模式具有显著的优势，例如，专家可以对特定技术领域深入探讨，充分发挥经验积淀；专家可以提供多元化的视角和思路，形成思维的碰撞。在目前的数据积累和人工智能发展约束下，专家仍将在相当长的时间内发挥决策的核心作用。然而，专家决策模式也存在着一定的弊端，主要体现在两个方面：一是专家的组织和协调难度大，造成决策耗时长、成本高。以科技规划工作为例，“十四五”规划的编制时间长达一年，从公司内部抽调了 100 多人的专家团队，成立了科技部牵头的协调组和 18 支技术领域专题工作组，人力、物力和财力成本巨大。二是决策质量对专家的依赖性极高，不同的专家团队可能提出不同的决策方向，因此决策效果的波动性强，科学决策的一贯性难以保障。首先，专家选择的难度较大，必须从决策的主题和目标出发，选择知识、能力、经验等均合适的专家，专家储备和匹配性可能不足；其次，专家可能局限于技术型思维定势，难以从企业经营发展的全局视角思考问题，最终制定的决策可能在技术上可行，而在战略上、经济上却并不合适；最后，讨论会的组织难度较大，专家容易出现“羊群效应”，导致讨论和辩证的深度不够，最终造成观点雷同和草率决策。

（2）整齐划一的粗放式管理模式。

根据上文的分析，在科技项目实施阶段，项目承担单位主动上报项目进度、成本和质量情况，科技部对项目进行中期检查，主要依托文字汇报材料开展。在科技成果管理阶段，科技部负责对公司内外发布科技成果，并为成果供需双方搭建沟通的平台。以上两个阶段的共同特征是，科技部对所有的项目和成果进行整齐划一的管理，不会根据项目特征制定个性化的项目实施管理策略，或根据成果的特征采用最适用的转化路径。

这种整齐划一的粗放式管理模式存在着较大的弊端，主要体现为两个方面：一是仅在项目中期进行检查，对项目风险的跟踪不够密切，难以提前预见项目风险并针对不同项目的风险特征采用矫正性举措，风险管理手段单一且滞后。二是对所有拟转化的成果统一发布，集中组织供需双方沟通，对供需双方的分析不够深入、对接不够精准，导致成果转化的成功率不高。

随着企业数字化转型的推进，科技文献、项目、成果、人才等相关的各类要素资源不断积累和沉淀，以客观历史数据为依托、充分利用数字化分析工具为手段开展智慧化决策辅助，为提高科技创新管理水平开辟了一条新的路径，科技创新工作的各环节都涌现出了巨大的数字化提升需求。

1. 科技规划管理的数字化提升需求

科技规划阶段的数字化管理需求体现在四个方面，分别是量化评价科技创新水平、挖掘科技创新需求、研判技术发展现状趋势、分析技术领域合作机构及专家：

（1）评价上一规划阶段公司科技创新水平。

以科技项目评审结果，论文、专利、标准等科技成果的数量及等级，科技成果获奖情况、科技成果转化情况为依托，构建量化评价模型，对公司在上一规划周期内在某技术领域的科技创新水平进行评价，从而客观、精准地分析公司的长短板技术。

（2）挖掘公司科技创新需求。

以公司的正式发文、工作报告、领导讲话、会议纪要等重要资料为依托，运用自然语言处理技术对文本内容分词和分句，并进行句法和语法分析，从而提取出文件的关键词、高频词，对词语进行情感倾向分析和聚类分析，更加自动、精准地识别出文件的核心观点，发现内外部环境及公司战略对于科技创新的需求。

（3）研判技术现状及发展趋势。

以论文、专利、软著、标准等科技文献数据为依托，通过构建数字化模型，分析文献数量的时间序列变化、文献关键词网络、文献共被引网络等，了解某技术领域的以往研究趋势、近期研究热点，该技术领域与其他技术领域的关联关系等，为判断该技术领域的研究价值提供辅助，为决策是否在该技术领域布局提供决策支撑。

（4）分析技术领域合作机构及专家。

以论文、专利、软著、标准等科技文献数据为依托，通过构建数字化模型，分析文献作者合作网络、机构合作网络、作者共被引网络等，了解技术领域内核心机构和专家的分布，判断某技术领域内作者的影响力，以及机构的权威性，为公司开展对外创新合作提供决策支撑。

2. 研究开发管理的数字化提升需求

研究开发管理阶段的数字化提升需求体现在三个方面，分别是科技项目立项申请的量化优选、科技项目实施过程的精细化管理、科技项目的量化后评估管理。

（1）科技项目立项申请的量化优选。

目前对科技项目的立项评审，主要由专家考虑以下几个方面出具评审意见，包括项目重要性、实用性，技术先进性、可行性和申报单位实力。以上属性均可以借助数字化分析工具提供量化依据，为专家决策提供支撑。例如，以绩效分数、发文文件、重要讲话、重要会议、工作报告等为数据源进行分析，识别公司重大部署及亟待解决的业务短板等，为识别项目重要性、实用性提供依据；通过分析项目所属技术领域的论文和专利情况，该技术领域的子领域和交叉领域情况，为判断项目先进性、可行性提供依据；以项目申报单位以往的项目评分、科技成果、领域专家等为数据源进行分析，判断申报单位的研究资源及研究能力。

（2）科技项目实施过程的精细化管理。

科技项目开展过程中存在着众多不确定性，例如，研究领域发生技术突破造成在研技术过时，公司战略部署发生重大变动造成研究需求弱化、资金下达不及时造成项目进度滞后等。因此，在科技项目实施过程中，以论文、专利，项目经费下达、完成进度，战略规划、重要部署等为数据源，进行动态的跟踪和分析，对突发事件和执行偏离进行预警，便于项目团队及时采取措施。

（3）科技项目的量化后评估管理。

目前主要通过专家对项目目标、过程、成果、应用、效益等方面进行评价，未来可基于项目各类数据实现定量化评价。通过构建评价指标体系，如经费支出金额、投资收益率、核心技术更替周期等，运用主成分分析法、因子分析法或 DEA 数据包络法，对项目进行打分、排名。

3. 科技成果管理的数字化提升需求

科技成果运作阶段的数字化提升需求体现在两个方面，分别是科技成果转化潜力评估和科技成果转化路径优选。

（1）科技成果转化潜力评估。

目前的科技成果转化工作，主要由专家综合考虑成果的知识产权、技术成熟度、原理及应用场景、市场前景等方面，主观评价成果转化价值并提出建议，未来可以对项目相关数据进行分析，将相关评价维度用量化指标度量。

（2）科技成果转化路径优选。

公司可以构建科技成果数据库、内外部潜在成果需求单位数据库，以曾经转化成功的科技成果为依托，分析这些成果在技术领域、需求单位、转化方式、转化金额等方面的特征，总结形成各类成果的典型转化路径，为拟转化成果精确匹配潜在的需求单位，并提出一套适用的转化建议方案。

4. 科研人员管理的数字化提升需求

科研人员管理阶段的数字化提升需求体现在两个方面，分别是科研人员创新绩效评价和科研高潜力人才识别。

（1）科研人员创新绩效评价。

以反映科研人员创新组织能力、科技研究能力、成果创造能力的各种客观数据为依托，如项目评审结论，论文、专利、软著等成果数量和等级，项目经济、社会效益，项目成果转化情况等，对科研人员参与创新的积极性和实施创新的质量进行评价，全面、客观地评价科研人员创新绩效。

（2）科研高潜力人才识别。

以人才潜力研究方面的重要理论和实践为依据构建高潜力人员画像，以人员的年龄、学历、专业、职称、技能等级，参与科技项目的频度、最近一次参与的间隔时间、承担角色、项目评价，个人发表的论文、专利、软著等综合性数据为依托，对人员的科研潜力进行量化分析，为公司识别高潜力人才并开展后续针对性重点培养提供决策支撑。

3.2 平台的总体构想

3.2.1 锚定乾坤：平台的定位

1. 基于知识图谱的科技创新数字化管理目标

以服务科技创新工作全过程为导向，将知识图谱应用于科技创新决策的各个环节，依托整合的数字化资源，开展数据分析、展示和应用，将有效提高科技创新管理的数字化水平。具体来说，基于知识图谱的科技创新数字化管理目标体现在三个方面：

（1）全方位感知内外部环境态势。

科技创新是公司各项工作中的重要一环，科技创新需求来源于公司及电网发展需要，科技创新成果服务于公司运营及业务开展。因此，科技创新工作不是空中楼阁，不能孤立于宏观环境、产业环境、业务环境开展，而是要紧密依托内外部环境。因此，知识图谱的首要目标是全面感知内外部环境态势。通过集成尽可能丰富和多元化的数据资源，密切跟踪影响科技创新的方针政策、战略要求、技术前沿、生产实际等关键因素，实现对环境态势变化的灵敏识别和快速反应。

（2）全景展现科技创新状态水平。

目前，公司已经建设了科技资源共享平台、科技工作管理系统等服务于科技创新的信息系统，然而各类数据分散在各个系统中，且数据之间的联系比较松散。因此，知识图谱的核心目标及本质特征是系统整合并结构化展现技术相关信息。通过围绕技术这一核心，整合关于该技术的论文、专利、科技创新人才、专家、机构等相关数据，并借助数据可视化技术，构建技术、关键词、作者、机构等要素的关系图，便于使用者总览科技创新全景，宏观把握技术水平和特点。

（3）全面提升科技创新决策智慧含金量。

根据对公司科技创新现状的分析可知，目前科技创新决策以专家经验为主要依托，以整齐划一的常规举措为主，决策的量化水平和管理的精细程度均不足。因此，知识图谱的根本目标是提高科技创新决策的智慧化水平。通过整合并结构化大量的信息，使得对这些信息的分析成为可能，运用数据挖掘、语义分析、机器学习等先进技术，能够提炼信息中蕴藏的规律和范式，发现科研需求、学术热点、技术趋势、人才团队等，为科技创新布局、科技项目优选、人才评价及选拔等决策提供量化支撑。

2. 知识图谱科技创新平台的角色定位

根据知识图谱的内涵及特征，围绕科技创新数字化管理的目标，知识图谱在科技创新工作中发挥的主要作用可以概括为四个方面，技术全景图、状态仪表盘、规划指南针、管理驱动器。

（1）技术全景图。基于知识图谱的可视化拓扑结构，构建能源互联网技术体系全景图，展现技术横向关联及纵向层次关系。

（2）状态仪表盘。基于知识图谱系统化整合的信息，全面且客观地呈现技术相关的科技项目、科技成果、科技奖项、科技人才等信息，反映公司科技创新工作的水平及成效。

（3）规划指南针。发挥知识图谱的知识发现能力，发现技术相关信息之间的隐形联系，通过综合分析科技创新要素，识别技术发展趋势、热点研究领域等，为科技创新布局提供方向指引。

（4）管理驱动器。利用知识图谱开展数据挖掘的优势，为科技创新决策提供可量化、可计算的决策标准，提高决策的科学性和可靠性，驱动科技创新管理精细化水平持续提升。

3.2.2 匠心独具：平台的特征

基于知识图谱的科技创新平台的核心是图数据与可视化，与传统的数据结构及呈现方式相比，平台呈现以下三个方面的特征：

（1）决策科学化。

基于知识图谱的科技创新平台以大数据作为基础，外部数据包括国内外科技创新动态、政策法规、重大项目或技术开展情况、产业链相关方动态、相关技术文献、专利、成果等；内部数据包括公司相关制度文件、科技指南、领导讲话、成果文件等，通过多维度、多层次的数据，使科技创新决策定量化。通过对海量数据的获取，基于知识图谱，构建量化分析模型，深度挖掘数据的内在价值，支撑科创决策更加科学。

（2）管理智能化。

基于知识图谱的科技创新平台紧紧围绕科技创新工作全过程，精准服务公司领导者、科技管理者、人才管理者，系统集成外部信息资源和内部科技活动沉淀数据，有机整合知识图谱、文本挖掘、语义分析等大数据人工智能分析技术，支撑科技布局决策辅助、战略合作决策辅助、项目人才优选决策辅助、项目风险管理、创新绩效管理等活动，带来大数据和人工智能驱动的决策能力，提高决策的科学性，降低对经验的依赖。

（3）管理可视化。

管理可视化贯穿于科技创新的各个阶段，是决策科学化和管理智能化成果的最终载体，具有知识图谱可视化、数据分析可视化、决策辅助场景可视化三大特点。其中知识图谱可视化将业务相关技术通过网络状的图谱形式表现，节点表示技术领域，节点的大小表示该技术领域科技文献数量，节点间连线粗细表示同时属于这两个技术领域的科技文献数量；数据分析可视化将数据统计分析的结果以饼图、折线图、热力图等多种可视化图表的形式呈现；决策辅助场景可视化将决策的关键影响因素及其特征以可视化图表的形式呈现，将决策的逻辑过程以可视化模型的方式呈现，生成决策建议。

3.3 平台的功能设计

3.3.1 洞若观火：用户需求挖掘

用户显性和隐形需求的充分挖掘和洞察，是构建科技创新智慧平台的关键一步，是平台建设的基础。

1. 科技创新主体识别

知识图谱以服务科技创新工作为导向，科技创新工作的各类相关主体，是知识图谱所服务的主要对象，主要包括科技创新决策者、科技创新管理者、一线科技创新人员和科技人才管理者。其中，科技创新决策者是科技创新的战略谋划者、政策部署者，由公司科技领导小组承担，负责明确科技创新方向、推动对外战略合作等；科技创新管理者是科技创新的工作组织者、资源协调者和过程管控者，由公司科技部及各单位科技专职承担，负责管理科技创新项目、资源、成果等；一线科技创新人员是科研开发的执行者，由公司各部门、各单位员工承担，负责实施科技创新项目、申报奖项、发表论文、申请专利等；科技人才管理者是科技人才的评价者、选拔者和培养者，由公司及各单位人力资源部承担，负责组织专家选拔、组织科技人才培训等。

2. 科技创新全过程分析

知识图谱围绕科技创新全过程，以四类科技创新主体在全过程中各个环节的决策需求为导向，紧扣决策目标和决策内容提供决策支持服务。科技创新全过程主要分为七个阶段：

第一个阶段为科技规划阶段。科技规划是科技工作的开展指引。通过系统梳理上阶段科技创新成果，客观评价公司科技创新实力，深入分析下阶段科技创新需求，并明确科技创新的目标、思路以及重点任务。

第二个阶段为选题立项阶段。选题立项是科技项目的整体策划。通过发布科技项目申报指南，由各部门、单位根据指南，结合自身实际情况提出立项申请、开展可行性分析，完成项目申报和审批。

第三阶段为实施推进阶段。实施推进是科技项目的具体执行。项目承担单位提供项目实施的必要条件，积极组织团队开展研究工作，合理安排经费支出、保障专款专用，确保项目的进度和质量。

第四阶段为项目验收阶段。项目验收是科技项目的检查审核。项目承担单位提供验收材料，科技创新管理部门组织专家对批复中要求的研究内容、预期目标的完成情况进行评审，形成验收结论。

第五阶段为总结评价阶段。项目评价是科技项目的回顾收尾，科技创新管理部门对已结束科技项目的目标、执行过程、组织和管理、结果、效益、影响等进行分析和评估。

第六阶段为成果运作阶段。成果运作是科技成果的价值挖掘，对于具备在生产实际中应用条件的成果，开展试点应用；对于具备较强创新性与前瞻性的成果，编制报奖材料；对于具备知识产权的成果，开展知识产权交易；对于具备行业内领先水平的技术，组织开展国标、行标、团标等的编制。

第七阶段为人才发展阶段。人才发展是科技人才的培养储备，以人才在参与科技项目和科技成果转化中的表现为基础，甄选具有高发展潜力的人才，针对人才的特点进行个性化培养。

根据对创新主体的识别和创新全过程的分析，可以搭建“四横七纵”的科技创新需求框架，以便于更加全面，详细地梳理知识图谱的各类使用主体及其数字化决策需求（如图 3-3 所示）。

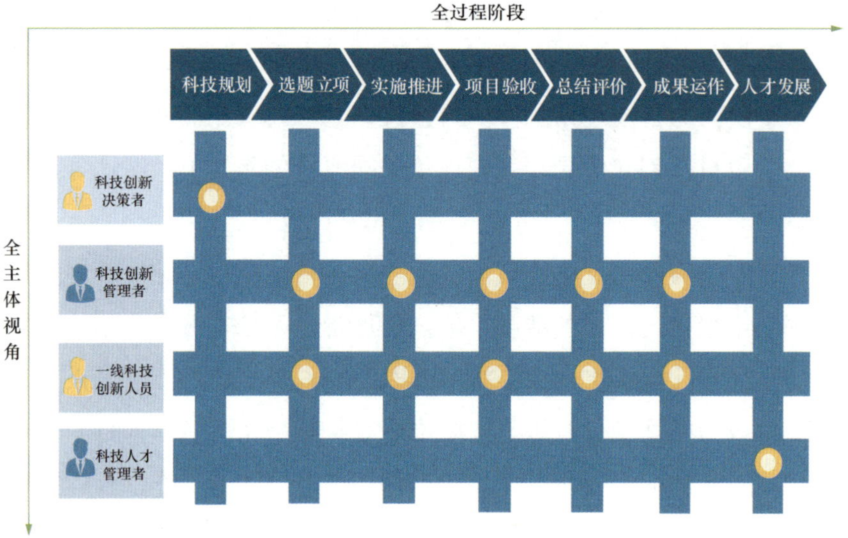

图 3-3 知识图谱使用主体的科技创新需求框架

3. 使用主体的数字化需求挖掘

以“四纵六横”的科技创新需求框架为依托，围绕横纵相交的关键节点分析数字化需求，可以梳理出以下五类需求：

搜寻需求：搜寻需求普遍来源于科技创新各类主体，并贯穿于科技创新的各个阶段。例如，在科技规划阶段，决策者有搜寻技术态势、政策部署、领域专家、潜在合作方等的需求；在选题立项和验收评价阶段，管理者有搜集以往类似项目、同领域成果等的需要；在项目实施阶段，管理者有搜寻经费下达、人员变动、研究推进情况等的需求，一线科技创新人员有搜寻论文、专利、著作、实验室等的需求。

认知需求：认知需求主要来源于决策者和管理者，存在于科技规划阶段、验收评价阶段和人才发展阶段。例如，在科技规划阶段，决策者有了解公司在某技术领域研究水平的需要；在验收评价阶段，管理者有了解项目推进及完成情况的需要；在人才发展阶段，管理者有评估人才发展潜力的需要。

预测需求：预测需求主要来源于决策者，存在于科技规划阶段，决策者有预测技术未来发展趋势的需要，包括研究热度的变动、技术突破的可能性等。

关系辨识需求：关系辨识需求主要来源于决策者和管理者，存在于科技规划阶段、选题立项阶段和验收评价阶段。例如，在科技规划阶段，决策者有辨识技术间交叉渗透关系的需求；在选题立项阶段，管理者有辨识申报项目和以往项目雷同度的需求。

数据可视化需求：数据可视化需求普遍来源于科技创新各类主体，并贯穿于科技创新的各个阶段，这一需求是搜寻、认知、预测和辨识需求的派生需求，是呈现满足以上需求成果的最终载体。例如，通过星系状知识图谱呈现技术之间的层次、结构关系，满足技术关系识别的需求；通过技术生命周期曲线呈现技术成熟度，满足技术发展趋势预测的需求。

3.3.2 因地制宜：应用场景梳理

梳理关键应用场景需求从实际出发，结合企业科技创新业务特点，围绕科技创新工作流程，将知识图谱融入其中。

公司从科技创新工作全流程出发，对科技创新业务进行网格化的细致梳理，形成了四大类十七个知识图谱的应用场景（如图 3–4 所示）。

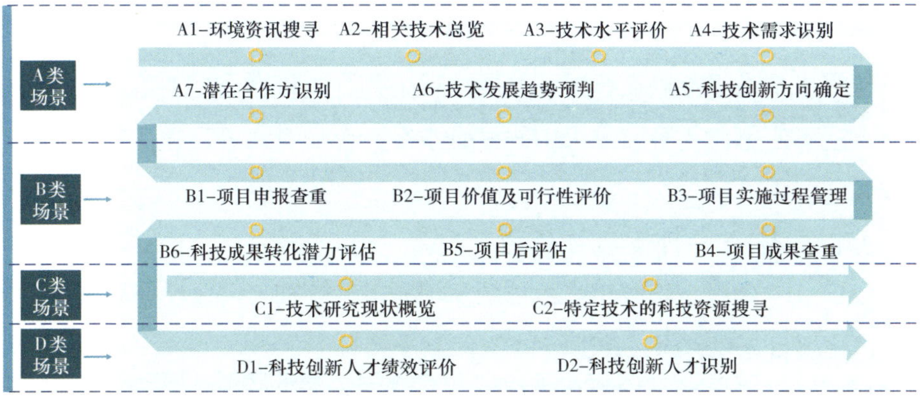

图 3–4　知识图谱在科技创新中的应用场景梳理

1. A 类场景—科技创新规划

场景 A1– 环境资讯搜寻：在科技规划的初始阶段，决策层需要了解科技创新工作面临的形势和任务，如国家科技政策、区域科技规划、上级公司科技创新战略、上年度科技工作总结等。

场景 A2- 相关技术总览：在科技规划的初始阶段，决策层还需要从宏观上快速概览，与电网和公司发展相关的技术领域有哪些，这些技术领域包含哪些细分技术方向，这些技术领域和方向之间的关联关系如何等。

场景 A3- 技术水平评价：在总览了相关技术后，决策层需要了解公司这些技术得了哪些研究成果，研究成果的层级如何，与兄弟单位和外部机构相比公司的研究实力如何等。

场景 A4- 技术需求识别：在掌握了技术水平后，决策者需要了解内外部环境对技术的需求，并评价需求的重要性和紧迫性，如公司战略的要求、降低成本的需求、提高质量的需求等。

场景 A5- 科技创新方向确定：在同时明确了技术需求和技术水平后，决策者需要对两者进行交叉分析，综合考虑某技术对公司的价值及公司在该技术上的研发能力，初步确定优先进行布局的技术领域。

场景 A6- 技术发展趋势预判：在初步确定布局领域后，决策层需要判断目标技术未来的发展趋势，比如该技术目前处于生命周期的什么阶段，未来多长时间内可能会有技术突破等。

场景 A7- 潜在合作方识别：在明确了拟布局的技术领域后，如果公司目前的研究水平尚不足以支撑独立开展项目工作，决策者需要评价高校、科研院所、企事业单位等第三方机构的科研水平、合作意愿等，并从中优选潜在的战略合作者。

2. B 类场景—科技项目管理

场景 B1- 项目申报查重：在选题立项阶段，管理者需要快速判断选题是否与以往项目存在雷同，并进行初步筛选。

场景 B2- 项目价值及可行性评价：经过了查重初筛后，管理者需要分析项目的价值及可行性，例如，选题方向是否精准、技术创新难度如何、团队人员数量和配置是否科学、时间安排和经费预算是否合理等，从而比较不同项目的风险和收益。

场景 B3– 项目实施过程管理：在项目开始实施后，管理者需要动态跟踪各类突发事件和情况，评价资金下达、项目进度、人员变动等是否存在风险，从而提前预警并采取纠偏措施。

场景 B4– 项目成果查重：在验收评价阶段，管理者需要判断成果是否存在抄袭，确保项目质量评价建立在公平基础上。

场景 B5– 项目后评估：在项目后评估阶段，管理者需要判断项目目标设置的正确性、合理性和实践性，判断项目实施过程中经费、进度、资源配置等决策的合理性、合规性，判断成果的技术水平、产出和影响，判断成果成熟度和应用效果，判断项目的精益效益、社会效益和环境影响。

场景 B6– 科技成果转化潜力评估：在成果形成后，管理者需要分析成果是否具有产品化开发和市场化推广的潜力，例如，技术是否可靠、消费者的接受度如何、产业政策是否扶持等。

3. C 类场景—科技项目实施

场景 C1– 技术研究现状概览：在选题立项阶段，一线科技人员初步确定选题方向后，需要了解技术领域现有研究的范围和水平，例如，技术领域关键词、已有专利情况、已发表论文情况等，便于寻找选题的切入点；需要了解权威研究机构和学者、公司内有同类项目经验的人员等，便于组建项目团队。

场景 C2– 特定技术的科技资源搜寻：在选题立项、项目实施、成果运作阶段，一线科技人员均需要搜集各类科技文献，如技术领域的论文、专利、以往项目资料等；在选题立项阶段，一线科技人员还需要搜寻可组建项目团队的潜在人员，如该技术相关岗位、类似相关项目经验的人员等。

4. D 类场景—科技人才管理

场景 D1– 科技创新人才绩效评价：在人才发展阶段，人才管理者需要对公司全体科技创新人员当年的科技创新绩效进行评价，反映人员参与科技项目的数量和质量、在科技项目中的贡献度、取得科技成果的数量和质量等。

场景 D2– 科技创新人才识别：在选题立项阶段，项目经理需要从公司内、外部挑选适合组建项目团队的人员，科技创新管理者需要对团队人选合理性进行评估；在人才发展阶段，人才管理者需要从科技创新群体中识别出高潜力人才，并制定针对性的人才培养方案。

3.3.3 称心如意：平台功能设计

科技创新智慧平台的功能设计，在全面覆盖用户需求的基础上，要做到更加精准，更加精细地直击用户的痛点。

在满足各类科技创新主体需求的基础上，知识图谱的功能构架应无缝对接各类应用场景，基于这个出发点，知识图谱的科技创新平台可以设计“全息感知、全景可视、智能分析、辅助决策”等四类功能模块。全息感知功能模块定位于满足科技创新主体的搜寻需求，通过全面、快速地搜集各类信息，并将信息资源与信息需求者精准匹配，实现高效率触达信息；全景可视功能模块定位于满足科技创新主体的数据可视化需求，通过图、表的方式实现抽象信息的具象化、形象化，便于使用者对数据的理解、分析和记忆；智能分析功能模块定位于满足科技创新主体在认知、预测、关系辨识方面的单一需求，具有较为聚焦的分析目标，以大数据分析为依托并产出量化分析结果，可以为辅助决策功能提供输入；辅助决策功能模块定位于满足科技创新主体在认知、预测、关系辨识方面的复合需求，以原始数据及智能分析模块的结论为输入，开展多因素的整合分析，为科技创新主体面临的具体决策场景提供建议。下面对四类功能模块与 ABCD 四类场景的应用匹配进行具体介绍。

1. 全息感知功能

从信息流向的角度，可以将全息感知分为“人找信息”和“信息找人”两类。“人找信息”指科技创新主体已经有明确的信息需求，利用知识图谱平台主动搜寻信息，“信息找人”指科技创新主体只有模糊的信息需求，知识图谱平台基于对用户的认知，主动向用户推送信息，用户被动接收信息。

因此，在全息感知功能模块下，从“人找信息”和“信息找人”两方面考虑，设计四项子功能模块：

（1）索引导航功能。该功能属于“人找信息”模式，服务于业务场景 A2、C1。以知识图谱整合的海量结构化信息为依托，以知识图谱中技术间的关联关系为线索，多级跳转触达拟查找的信息。

（2）统一检索功能。该功能属于“人找信息”模式，服务于业务场景A1、B1、B4、C2。通过设置一站式检索入口，用户在检索框输入拟查找信息的关键词或段落，由人工智能算法实现信息精确或模糊匹配，生成信息源的链接，或输出段落相似度。

（3）热搜推荐功能。该功能属于“信息找人”模式，服务于业务场景A1、C2。通过跟踪大量用户的搜索行为，基于检索输入的高频关键词，向用户推荐其他大部分用户都感兴趣的信息。

（4）个性化推荐功能。该功能属于“信息找人”模式，服务于业务场景A1、C2。通过跟踪特定用户的基础信息，用户搜索、点击、浏览等行为信息，向用户推荐可能感兴趣的信息。

2. 全景可视功能

数据可视化需求属于派生需求，是搜寻、认知、预测、关系辨识需求得以实现的载体和依托。因此，根据数据可视化的对象，将全景可视功能分为三项子功能模块：

（1）知识图谱可视化。该功能服务于业务场景A2、C1。将业务相关的技术通过网络状的图谱形式表现，图谱中的节点表示技术领域，节点的大小表示该技术领域的科技文献数量，节点之间的连线粗细表示同时属于这两个技术领域的科技文献数量。

（2）数据分析可视化。该功能服务于业务场景A3、A4、A6、B3、B5、B6、C1、D1。根据科技创新主体的需要，预定义维度对科技创新的原始数据进行统计分析，将结果以饼图、折线图、热力图等多种可视化图表的形式呈现。

（3）决策辅助场景可视化。该功能服务于业务场景A5、A7、B2、D2。根据科技创新决策的具体场景，将决策的关键影响因素及其特征以可视化图表的形式呈现，将决策的逻辑过程以可视化模型的方式呈现，生成决策建议。

3. 智能分析功能

智能分析功能可以从“分析对象”与“满足需求”两个维度来定义。从

“分析对象”来看，包括科研需求、科研主体、技术特征、科技项目四类，从“满足需求”来看，包括认知、预测、关系辨识三类，两个维度交叉共有十一个功能子模块。

（1）针对科研需求的分析：技术需求识别功能。该功能满足认知需求，服务于业务场景 A4。以能够反映技术重要性和紧迫性的各类文件为分析对象，如战略规划、决策部署、工作总结、绩效报告等，运用文本挖掘技术开展语义关系、情感倾向和文本热点分析，反映公司对某技术的需求强度。

（2）针对科研主体的分析：

1）科研水平评价功能。该功能满足认知功能，服务于业务场景 A3。通过分析科技项目、科技成果、获得奖项、经费预算、人才梯队等方面的分项指标，对科研主体在某技术领域的研究水平进行量化评价，反映该科研主体的领先性。

2）创新绩效评价功能。该功能满足认知功能，服务于业务场景 D1。通过分析科技创新人才参与科技项目、所承担项目角色、发表论文、取得专利、获得奖项等方面的情况，将科技创新人员的贡献以量化积分的形式表示，反映该人员的绩效水平。

3）科研社团识别及关系分析功能。该功能满足关系辨识需求，服务于业务场景 A7、B2、C1、D2。通过分析科技创新人员共同参与项目、发表论文、编制标准等行为特征，识别关联密切的研究团体；通过计算研究者合作网络中人员节点的中心度，反映该人员的重要性和关键性。

（3）针对技术特征的分析：

1）技术成熟度分析功能。该功能满足预测需求，服务于业务场景 A6。通过分析某技术领域下的论文发表、专利申请、公司注册、产品上市、直接融资等数据，通过挖掘数据蕴含的规律预判技术走势，推断技术突破、技术应用等时间节点。

2）技术研究热度分析功能。该功能满足关系辨识需求，服务于业务场景 A1、B2、C1。通过分析科研机构、专家学者、论文、专利等与技术的关联关系，量化表示各类研究资源在某技术领域上的集中度，反映科研界对该技术的关注热度。

3）技术社团识别及关系分析功能。该功能满足关系辨识需求，服务于业务场景 A1、B2、C1。通过分析不同技术领域在论文中的共现次数，反映技术之间的交叉渗透关系；通过计算技术领域共现网络中技术节点的中心度，反映该技术的重要性和关键性。

（4）针对科技项目的分析：

1）立项查重功能。该功能满足关系辨识需求，服务于业务场景 B1。将立项申报文件与以往的立项批复文件或项目成果文件进行比对，甄别相似度高的段落，输出相似百分比，反映课题重复申报情况。

2）成果查重功能。该功能满足关系辨识需求，服务于业务场景 B4。将项目成果文件，与论文、专利、以往成果等进行比对，甄别相似度高的段落，输出相似百分比，反映成果原创性情况。

3）项目风险评价功能。该功能满足认知需求，服务于业务场景 B2、B3、B6。通过识别影响科技项目成功的风险因素，如目标制定、技术路线、经费预算、项目团队等，将每种风险因素用可量化的指标度量，分析风险因素发生的概率及影响，客观反映科技项目的风险水平。

4）项目后评估功能。该功能满足认知需求，服务于业务场景 B5。通过构建评价指标体系，如经费支出金额、投资收益率、核心技术更替周期等，量化分析科技项目的目标、过程、成果、应用、效益等情况，对科技项目进行评分和排名。

4. 辅助决策功能

决策辅助功能面向具体的决策场景，即当科技创新主体在业务活动中面临众多备选方案，需要择优选择并最终拍板定案时，辅助决策功能有助于比较方案并识别优缺点，为方案选择提供建议。因此，根据决策事项的不同，设计四项功能子模块：

（1）科技布局辅助决策。该功能面向科技创新决策者，服务于业务场景 A5。基于技术需求识别、科研水平评价、技术成熟度分析等智能分析模块的结论，构建科技布局决策模型，为前瞻、精准布局技术发展方向提供支撑。

（2）战略合作辅助决策。该功能面向科技创新决策者，服务于业务场景A7。基于科研水平评价、研究社团识别及关系分析等智能分析模块的结论，构建战略合作辅助决策模型，为科学选择外部合作战略伙伴提供支撑。

（3）项目立项辅助决策。该功能面向科技创新管理者，服务于业务场景B2。基于技术需求识别、技术成熟度分析、创新绩效评价、项目风险评价等智能分析模块的结论，构建项目立项辅助决策模型，为科学筛选项目提供支撑。

（4）人员优选辅助决策。该功能面向科技创新管理者、项目经理、科技创新人才管理者，服务于业务场景D2。基于创新绩效评价、研究社团识别及关系分析等智能分析模块的结论，构建项目团队人员优选模型、高潜力人才发现模型，为科学选拔人才、为有效配置人力资源提供支撑。

3.4 平台的架构设计

3.4.1 量体裁衣：用户需求与平台功能匹配

打通平台功能和用户需求之间的壁垒，使两者完美匹配，决定了用户的需求能否被很好地满足。

在科技创新智慧平台功能设计完成的基础上，公司围绕用户需求，将平台功能与之进行匹配。针对企业决策层的业务功能包括知识图谱可视化、辅助决策、技术能力分析、战略合作决策辅助。知识图谱可视化功能主要展示公司业务所涉及的技术门类、星系图谱、机构、人员及其关系；辅助决策功能基于构建的知识图谱，发现热点领域和趋势科技，并指导科技布局；知识图谱分析功能基于复杂网络技术的相关理论，对知识图谱的相关指标进行量化计算，包括实体的中心度指标、入度、出度等相关指标，通过技术指标度量，实现技术能力评估、对比分析；战略合作决策辅助功能用于匹配公司需求与外部资源，推荐合作单位。

针对科技管理者的业务功能包括辅助决策、科技管理、创新绩效管理和高潜人才挖掘。辅助决策功能分析技术的研究热度和发展趋势，为立项提供依据；科技管理功能实现科技项目、科技成果、科技人员、成果、专家、实验室等统计、分析与管理；创新绩效管理功能实现对创新绩效的评价与管理，高潜人才挖掘主要基于技术能力、人员分析，挖掘高潜人才。

针对一线技术人员的功能包括统一检索和信息推荐。统一检索功能通过构建单一的检索入口，实现技术拓扑图导航；信息主动推荐功能根据定制化需求和历史行为痕迹，推送科技资讯、专家等资源（如图 3–5 所示）。

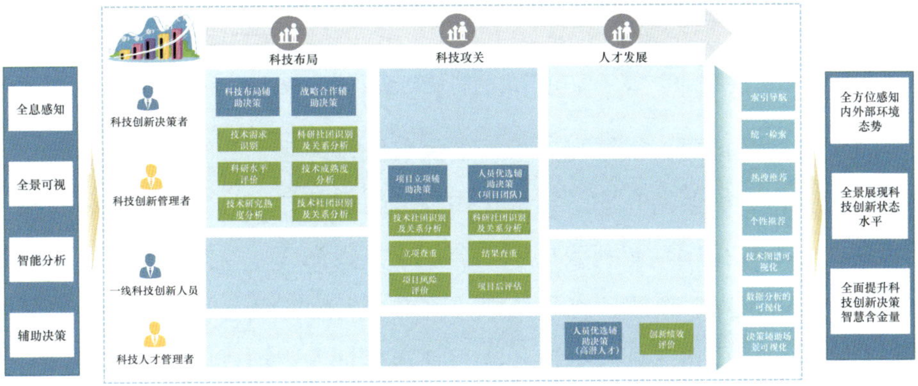

图 3–5　基于知识图谱的科技创新平台功能模块

3.4.2　一览而尽：平台架构设计

科技创新智慧平台的架构设计包括平台体系架构设计和平台系统架构设计。其中平台体系架构设计包括基础数据层、知识图谱层、模型分析层和服务决策层。平台系统架构设计包括功能部署、建设路径和系统架构。

1. 平台体系架构设计

基于知识图谱的科技创新平台需要以公司科技创新的战略需求为目标，构建信息智能采集、知识库、智能处理的大数据环境体系，复加智库专家、决策者和社会单元的协同决策沟通体系，叠加政策实施和评价、社会传播的决策绩效反馈体系，从而构筑完整的科技智库决策研究生态系统，生态系统的 4 层结构模型为：基础数据层、知识图谱层、模型分析层、服务决策层（如图 3–6 所示）。

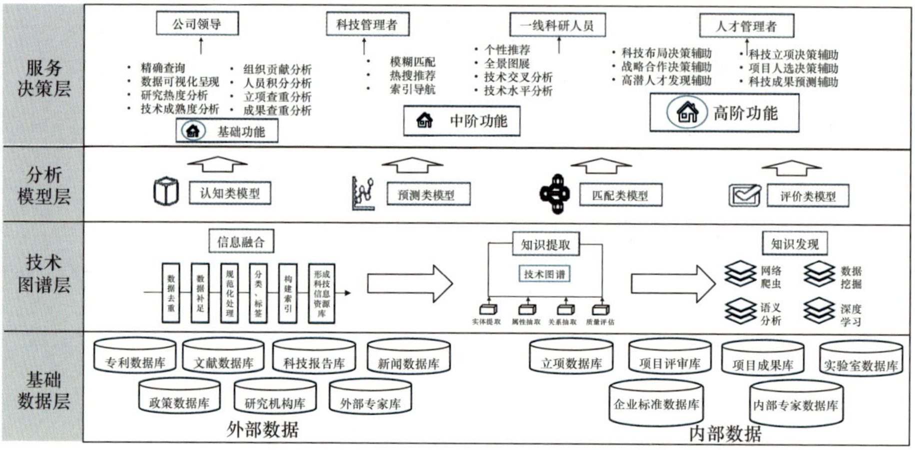

图 3-6　基于知识图谱的科技创新平台决策体系架构

（1）基础数据层。根据支撑平台的海量数据体系，智能处理结构化、非结构化数据，重构数据仓库。结构化内外部数据库导出元数据，外部数据包括中外文文献数据库、专利数据库、会议论文数据库、硕博论文库、科技报告库、科技成果库、新闻动态数据库、政策法规数据库、外部专家数据库等；内部数据库包括项目立项数据库、项目评审数据库、项目成果数据库、实验室数据库、企业标准数据库、内部专家数据库等，重构数据仓库；非结构化网络开放资讯数据，通过智能采集互联网动态信息、新媒体信息、微博、微信公众号等信息，建立统一数据集词典，构建结构化数据仓库。打通结构化数据源和非结构化数据源之间的阻断，建立专家、机构、项目、地域、基金等关联链接，对知识管理层数据处理做储备。

（2）知识图谱层。知识图谱层反映能源互联网领域相关技术及其拓扑关系的网络结构，通过对基础数据层信息的整理、融合，依托图数据库对实体、属性和关系进行抽取，构建相关技术的知识图谱，并运用复杂网络分析方法开展数据挖掘，通过社团发现算法、关键节点识别算法实现知识的发现。知识图谱层共设计技术领域共现网络、技术方向共现网络、机构合作网络、作者合作网络、关键字共现网络、刊物共现网络六种图谱，以二维或三维形式直观展示，真实呈现科技创新的各类要素全貌。

（3）分析模型层。依据科创智慧决策体系应用场景，针对各类场景知识库，构建认知类、预测类、匹配类和评价类四大类科技创新智能化决策辅助模型，支撑具体功能应用场景。科技创新智能化决策辅助模型是以知识图谱及科技创新基础数据为依托，以技术发展态势感知和创新智慧决策为导向，围绕科技创新相关主体的需求和使用场景，提炼共性的、模块化的分析能力，形成分析模型，主要服务于科技创新价值链上的七大类主要应用场景。认知类模型包括科技创新需求识别模型和科创人员团队画像模型；评价类模型包括技术水平评价模型、科技创新绩效评价模型和项目后评估模型；匹配类模型为科技资源推荐系统模型；预测类模型包括技术发展趋势预测模型和项目风险管理模型。

七大类主要场景包括：科技创新布局，项目立项优选，项目过程管控，外部战略合作，项目人才优选，专家资源、科技资讯、科技文献推荐和人才潜能培养。其中技术水平评价模型和科技创新需求识别模型共同组成的科技创新布局四象限图，为科技创新布局提供决策依据；技术发展趋势预测模型为项目立项优选提供方向预测；科技项目风险管理模型为项目过程管控提供管理支撑；科技创新绩效评价不仅支撑项目立项优选，同时为人才潜能培养提供数据基础；科技资源推荐系统模型将专家、文献等资源精准推荐至各类用户；科创人员团队画像模型贯穿科技创新价值链，是七大场景应用的基础；项目后评估模型作为项目全流程闭环管理的最后一环，实现了基于知识图谱的在线评估。

（4）服务决策层。服务决策层主要对象为公司领导、科技管理者、一线科研人员和人才管理者。他们既是科技创新活动的管理者，也是科技创新的制定者和决策者。基于知识图谱的科创智慧决策体系提供基础功能、中阶功能和高阶功能，其中基础功能支撑使用对象开展精确查询、数据可视化呈现、研究热度分析、技术成熟度分析、组织贡献分析、人员积分分析、立项查重分析、成果查重分析等活动；中阶功能支撑使用者开展模糊匹配、热搜推荐、索引导航、个性推荐、全景图展、技术交叉分析、技术水平分析等活动；高阶功能为使用者提供科技布局决策、战略合作决策、高潜人才发现、科技立项决策、项目人选决策、科技成果预测等辅助支撑。

2. 平台系统架构设计

（1）平台功能部署。

平台功能部署包括业务功能部署和非业务功能部署，其中业务功能部署主要包括知识图谱、决策辅助模型等与业务息息相关的功能，非业务功能部署主要包括安全性、扩展性等平台基础能力的建设。

1）平台业务功能部署：

a. 知识图谱：展示公司业务所涉及的技术领域、技术方向及其关系；展示科技文献的关键词共现关系；展示研究者的共现关系；展示研究机构的共享关系。

b. 指标量化计算：基于复杂网络技术的相关理论，对知识图谱的相关指标进行量化计算，包括实体的中心度指标、入度、出度等相关指标，实现技术指标度量。

c. 科技布局决策辅助：识别内外部创新需求，评价各技术门类的科研实力，预测技术发展趋势。

d. 战略合作决策辅助：匹配公司需求与外部资源，推荐合作单位。

e. 创新绩效管理：量化评价个人的创新贡献，并进行可视化展现。

f. 科技成果舞弊发现：识别成果抄袭。

2）平台非业务功能部署。基于知识图谱的科技创新平台上线以后，应确保服务的稳定可靠运行提供。因此，非业务功能部署应主要考虑以下 3 点：

a. 可用性。科技创新资源的来源是动态变化的，对科技创新资源的服务需求也是动态变化的。因此在系统设计阶段，应充分考虑到需求动态变化因素，设计具有通用性、简单便捷可配置化管理的工具，确保系统具有高可用性。同时，需要在设计过程中，充分考虑使用对象的需求和用户习惯，设计开发简捷易用、界面布局合理的前端，确保用户友好性。

b. 可扩展性。科技创新资源的种类和数量会不停地增长，内容在不断更新，因此系统应能够有效扩展，对新增种类的科技创新资源实现有效支撑应用。

c. 安全性。系统对数据库内容应提供可靠的加密手段，提供完整的数据库内容访问控制机制，避免科技创新资源批量泄露和遭受恶意访问。对数据库文件应提供合理的备份手段，支持由用户自行备份保存。提供可靠的数据恢复手段，在服务器、硬件出现严重故障时，能够根据备份的数据迅速彻底地恢复正常运行状态。

（2）平台建设路径。

基于知识图谱的科技创新平台建设分为 5 大步骤（如图 3–7 所示）：

第一步，科技资源整合。在科技资源整合平台的基础上，继续完善内、外部专家及研发机构数据，补充内部项目及科技成果数据，增加政策法规数据、行业动态数据、专利数据及行业标准数据，为知识图谱数据库构建奠定基础。

第二步，图数据库建设。通过对科技资源的实体进行分析，构建知识图谱图数据库。

第三步，知识图谱体系建设。在图数据库的基础上，借助图算法实现知识图谱可视化和关键技术识别。另外构建科技能力评价指标库，对科研人员和科研机构的科研水平进行合理、科学的评估。

第四步，知识图谱可视化。通过定制开发知识图谱可视化组件，实现知识图谱的总体展示、共现网络以及被引网络的直观展；

第五步，科技创新决策支持系统。为企业决策层、科技管理者和科研人员这三类使用对象，提供决策支持。

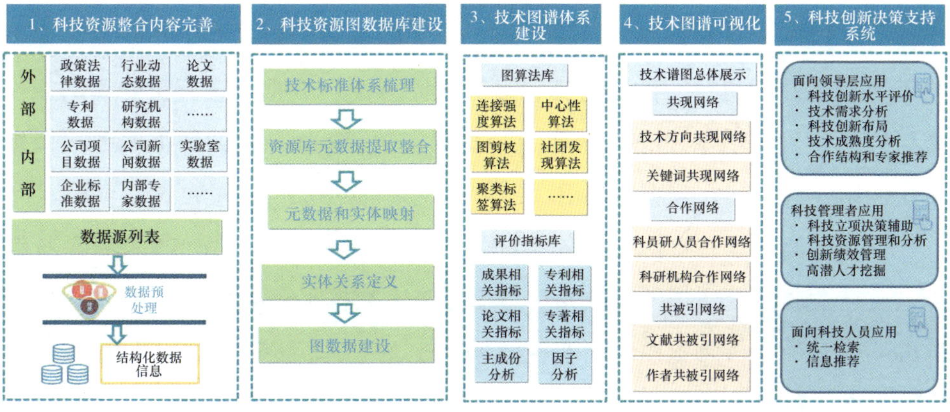

图 3–7　基于知识图谱的科技创新平台建设技术路线

（3）平台系统架构。

知识图谱为科技创新管理及决策服务，核心是科技创新领域的数据集，所以需要构建一个科研创新领域内的知识图谱（如图 3-8 所示）。通过对相关知识的分析和研究，最终确定了知识图谱的核心要素，包括：领域、技术、研究、研究者、关键词、研究机构等及其相关属性。

图 3-8 知识图谱的知识框架

基于知识图谱的科技创新平台，采用基于积木式的模块处理工作流引擎，以数据处理及数据分析的工作流程为工作机制，实现数据处理、数据分析工作流程发布、知识图谱的建设及可视化。

积木式人工智能（AI）软件平台采用工作流理念，将复杂的算法拆散成小的组件，并将每一个操作、每一个算法积木化，将复杂的工作流程化。工作流引擎按照云计算理念，可按需将一个大的任务分解为多个小任务在多个物理节点上并行执行，做到运算、存储按需分配。数据处理分析计算的工作流可以通过发布引擎发布为标准的 web 服务或者 rest 风格的数据服务接口供系统调用或者第三方应用来调用。

该系统架构具有支持 neo4j 图数据库，实现图数据库的分布式文件系统存储；支持关联图谱数据传统关系型数据库与大数据平台的集中存储；支持 R、Python 等多种分析脚本语言；实现数据 ETL 的工作流程与分析工作流程的整合与发布等特色（如图 3-9 所示）。

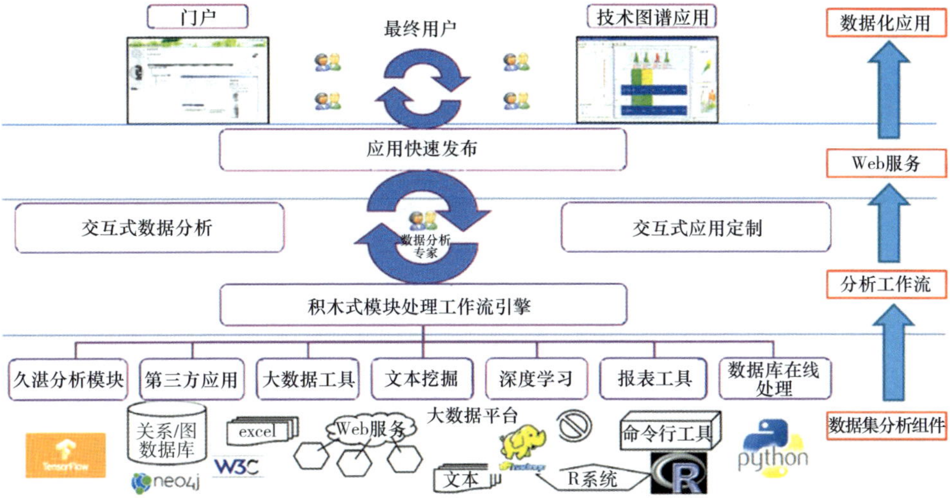

图 3-9　基于知识图谱的科技创新平台系统架构

第 4 章
跟着我一起创建属于你的知识图谱

本章将带领大家跟着我们一起，从知识图谱构建和可视化展示两个方面，开始创建属于你的知识图谱。

4.1 知识图谱的构建

知识图谱构建的一般架构可以包括逻辑结构和技术架构。

从逻辑架构上，可以将知识图谱划分为 2 个层次：数据层和模式层。数据层是将知识以事实（fact）为单位存储在图数据库，通常以“实体 – 关系 – 实体”或者“实体 – 属性 – 值”三元组作为事实（fact）的基本表达方式（如图 4–1 所示）。存储在图数据库中的所有数据将构成庞大的实体关系网络，形成知识的“图谱”。模式层在数据层之上，是知识图谱的核心。在模式层存储的是经过提炼的知识，通常采用本体库来管理知识图谱的模式层，借助本体库对公理、规则和约束条件的支持能力来规范实体、关系以及实体的类型和属性等对象之间的联系。

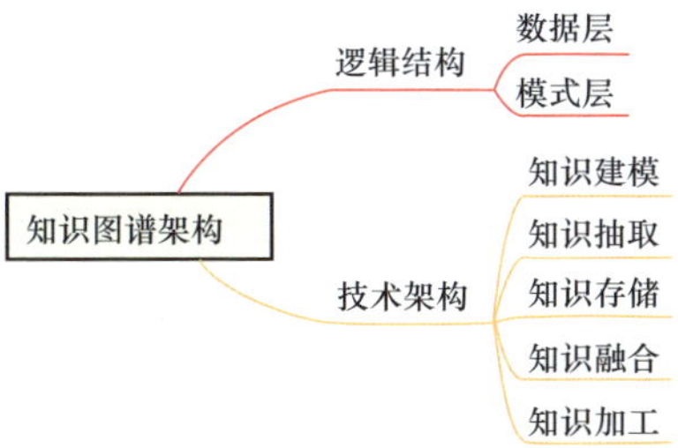

图 4–1 知识图谱的架构

从技术架构上，知识图谱的构建过程是从原始数据出发，采用一系列自动或半自动的技术手段，从原始数据中提取出知识要素（即事实），并将其存入知识库的数据层和模式层的过程。知识图谱有自顶向下和自底向上 2 种构建方式：

自顶向下构建：指借助百科类网站等结构化数据源，从高质量数据中提取本体和模式信息，加入知识库中。

自底向上构建：指借助一定的技术手段，从公开采集的数据中提取出资源模式，选择其中置信度较高的新模式，经人工审核之后，加入知识库中。

在本文描述的基于知识图谱的科技创新应用平台中，采用的是自底向上的知识图谱构建技术，按照知识获取的过程分为五个层次：建模、抽取、存储、融合以及加工。这是一个迭代更新的过程，每一轮迭代都包含这五个阶段，但在实践过程中每次迭代的重点都有所不同。

4.1.1 精准定义：知识建模

在讨论知识图谱时，所讨论的知识是指什么呢？其实这里的“知识”表示就是对一般化知识的一种描述，或者说是对知识的一组约定，一种计算机可以接受的用于描述知识的数据结构，而什么样的数据才能够被计算机能够处理呢？即用计算机的标准化语言能够描述的数据结构。在构建知识图谱时，一个重要步骤就是将现实世界客观存在的实体，概念以及之间的关系抽象成图数据结构，使其在计算机上可以处理，即知识建模。

进行交换任意数据的标准化语言需要包含以下三个方面：

（1）图数据模型：图数据的结构和组织形式；

（2）语法：定义如何撰写数据；

（3）语义：定义如何去理解数据。

1. 图数据模型

知识图谱数据模型来源于语义网，用 RDF 这种资源描述框架，基本概念包括资源、属性、声明和图。其中，资源可以理解为一个对象，可以是专业领域、技术方向、机构、研究者、文献、地点、项目、课题等，每个资源都有一个唯一的标识符；属性是一类特殊的资源，它们描述了资源之间的关系。和其他资源一样，属性也有唯一的标识符；声明是一个实体 - 属性 - 取值的三元组，由一个资源、一个属性和一个属性值组成。属性值要么是一个资源，要么是一个文字。文字是原子值，例如，数字、字符串或日期。

举一个典型的例子：论文 A– 作者 – 张三、张三 – 单位 – 西交大电力工程系等，可以用图形化的方式表述上述声明（如图 4–2 所示）。

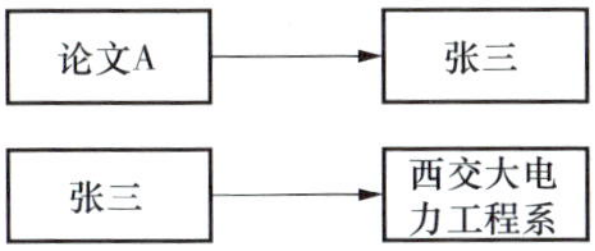

图 4–2　图形化方式表述声明示例

图数据在今天能够得到如此广泛关注，灵活性是一个强大的驱动因素：异构数据、集成新数据源和分析都需要灵活性，而图数据则很好地满足了这一点。现如今，最主要的图数据模型有以下两种：RDF 模型和属性图模型。

（1）RDF 模型。

RDF（resource description framework）资源描述框架的基础架构。其基本概念包括资源、属性、声明和图。RDF 图使用标准的图数据模型，其技术栈的标准是由万维网联盟（W3C）管理的，这个组织也同时管理 HTML、XML 和许多其他网络标准。因此每个支持 RDF 的数据库都应该以同样的方式支持该模型。除此之外，RDF 有一个标准的查询语言称为 SPARQL。它既是一种功能齐全的查询语言，又是一种 HTTP 协议，可以通过 HTTP 将查询请求发送到端点。RDF 图数据模型主要是由以下两个部分组成的：

1）节点（nodes）：对应图中的顶点，可以是具有唯一标识符的资源，也可以是字符串、整数等有值的内容。

2）边（edges）：是节点之间的定向链接，也称为谓词或属性。边的入节点称为主语，出节点称为宾语，由一条边连接的两个节点形成一个主语 – 谓词 – 宾语的陈述，也称为三元组。边是定向的，它们可以在任何方向上导航和查询。

在 RDF 图中，一切都称为源。边和节点只是给定语句中资源所扮演的角色。基本上在 RDF 中，扮演边角色的资源和扮演节点角色的资源没有区别，因此一条语句中的边也可以是另一条语句中的节点。RDF 数据模型相较于属性图更加丰富，也在语义上保持一致性。

（2）属性图形模型。

属性图并没有真正标准的属性图数据模型。称其为属性图是因为市面上属性图数据库的实现都存在中有一些核心的共性。在下面，讨论的是任何属性图数据库都常见的特征

属性图是由顶点（vertex），边（eEdge），标签（lable），关系类型和属性（property）组成的有向图（如图 4–3 所示）。顶点也称作节点（Node），边也称作关系（relationship）；在图形中，节点和关系是最重要的实体，所有的节点是独立存在的，为节点设置标签，那么拥有相同标签的节点属于一个分组，一个集合；关系通过关系类型来分组，类型相同的关系属于同一个集合。关系是有向的，关系的两端是起始节点和结束节点，通过有向的箭头来标识方向，节点之间的双向关系通过两个方向相反的关系来标识。节点可有零个，一个或多个标签，但是关系必须设置关系类型，并且只能设置一个关系类型。

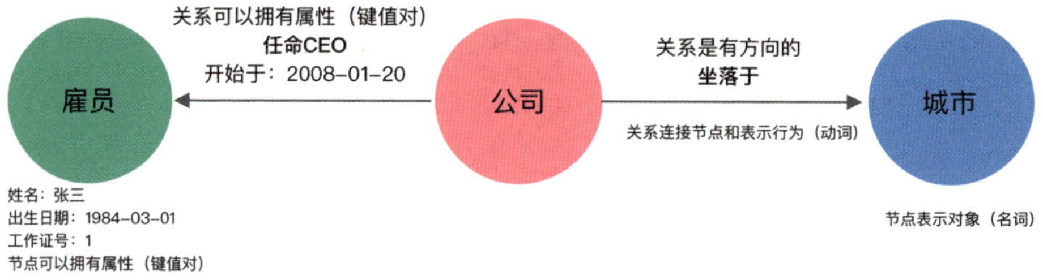

图 4–3　属性图示例

属性图模型是一种“白板友好”的模型。通常，在设计数据模型时，人们会在白板上绘制示例数据，并将其与其他绘制的数据连接起来，以显示不同项目之间的连接方式。然后，将白板模型重新格式化并进行结构化，以适合关系模型的规范化表格。

图数据建模中也存在类似的过程。但是，图形数据模型并没有修改数据模型以适合规范化的表格结构，而是完全保留在白板上绘制的状态。这就是图形数据模型因“对白板友好”而得名的地方。

（3）RDF 数据库与属性图数据库的比较。

RDF 数据库与属性图数据库的不同主要体现在表达的术语和能力上的不同和边上附加信息的差异。

1）在表达的术语和能力上的不同。主要从标签（labels）、类型（types）和属性（properties）三个关键概念上进行比较。

a. 标签（labels）。在 RDF 图中，标签是在 RDFS 命名空间即 rdfs：label 中定义出的标准谓词，用于指向任何资源的显示名称的值。尽管也可以使用另一个谓词来实现此目的，但是 rdfs：label 被广泛接受为属性的唯一标识符。

在属性图中，标签用于标识节点的类型。它被称为标签而不是类型，因为它只是一个字符串或一个文本标记，在文本之外没有任何意义，且在图中不能捕捉到关于它的任何信息。

b. 类型（types）。在 RDF 图中，节点的类型或属性的类型是资源，即通常在图中存在另一个节点带有与其关联的附加信息，以定义其预期的用途和语义。节点使用 rdf：type 来链接到它的类型。

在属性图中，属性中的边具有标识类型的标签。它被称为“类型”或“关系类型”。常被用于查询关系匹配，当图可视化显示时，它也作为边的显示名称。

c. 属性（properties）。在 RDF 图中，边也可称为属性（谓词），和属性指向的对象可以称为属性值，而所有属性值（文字或 URI）都存储为节点。

在属性图中，属性只能有文字值。它们的存储和处理的方式与图中的节点不同。用数据建模的术语来说，就是属性图中的属性永远只能是属性。属性结构是键 – 值对的结构。这意味着属性键只能有一个值，如果它有多个值，则需要将单个值转换为一个由逗号分隔的值组成的数组。

2）在边上附加信息的差异。在属性图中，不同的两条边可以有相同的类型，但不同的特征。在属性图数据模型中，边唯一地标识源点 – 边 – 目标节点组合。

在 RDF 中，相同类型的边都是相同的，边会被重复使用。为了支持在两个特定节点之间的边上附加信息的需要，RDF 提供了一种方法来创建一个新的节点来唯一标识源点 – 边 – 目标节点三元组。通常可以使用常规方法对新节点创建语句—它可以是任何语句的主语或宾语。

相较于属性图，RDF 增加边的方式更加方便且强大，因为能够支持以下两点：一是在边中添加与其他边的关系，而这在属性图中，如果不改变原先的图是无法做到的。二是向任何属性添加更多信息，而不仅仅是关系，这对于属性图也是不可能的。

而在属性图中，想要实现上面两个功能。对于第 1 点，常用的做法是增添一个新的节点，这需要重新构造图并更改所有查询和逻辑。对于第 2 点，属性图的解决方案是改变图的结构，把一个属性变成一个边，一个值变成一个节点。而这需要重新构造一个图，并更改其处理的所有查询和逻辑，因为属性图的存储和访问与图遍历完全不同，并且是独立的。这使得属性图的可演化性和灵活性不如 RDF 图。正如上述分析的结果，与 RDF 图相比，属性图的灵活性更弱，扩展或者根据要求进行更改也更加困难。RDF 数据库与属性图数据库的比较见表 4–1。

表 4–1　　RDF 数据库与属性图数据库的比较

RDF 数据库	属性图数据库
类型有信息，支持继承和推理	不支持继承
拓展性和进化型更好	拓展性相对较差
W3C 标准	无统一标准
遍历无优势	图遍历性能高
无事务管理、权限管理	带有事务管理、权限管理
多用于学术场景	基本用语工业界场景

在属性图的应用中，以下的需求是常见的但是却难以满足：①支持对图中模式的捕获；②支持验证和数据完整性；③支持捕捉丰富的规则；④支持继承和推理；⑤支持全局唯一标识符；⑥支持可替换的标识符；⑦图之间的连通性；⑧图形可进化性的更好解决方案。

这些是属性图设计中没有解决的基本限制，原则上，在属性图中添加其中一些这样的功能是可能的——但实现起来并不容易或便捷。

（4）RDF 图与属性图到知识图谱之间的转化。

固有的语义使 RDF 图到知识图谱的转化很容易：正如前面的内容，基于 RDF 的图捕获的信息不仅仅是数据，还有数据的含义或语义，这其中包括丰富的约束和高度表达的规则。所有的信息都存储在一个图中，可供查询，以帮助推理和发现基于现有知识的新知识。也满足分离但可连接这一知识图谱的关键特性。

很容易从属性图转化成一个 RDF 标准序列化。事实上，Neo4J 提供了这样一个库。你可以很容易地得到数据，但你不能得到数据的语义，这是因为数据模型只存在于最初的设计草图中。此外，图数据的结构可能会受到属性图数据模型的特定限制和由于属性图数据库的体系结构而需要的优化的影响。因此最简单的方法是按原样导出属性图数据，然后用 RDF 创建表示数据结构的数据模型。

2. 语法

在构建知识图谱数据模型时，可以用 RDF 或者 OWL 等资源描述框架 / 语言，也可以用传统的 UML 建模工具。我们在构建知识图谱中采用的是属性图的数据模型，使用基于属性图的图数据库 Neo4j 作为存储方案，不过在早期是直接通过传统的软件建模工具建立了数据模型，在模型建立后，落地为 Neo4j 当中的实体、关系和属性。

3. 语义

以本章开始提到的论文 A– 作者 – 张三这个典型例子的声明解释一下，想一想我们是如何知道这个声明的语义呢？

——论文 A（我们会想它是论文，论文 A 是论文这个类中的一个实例）。

——作者（一个属性，哪些类有这个属性？典型的如论文、报告……）。

——张三（一个人，在上下文语境中指的是研究者，张三是研究者这个类的一个实例）。

而（张三 – 单位 – 西交大电力工程系）这个声明，同样可以理解为：

——张三（张三是研究者这个类中的一个实例）。

——单位（研究者的属性之一，描述研究者隶属于哪个研究机构）。

——西交大电力工程系（研究机构这个类的一个实例）。

很明显理解这样的声明，计算机需要知道类别属性这样的信息，因此需要进一步对类和属性的建模，它定义类和属性及其层次和继承关系，类似常规数据建模中的元数据。经过定义后得到如图 4–4 所示的关系。

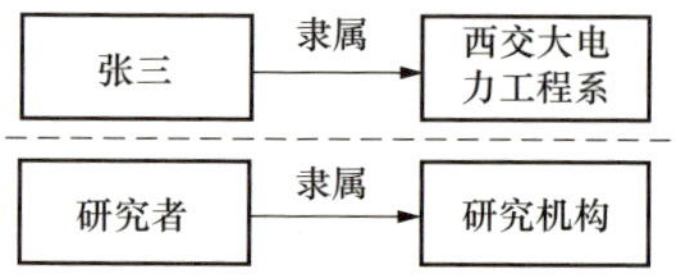

图 4–4　定义后的关系示例

经过上述梳理，结合本项目的范围，我们可以最终完成本项目范围中的数据模型定义如下：

实体：

a. 期刊论文：期刊的文章，属性包括论文名称、年份、所在刊物的期数、页数、期刊的重要性等。

b. 专利：属性包括专利名、发表日期、年份、专利类别。

c. 成果：属性包括成果名、年份、成果类别。

d. IPC 分类法节点：用于专利文献分类的等级列举式分类法，又译《国际专利分类表》。

e. 中图分类法节点：中图分类法是我国图书馆和情报单位普遍使用的一部综合性的分类法。

f. 自定义分类法节点：由使用者自行维护的分类法。

g. 期刊：属性包括期刊名、影响因子。

h. 人：对文献来说，人包括论文的作者、导师、专利的发明人、申请人、成果的完成人、联系人等。

i. 机构：这里的机构是公司、单位、学校等的统称。属性包括：机构名、所在地、曾用名。

j. 关键字：文献的关键字，主要用于搜索。

在这些实体之间，比较典型和明显的关系包括：

a. 分类法节点父子关系：几种分类法都为树结构。

b. 文献 – 技术方向关系：文献与分类法间的关系。

c. 文献 – 技术领域关系：我们定义分类法的某一级的节点为领域，通过建立文献 – 技术领域关系提高查询运行效率。

d. 文献 – 关键字关系。

e. 论文 – 作者关系：存有论文作者排行等属性。

f. 专利 – 发明人关系。

g. 成果 – 完成人关系。

h. 人 – 机构关系。

i. 文献 – 机构关系。

j. 论文 – 引用→论文关系。

k. 论文 – 所属期刊的关系。

上述模型和关系通过关联关系图展开可以得到如图 4–5 所示的结构。

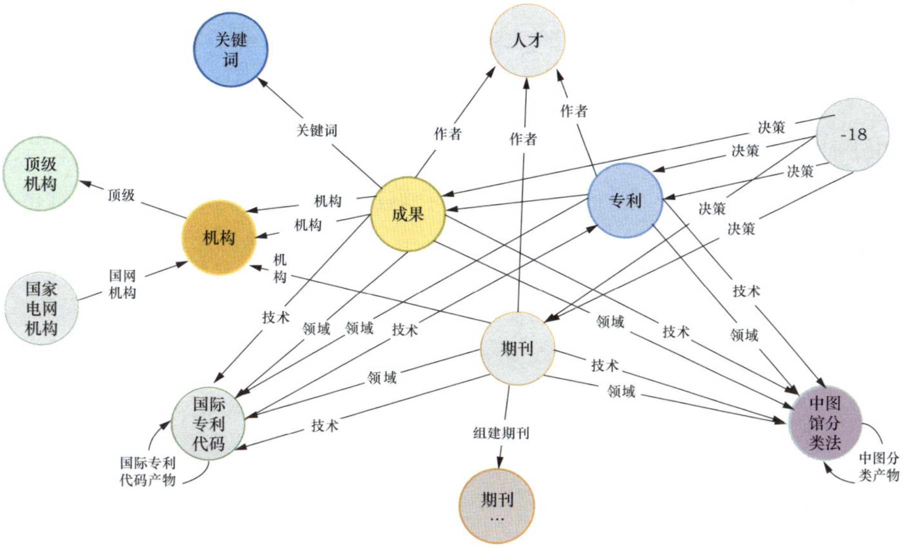

图 4–5　关联关系图结构示例

4.1.2 抽丝剥茧：知识抽取

知识抽取的目的是从各种数据源中获取“知识”，是实现组动画构建知识图谱的重要技术。

数据按照结构化程度可以分成三类：结构化数据是已经被处理过的数据，可以直接使用或者简单处理后使用，形式为表格、RDF 的三元组等；半结构化数据是存在结构但变化很大的数据，例如百科数据、简历、报告等；非结构化数据是完全不存在结构的数据，比如纯文本等。

知识抽取即是从半结构化和非结构数据中抽取实体、关系以及实体属性等结构化信息。

（1）实体抽取。实体抽取也称为命名实体识别（named entity recognition，NER），是指从文本数据集中自动识别出命名实体。主要方法包括基于规则的方法、统计机器学习方法，以及面向开放域的信息抽取等。

（2）关系抽取。经过实体抽取，得到的是一系列离散的命名实体，为了得到语义信息，还需要从相关语料中提取出实体之间的关联关系，通过关系将实体（概念）联系起来，才能够形成网状的知识结构。主要方法包括人工构造语法和语义规则、统计机器学习，以及面向开放域的关系抽取技术等。

（3）属性抽取。属性抽取即是从不同信息源中采集特定实体的属性信息，例如针对某篇期刊论文，取得其作者、作者机构、关键字、发表日期、发表刊物、引用文献等。从多种数据来源中汇集这些信息，实现对实体属性的完整勾画。

图 4–6 为知识抽取流程示意。

本项目中主要数据抽取对象为半结构化的文献数据，我们先对得到的全文档进行处理，将其分割出一篇篇独立的文献。然后利用按照规则抽取所需的属性。

相关代码如下：

从 PDF 文件中读取目录部分，形成对单独文章的分割，然后逐篇文章单独读取，根据章节标题获取各部分内容。我们将其分成两个功能节点来实现，

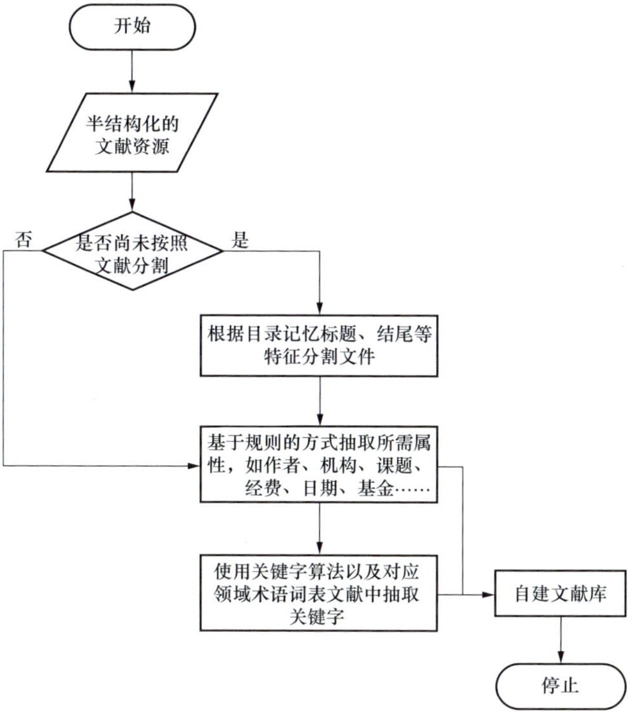

图 4-6　知识抽取流程示例

第一个用去切分 pdf，第二个将每篇独立文章的各个章节分割成属性。

现有算法框架中各个功能节点定义了统一的接口，具体的处理过程在每个接口实现的 process 方法中实现，参数包括以 hashtable 或者 hashmap 提供的参数集合、输入输出描述，和具体的输入输出。方法原型定义如下：

```
public void process(Hashtable parameters,
        HashMap inputDescriptors,
        HashMap outputDescriptors,
        HashMap input,
        HashMap output) throws NodeException {
```

首先从指定位置查找文件，如果是文件夹或者文件不存在则抛出异常。

```
        Path path = (Path) input.get(INPUT_FILE_PATH);
        if (!path.getFile().isFile() || !path.getFile().exists()) {
          throw new NodeException(Messages.getString("text.
exception.filenotexist"));
        }
```

从参数集合中获取指定参数，包括 PDF 文件中前面需要跳过的页数、目录的页面范围等，并转换成后面可以用的向量或者列表。

```
        int PAGE_OFFSET = ((Integer) parameters.get(PARAMETER_
OFFSET)).intValue();
         StringVector vector = (StringVector) parameters.
get(PARAMETER_LIST);
         List<Integer> skipList = Arrays.stream(vector.
getStringArray()).map(s -> Integer.valueOf(s)).
collect(Collectors.toList());
```

为 pdf 中每篇文档定义一个 Document 对象，实际上派生自 Map，用于存放每篇文档的各个章节。构造一个列表容器用于存放这些文章。

```
        ArrayList<Document> docList = new ArrayList<>();
```

从指定路径中读取 PDF 内容，从指定的目录页范围内抽取每页的文本。通过正则表达式获取每行中每篇文章的标题与开始页，并在循环中通过错位的方法记录每篇文章的结束页。通过收集到的标题、开始页和结束页，每篇文章创建一个 Document 对象放入列表。本段代码中有一些 PDF 相关操作，如遇到 word 格式或者纯文本格式，可按照相同的思路，用其他方式同样切分文件内容。

存在一种特殊情况，少数文章的标题比较长，在目录中被分成两行显示，针对这种场景，下面代码中做了响应处理。

```
{
    PdfReader reader = null;
    try {
     reader = new PdfReader(path.getFile().getPath());
     int total = reader.getNumberOfPages();
     reader.selectPages(skipList);
     Rectangle rect = reader.getPageSize(1);
     rect.setBottom(80f);
     RenderFilter filter = new RegionTextRenderFilter(rect);
     int n = reader.getNumberOfPages();
     for (int i = 1; i <= n; i++) {
      TextExtractionStrategy strategy = new FilteredText
RenderListener(new LocationTextExtractionStrategy(), filter);
        String text = PdfTextExtractor.getTextFromPage
(reader, i, strategy);
       String prevLine = null;
       String[] lines = text.split("\n");
       for (String line : lines) {
        if (prevLine == null) {
         if (!Pattern.matches("^(\\d)+\\.(\\d)+.*$", line)) {
          continue;
         } else {
          prevLine = line;
         }
        } else {
         line = prevLine + line;
```

```
            prevLine = null;
          }
          if (line.indexOf(". ") >= 0) {
            System.out.println(line);
            String l = line.substring(0, line.indexOf(" .")).
trim();
            String r = line.substring(line.lastIndexOf(".") +
1).trim();

            int start = Integer.parseInt(r) + PAGE_OFFSET;
            Document doc = new Document();
            doc.setTitle(l);
            doc.setStartPage(start);
            //下一篇文章开始页的前一页即上一篇文章的结束页
            if (!docList.isEmpty()) {
              docList.get(docList.size() - 1).setEndPage(start
- 1);
            }
            docList.add(doc);
            prevLine = null;
          } else {
            prevLine = line;
          }
        }
      }
      if (!docList.isEmpty()) {
        docList.get(docList.size() - 1).setEndPage(total);
      }
```

```
    } catch (IOException e) {
     e.printStackTrace();
    } finally {
     if (reader != null) {
      reader.close();
     }
    }
   }
```

截止到现在每篇文章都还是只有标题和开始结束范围，下面将重复执行类似上面的抽取文本操作代码，每一个 document 对象，抽取其开始页到结束页的所有内容存放到其 Content 字段中。

```
ArrayList<String> error = new ArrayList<>();
   try {
    int row = 1;
     for (Document doc : docList) {
     String content = "";
     PdfReader reader = null;
     try {
      reader = new PdfReader(path.getFile().getPath());
      reader.selectPages(doc.toList());
      Rectangle rect = reader.getPageSize(1);
      rect.setBottom(80f);
      RenderFilter filter = new RegionTextRenderFilter(rect);
      int n = reader.getNumberOfPages();
      for (int i = 1; i <= n; i++) {
       TextExtractionStrategy strategy = new FilteredText
```

```
RenderListener(new LocationTextExtractionStrategy(), filter);
            String text = PdfTextExtractor.getTextFromPage
(reader, i, strategy);
           content += text;
           content += "\n";
          }
          content = content.replace(doc.getTitle(), "").trim();
          doc.setContent(content);
         } catch (IOException e) {
          e.printStackTrace();
         } finally {
          if (reader != null) {
           reader.close();
          }
         }
        row++;
       }
      } catch (Exception e1) {
       e1.printStackTrace();
      }
```

最后将结果写入一个表中，每个 document 一行记录，分别是下标、标题和全部文本内容。到目前位置完成了第一个节点的功能代码。

```
        TableDescriptor td = (TableDescriptor) output
Descriptors.get(NodeDescriptor.TABLE);
       ResultSet rs = td.create();
       rs.first();
```

```
            for (int i = 0; i < docList.size(); i++) {
             rs.updateInt(1, i + 1);
             rs.updateString(2, docList.get(i).getTitle());
             rs.updateString(3, docList.get(i).getContent());
             rs.rowUpdated();
             rs.next();
            }
            rs.close();
            output.put(NodeDescriptor.TABLE, rs);
           } catch (Exception e) {
        }
```

对于第二个节点，我们的目标是将完整的文本内容拆分成 Document 对象的属性，代码如下：

首先从参数集合中获知哪一列是标题，哪一列是正文，并且从输入中获取数据集开始遍历每行，取出标题和正文。

```
            String pt = (String) parameters.get(TITLE_COLUMN);
            String pc = (String) parameters.get(CONTENT_COLUMN);
            ResultSet rsIn = (ResultSet) input.get(NodeDescriptor.
TABLE);
            if (rsIn != null) {
             int idx = 1;
               TableDescriptor td = (TableDescriptor) output
Descriptors.get(NodeDescriptor.TABLE);
             ResultSet rsOut = td.create();
             rsOut.first();
             rsIn.beforeFirst();
```

```
while (rsIn.next()) {
 String title = rsIn.getString(pt);
 String content = rsIn.getString(pc);

 Document doc = new Document();
 doc.setTitle(title);
```

如果正文部分不为空，则将文本按行切割，找到每个章节开始的位置，从当前行到下一个章节开始的地方则是本章节的内容，动态设置 document 的属性。

```
if (content != null) {
  String[] lines = content.split("\n");
  Document.PROPERTY current = null;
  for (int i = 0; i < lines.length; i++) {
   String line = lines[i];
   if (line.trim().equalsIgnoreCase(doc.getTitle())) {
    continue;
   } else if (line.trim().isEmpty()) {
    continue;
   }
   if (line.startsWith("项目来源：")) {
    String value = line.split("：")[1];
    doc.setProperty(Document.PROPERTY.SOURCE, value);
    current = Document.PROPERTY.SOURCE;
   } else if (line.startsWith("完成单位：")) {
    String value = line.split("：")[1];
    doc.setProperty(Document.PROPERTY.ORGANIZATIONS,
value);
```

```
        current = Document.PROPERTY.ORGANIZATIONS;
```

最后，类似上一个节点，将文章的各个章节按照属性的方式写入表格并输出。

```
        rsOut.updateInt(1, idx++);
        rsOut.updateString(2, doc.getTitle());
         rsOut.updateString(3, doc.getProperty(com.infors
tack.text.Document.PROPERTY.SOURCE));
          rsOut.updateString(4, doc.getProperty(com.infor
stack.text.Document.PROPERTY.ORGANIZATIONS));
          rsOut.updateString(5, doc.getProperty(com.infor
stack.text.Document.PROPERTY.MEMBERS));
          rsOut.updateString(6, doc.getProperty(com.infor
stack.text.Document.PROPERTY.YEAR));
          rsOut.updateString(7, doc.getProperty(com.infor
stack.text.Document.PROPERTY.AWARD));
          rsOut.updateString(8, doc.getProperty(com.infor
stack.text.Document.PROPERTY.INTRODUCTION));
          rsOut.updateString(9, doc.getProperty(com.infor
stack.text.Document.PROPERTY.INNOVATION));
         rsOut.updateString(10, doc.getProperty(com.infor
stack.text.Document.PROPERTY.APPLICATION));
         rsOut.updateString(11, doc.getProperty(com.infor
stack.text.Document.PROPERTY.PROSPECT));
         rsOut.updateString(12, doc.getProperty(com.infor
stack.text.Document.PROPERTY.CONTACT));
         rsOut.updateString(13, doc.getProperty(com.infor
stack.text.Document.PROPERTY.TELEPHONE));
```

```
        rsOut.updateString(14, doc.getProperty(com.infor
stack.text.Document.PROPERTY.EMAIL));

        rsOut.rowUpdated();
        rsOut.next();
      }
      rsIn.close();
      rsOut.close();
      output.put(NodeDescriptor.TABLE, rsOut);
```

通过上述两个功能单元，我们已经将一个大的 PDF 合集转换成了表格，艺术性的方式保存各个部分，再对文献标题、摘要、正文进行中文分词。然后利用 TF-IDF 算法得出候选关键字。

TF-IDF（term frequency/inverse document frequency）是信息检索领域非常重要的搜索词重要性度量，用以衡量一个关键词对于文档所能提供的信息。词频（term frequency，TF）表示关键词 W 在文档 D_i 中出现的频率，即

$$TFw_{,}D_i = \frac{\text{count}(\text{w})}{|D_i|}$$

式中　count (w)——关键词 W 的出现次数；

$|D_i|$——文档 D_i 中所有词的数量。

逆文档频率（inverse document frequency，IDF）反映关键词的普遍程度——当一个词越普遍（即有大量文档包含这个词）时，其 IDF 值越低；反之，则 IDF 值越高。IDF 定义如下

$$IDF_w = \log \frac{N}{\sum_{i=1}^{n} I(\text{w}, D_i)}$$

式中　N——所有的文档总数；

I（w，D_i）——文档 D_i 是否包含关键词，若包含则为 1，若不包含则为 0。

关键词 W 在文档 D_i 的 TF-IDF 值：

$$TF\text{-}IDF_{w,D_i} = TF_{w,D_i} * IDF_w$$

下面是用 java 实现的 TF-IDF 算法：

```
// 1. Integer: Document seq, 2. String: Term, 3. Double : frequency
enum WriteOption {
 TF, TFIDF, DF
}
HashMap<Integer, LinkedHashMap<String, Double>> hash_tf = new LinkedHashMap<Integer, LinkedHashMap<String, Double>>();
HashMap<String, Double> hash_df = new LinkedHashMap<String, Double>();
HashMap<Integer, LinkedHashMap<String, Double>> hash_tfidf = new LinkedHashMap<Integer, LinkedHashMap<String, Double>>();
FileReader fReader;
BufferedReader bReader;
public VectorSpaceModel(String wordListTxtFile) {
 try {
  fReader = new FileReader(wordListTxtFile);
  bReader = new BufferedReader(fReader);
 } catch (FileNotFoundException e) {
  e.printStackTrace();
 } catch (IOException e) {
  e.printStackTrace();
 }
```

```
    }

    public void CalculateTFIDF() {
     try {
      String line = "";
      int numLine = 0;
      while ((line = bReader.readLine()) != null) {
       String[] splitedLine = line.split(" ");
        LinkedHashMap<String, Double> newTFHash = new
LinkedHashMap<String, Double>();
        LinkedHashMap<String, Double> newDFHash = new
LinkedHashMap<String, Double>();
       for (int i = 0; i < splitedLine.length; i++) {
        // TF
        if (newTFHash.containsKey(splitedLine[i]))
          newTFHash.replace(splitedLine[i], newTFHash.
get(splitedLine[i]) + 1);

        else
         newTFHash.put(splitedLine[i], 1.0);
        // DF
        if (!newDFHash.containsKey(splitedLine[i]))
         newDFHash.put(splitedLine[i], 1.0);
       }
       // DF
       for (String key : newDFHash.keySet()) {
        if (hash_df.containsKey(key))
         hash_df.replace(key, hash_df.get(key) + 1);
```

```
         else
          hash_df.put(key, 1.0);
         }
         newDFHash.clear();
         hash_tf.put(numLine, newTFHash);
         numLine++;
        }
         hash_tfidf = (HashMap<Integer, LinkedHashMap<
String, Double>>) hash_tf.clone();
        for (Integer key : hash_tf.keySet()) {
         LinkedHashMap<String, Double> hashmap = hash_tf.get(key);
         for (String subkey : hashmap.keySet()) {
          double tf = Math.log(1 + hashmap.get(subkey));
          double idf = Math.log(numLine / hash_df.get(subkey));
          hash_tfidf.get(key).replace(subkey, tf * idf);
         }
        }
        bReader.close();
       } catch (IOException e) {
        e.printStackTrace();
       }
      }
```

基于 TF-IDF 算法，我们可以得到每篇文档的一批关键词。不过 TF-IDF 虽然兼顾词频与新鲜度，过滤一些常见词，保留能提供更多信息的重要词，但是仍然容易将一些常见词排名靠前，如“处理”“管理”“学习”而非我们希望的某领域的特定词语。因此我们人工维护了一批常用词，对结果进行过滤。

4.1.3 千仓万库：知识存储

知识存储，即为针对知识图谱设计底层存储方式，完成知识在计算机中的持久化。知识存储的优劣会直接影响查询的效率，而对于不同的知识应用场景也应结合实际进行设计。

1. 常用的存储方式

常见的图存储方式有以下 3 种：基于关系型数据库存储、RDF 图数据库、基于属性图模型的图数据库。

（1）关系型数据库。

关系型数据库有 40 多年的历史，从理论到实践存在非常成熟的体系。历史上关系型数据库曾取代层次数据库和网状数据库，吸收容纳了面向对象数据库和 XML 数据库，是现在最主流的数据库产品。商业数据库包括 Oracle、DB2 和 SQL Server 等，开源数据库包括 MySQL 和 PostgreSQL 等。

关系型数据库并非专门针对“图”这一数据结构，基于关系表的知识图谱存储结构有三原数组、水平表、属性表、垂直划分、六重索引、DB2RDF。总的来说，关系型数据库虽然对图结构无特殊优化，但是因其成熟度较高，在硬件性能和存储容量满足的前提下，通常可以适应千万到十亿级三元组规模的管理。官方测评显示，关系型数据库 Oracle 12c 配上空间和图数据扩展组件，可以管理的三元组数量高达 1.08 万亿条。

（2）RDF 数据库。

RDF 是 W3C 推荐的表示语义网上关联数据（Linked Data）的标准格式，因此 RDF 也是表示和发布 Web 上知识图谱的最主要数据格式之一。面向 RDF 的三元组数据库是专门为存储大规模 RDF 数据而开发的知识图谱数据库。主要开源的 RDF 数据库有：Jena、RDF4J、RDF-3X、gStore，商业 RDF 数据库包括：Virtuoso、AllegroGraph、GraphDB。随着时间推移，属性图的局限性和 RDF 图的优势正在不断显现出来，所以越来越多的使用者从使用属性图转变为使用 RDF 图。

（3）属性图数据库。

属性图数据库是基于属性图模型的图数据库，相比关系型数据，其实现了“无索引邻接”（index-free adjacency），查询任意节点的相邻节点，只需沿着关系导航。这种操作代价为 O（1），即与图规模无关。主要的图数据库有：Neo4j、JanusGraph、OrientDB、Cayley。

2. NEO4j 数据库实践

Neo4j 是针对属性图模型用 Java 语言开发的一款图数据库系统。它是一个符合 ACID 标准的事务型数据库，并且具有图存储和管理功能。Neo4j 已成为当前最受欢迎的图数据关系系统之一。

我们采用了关系数据库和基于属性图模型的 Neo4j 结合的存储方式，关系数据库主要作用是作为中间介质，比如数据导入时，作为临时中转站；在前端业务查询的少数场景中采用，用于结构化查询。Neo4j 作为最终存储，另一方面，图相关计算，算法来自本身的算法包。我们采用了基于属性图模型的 Neo4j，使用版本是 v4.1.1。

下面介绍一下我们在构建知识图谱时是如何运用 Neo4j 进行存储的。想要将数据导入 Neo4j，即在图中创建节点、关系、属性。常见方式有以下几种：

（1）Cypher 中的 create 语句。

（2）Load CSV 命令，可以快速方便的导入 csv 文件。

（3）neo4j-admin 批量导入工具，适用于大量数据的命令行导入工具。

（4）APOC 扩展库，功能强大，支持 API、JSON、CSV、Excel、XML、HTML、GraphML 这几种数据来源。

（5）Neo4j 自带 ETL 工具。

（6）第三方 ETL 工具，例如 Kettle。

考虑到构建知识图谱所需要的数据量和部署环境，我们最终决定使用 Load CSV 的方式导入数据。

首先，通过了知识抽取，我们可以得到一系列结构化的数据，经过拆分合并之后，我们可以得到一系列的 csv 文件：

paper.csv

recid,title,year,DOI,journal

1094854,“航空装备维护保障”课程设计的几点思考,2020,CNKI:SUN:JYJU.0.2020-20-128,教育教学论坛

1094855,基于综合素质培养的高校非环境类专业生态学教学改革探索,2020,CNKI:SUN:JYJU.0.2020-20-129,教育教学论坛

1094859,农学类“遗传学实验”课程的改革与实践,2020,CNKI:SUN:JYJU.0.2020-20-137,教育教学论坛

person.csv

personid,name,institute

38565702,刘博文,空军工程大学航空工程学院

1033447,高山,

40766000,任宇环,

31040805,刘芳,内蒙古工业大学能源与动力工程学院

31061328,刘丹辉,内蒙古工业大学能源与动力工程学院

37837408,张昊,湖南农业大学农学院

37837486,李林,湖南农业大学农学院

37837322,刘雄伦,湖南农业大学农学院

37837593,罗红兵,湖南农业大学农学院

37837317,刘登望,湖南农业大学农学院

paper-author-person.csv

personid,recid,index

38565702,1094854,0

1033447,1094854,1

40766000,1094854,2

31040805,1094855,0

31061328,1094855,1

37837408,1094859,0

```
37837486,1094859,1
37837322,1094859,2
37837593,1094859,3
37837317,1094859,4
```

上述分别是论文、人、论文作者关系scv文件的一部分。然后就可以使用LOAD SCV命令进行导入。核心代码如下：

```
:auto using periodic commit 10000
LOAD CSV with headers FROM "file:/paper.csv" AS row
MERGE  (o:Paper { recid: row.recid })
ON CREATE
SET o.journal = row.journal
SET o.title = row.title
SET o.DOI = row.DOI
SET o.year = toInteger(row.year)
:auto using periodic commit 10000
LOAD CSV with headers FROM "file:/person.csv" AS row
MERGE  (o:Person { personid: row. personid })
ON CREATE
SET o.name = row.name
SET o.institute = row.institute
:auto using periodic commit 10000
LOAD CSV with headers FROM "file:/ paper-author-person.
csv" AS row
MATCH (o:Paper{ recid: row.recid })
MATCH (p:Person { personid: row. personid })
MERGE (o)-[r: Author]->(p)
```

```
SET r.index = row.index
```

4.1.4 融洽无间：知识融合

知识融合（knowledge fusion），这一概念最早源于Douglas的Cyc项目，早期的定义是将不同的知识集成的过程。随着知识图谱这一概念的不断发展，知识融合的定义也随着不同的研究视角、侧重点而有所不同。有的观点认为，知识融合是凭借融合技术和算法，对多源异构数据处理，获得数据中隐藏的知识，最终达到提高知识服务水平的过程。也有观点认为，知识融合是基于信息集成得到准确而完整的信息，可以被认为是一种高质量的集成方法，旨在解决集成数据中的冲突和矛盾，以确保计算机可以理解信息。另外也有研究表明，判断知识融合是否成功，关键在于是否产生了新知识。知识融合的概念，并没有形成一个统一的界定，也缺乏统一的融合框架，通用的融合技术、算法。但是这些研究成果中存在很多共同点，反映了知识融合的固有特性，即整合集成多源异构信息，解决数据中的冲突和矛盾，获得新的知识。

1. 实知识图谱的异构问题

随着知识图谱的广泛应用，人们发现在构建和应用知识图谱的过程中，为了获取更全面的信息，往往会去获取多个其他应用的信息，不同系统间的信息交互非常普遍和频繁。然而如果不同系统采用的本体是异构的，它们间的信息便无法交互。同时，实例的异构则会导致后续的知识检索、知识推理得到错误的结论。因此，处理知识图谱的异构是很多知识图谱面临的关键问题之一。

而为了解决异构问题，就需要先分析造成异构的原因。实际上，在面对对象建模和数据库建模领域就早已存在针对模型之间异构问题的研究。与这些模型相比，知识图谱因为模式更复杂，所以不匹配因素更多；因为实例规模更大，所以异构形式也更多样。

知识融合是解决知识图谱异构问题的有效途径。知识融合的核心在于生成映射。目前各种本体匹配和实体匹配技术基本可以归为基于自然语言处理进行术语比较、基于本体结构进行匹配以及基于实例的机器学习等几类。不同的技术在效果、效率以及适用范围上都各有不同，为了可以生成更好的结果，往往会采用多种方法结合的方式进行知识融合。

知识图谱包含数据层和模式层两部分，也可以被称为实例层和本体层。数据层描述具体实施，即具体的实体对象、实体间的关系，包含大量事实和数据。模式层描述抽象知识，即抽象的概念、属性、公理等。

对于一般的知识图谱，数据层往往规模较大。其中会存在大量下列情况：

（1）同名实例实际指代不同实体，例如在关于学术的知识图谱中作者包含“王伟”“张伟”的论文有数十万篇，而实际上这些其实是上千同名作者。

（2）不同名实例实际指代同一实体，主要原因有缩写、改名、不同语言等。

这些歧义和共指问题会对知识图谱的应用造成负面影响。这就是数据层的异构。为了解决这些问题，知识图谱在数据层方面主要研究实体消歧、实体链接技术。

知识图谱的模式层用于解决特定引用间的共享问题。然而由于本体构建所具有的主观性和分布性以及知识的无限性，导致了无法构建出一个覆盖万事万物且受到一致认可的统一本体。在实际应用中，构建者会根据不同的需求和领域来构建适合的本体。这样一来，即使同一领域也会存在大量本体。这些不同的本体描述的内容在语义上往往重叠或关联，但是使用的表示语言和表示模型却有差异。这就是本体的异构。

本体的异构可以分成语言不匹配和模型不匹配两大类：

（1）语言不匹配。语言不匹配是因为知识工程发展中出现了多种知识表示语言，例如早期的 Ontolingua，当今流行的 RDFS、OWL、OWL2 等，这些语言之间往往不完全兼容。当需要整合集成不同语言表示的数据源时，首当其冲需要面对的就是语言不匹配的问题。我们在实体建模过程中，采用的是自下而上的方式，采用的是传统的软件建模语言，不涉及语言不匹配的问题。

（2）模型不匹配。模型不匹配则是不同的本体，由于构建方式不同会导致异构。具体情况包括不同的建模者对事务的概念抽象化不同、对相同概念或关系的划分方式不同、对本体成分解释不同等。总体可以分为概念化不匹配和解释不匹配两种情况。

概念化不匹配指的是由于对同样建模领域的抽象方式不同造成的异构。主要由于不同本体的模型广度、模型粒度、概念划分方式不同造成。例如两个关于“生物”的本体，一个使用的是六界系统，将生物分成“原生生物界”“真菌界”“植物界”“动物界”“原核生物界”“病毒界”，而另一个使用两界系统，将生物按照能否运动分为“动物界”和“植物界”，其中原生生物被归入动物界，真菌被分入了植物界里。显然，这两种模型的覆盖广度不同：前者包括了“病毒”“原核生物”这种微生物，而后者没有；划分方式不同：前者将“真菌”“原生生物”独立列出，而后者则是合入动植物两界中。

（3）解释不匹配。指不同本体对于对相同的概念有不同的描述方式，或者描述相同的概念意义不同。造成这种异构的原因有风格不统一、编码不同、同义词、多义词。例如，为了表示“张三”是个男性，可以使用“性别”这个属性，也可以引入“男人”这个类；“01/01/2021”“2021-01-01”“21 年元旦”指的是同一天；“维度”在数学中表示函数的参数数量，而在“几何”中则表示空间坐标轴的数量、而在物理中则又表示时间坐标轴加上空间坐标轴的数量。

2. 知识融合的实现

对于知识融合，当前并没有一个统一的框架、通用的技术，自然也没有一个公认的过程。但是根据以往对其的研究可以发现，“知识融合”这一概念有两个层次的意义。广义上，知识融合代表的从用户需求，经过知识抽取、知识转化以及后续知识推理、评估质量、重新迭代并且最终得到融合结果的整个过程；而狭义上，它代表了执行融合算法的过程，专指数据、信息、知识经过抽取、转换成知识因子之后，被“组合、推理、创造”出新知识的这一过程（如图 4-7 所示）。

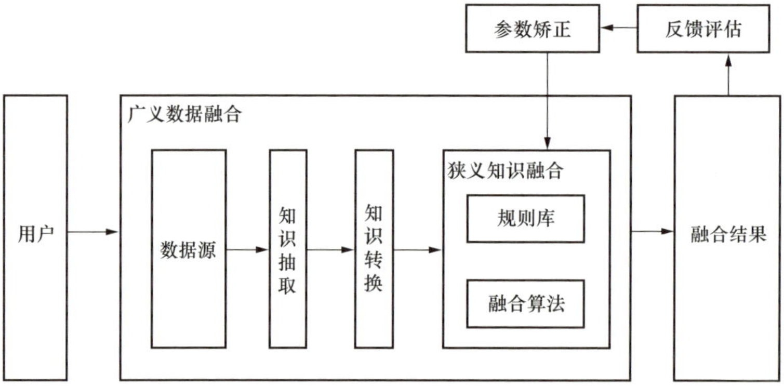

图 4-7　知识融合的实现

本章节将要讨论的是狭义上的知识融合的几种实现方式。

对于数据层的融合匹配，基本的思路都是基于计算相似度的方式建立映射。然而随着知识经济的发展，大规模知识图谱的建立，以往多数的映射系统不仅在效率上无法达到用户可接受的时间，并且还有计算过程中需要的内存过大而无法执行。

因此如何在保证融合质量的前提下解决匹配过程中的时间复杂度和空间复杂度问题便成了现今数据层知识融合的一大课题。当前主要手段有以下几种：

（1）基于快速相似度计算的匹配方法。传统的相似度匹配方法的时间复杂度是 O（n^2t），其中 n 是全图规模，t 则是相似度算法的时间。该方法就是通过减少 t 改善时间复杂度。该方法虽然可以勉强处理一些大规模知识图谱的匹配，但是缺点也很明显：一是该方法会导致映射结果的质量降低；二是 t 的变化并不能根本改善因为图规模增加而带来的总复杂度的幂增长。

（2）基于规则的匹配方法。该方法利用规则集有效发现匹配实例对，但是由于数据的异构性，往往需要人工手动构建规则。也有研究为了减少人工参与，采取使用机器学习的框架，用“自动发现匹配对”→“提高规则集质量”→“发现质量更高的匹配”这样迭代以实现匹配。这种方式下，如果确定匹配对的置信度成为一个很重要的问题。

（3）基于分治的匹配方法。分治法即将一个大问题分割成一个个小问题，这里即是将 O（n^2t）的 n 分割成 k 的小规模的问题，那么时间复杂度即变为了 O（n^2/kt）。最常见的分治策略就是将大规模的图谱划分成若干小图谱，然后计算这些图谱中的匹配。显然被分割成的小问题数量越多，性能也就越高。但是这也引出了另一个问题——不恰当的分割会破坏图的完整性，导致一些本该进行匹配的实例无法匹配。因此，使用何种分块方式是该处的研究重点。

a. 基于属性规则的分块方式：根据属性来划分在关系型数据库和自然语言处理的实体消解中已有广泛应用。例如，将作者按照所属省份进行分块。

b. 基于索引的分块方式：受到数据库领域索引分块思想的启发，实例也可用相同方式分块。该方式认为，实例信息可以总结为以下 6 类：URL：实例唯一标识符；元信息：包含实例的模式层信息；实例名：实例在现实中的名字；描述性属性：由描述性语言构成的属性，如摘要、备注；可区分属性：

可用来区分实例的属性，例如性别、电子邮箱、手机号；邻居信息：当一个实例是另一个实例的一个属性值时，这两个实例便护卫邻居，例如小明的老婆是小红。该方法从实体名称中取出关键词来构建名称向量，将其余属性构建向量，用倒排索引的算法，可快速按照一定规则做出划分。

c. 基于聚类的分块方式：该方式通过基于结构的图聚类算法先将本体划分成不同的簇，然后通过分配 RDF 的方式来构建块，接着寻找锚点并将块与锚点进行相似度匹配，生成块映射。最后，虚拟文档匹配器和结构匹配器会从所有映射对中找出最终映射结果。

d. 基于局部性的方式：这种方式是一种无须对知识图谱进行分块即可进行知识融合的方式。该方法根据已经匹配到的结果，预测后续计算中可跳过的位置，从而达到提高效率的目的。该方法基于两个原则：当能确定概念 A 与概念 B 匹配时，则 A 的子概念不比再与 B 的父概念进行匹配计算；当能确定 A 与 B 不匹配时，就可以认为 A 的邻居和 B 的邻居也不会匹配。

e. 基于学习的匹配方法。大规模知识图谱的实例匹配可以视为机器学习的一个二分类问题，因此可以利用图谱的网络结构信息和实例信息训练出一个分类模型。同时，由于实例规模较大，所以进行计算之前需要分块。

在本项目中，主要数据来源是几类文献，包括来自知网的期刊，还有公司自身整理的一些文献。这些不同的数据来源，在提供作者和所属单位时存在以下问题：

——规则不一，有的精确提供了每个作者的单位，有的是分别提供所有作者和所有单位。

——单位名称不统一，有的是顶级单位如“清华大学”，有的则精确到院所科室如“西安交通大学 ×× 学院 ×× 实验室”。

——单位名称有全称和简称。

——无单位历史沿革信息，有的单位机构曾经改名。

——无作者工作单位改变的信息，有的作者从院校离开后加入企业，无法识别是同一个人。

面对以上问题，本项目综合采用以下方法进行处理：

——采用迭代法对作者和单位之间的隶属关系进行处理。

——从全体作者 – 单位关系中删除某作者与某单位精确对应的关系。

——从剩余的集合中，遍历所有数据，将每篇文献中已经识别的作者和单位剔除掉，剩下如果存在剩余的作者一个、单位也只有一个的，则认作是新识别出来的一组作者和单位。如某篇文章作者包括 A1、A2、A3，单位为 B1、B2，而此前已经判定 A1 和 A2 都隶属单位 B1，则剔除后剩余 A3 和 B2，则可以认为 A3 属于 B2。类似的情况还包括某篇作者为 A1、A2 和 A3，单位为 B1，之前同样已经判定 A1 和 A2 属于 B1，这时可以认为 A3 也属于 B1。

——如果剔除结果是有多个剩余作者，一个单位时，可认作为新识别出这几个作者均属于同一单位。

——每次迭代完成后，将识别出来的作者 – 单位集合进行更新，然后重新对剩余数据进行新迭代，直到两个数据集不发生变化为止。

——由于处理的数据集中在电力能源领域的期刊、单位和研究者，很多研究者有多篇文献发表，因此上述方法最终可以初步划分出 70% 的作者 – 单位关系。

——对单位名称进行标准化。

——在实体中加入单位标准名和曾用名的概念，使用单位缩写或历史名称的单位直接识别为同一个单位。

——对单位名称进行预处理，识别顶级单位名称，如“×× 大学 ×× 学院 ×× 实验室”“×× 公司 ×× 分公司”直接识别为 ×× 大学或者 ×× 公司。这里通过改写 mynlp 中的 ner 工具实现，具体做法是当完整识别某个字符串是一个实体后，对其再次切割，尝试找到第一个分段也是实体，并且词性标注是组织结构名、专有名等几种类型。大部分院校和企业能够准确划分出其第一级名称，针对“国家电网”，将其一系列组合加入词库并且调整权重后，也能进行识别。

——准备增加文献认领机制，支持内部用户对文献进行认领，从而识别出同一个作者在不同单位时期发表的文献，同时对少部分作者的单位变化情况进行补充。

4.1.5 枝分缕解：知识加工

当数据经过抽取、融合之后，我们即可得到一系列基本的“事实”。然而事实并不等价于知识，我们希望可以了解一些更进一步的信息，例如哪些论文是学术发展的关键节点？哪些专家是某个领域中的学术大拿？这些信息在数据并不直接存在。要想最终获得网络化、结构化的知识体系，还需要经历知识加工的过程。

1. 本体构建

本体（ontology）是一个哲学概念，其含义是对世界客观存在的事物的系统描述。现代，本体的概念被引入知识工程领域，以解决信息获取、知识共享、归纳知识体系等有关需求。利用本体，我们能从不同方面对信息集合进行标引，以表明其内容和组织体系的链接关系；能将实际的数据与本体关联，而让用户更加便于浏览和理解相关内容；还能利用本体进行推理，获得新的知识。可以说，本体是机器自动推理和智能化高级信息服务的基础。

对于知识图谱来说，本体的构建可以按照实现方式分为3类：人工构建、复用已有本体、全自动构建。

目前主流的本体构建方式，多为基于人工编辑的方式手工构建，例如，TOVE法、Methontology方法、骨架法、IDEF-5法和七步法等。人工构建的方式在面对规模越来越大的本体时也越来越力不从心，并且因为主观性较强，在本体的共享和复用上会有较大的问题。

复用已有本体，属于半自动的构建方法，主要方式有基于叙词表和基于顶层本体两种，前者有如《工程师联合会叙词表》，后者有如Cyc、SUMO、WordNet、FrameNet等顶级本体库。该方法因为使用权威资源的在共享性和重用性较好，并且可以不用从头开始构建本体。然而该方法仍有不足之处：使用多个不同本体带来的异构问题；许多领域不存在相关资源；本体往往需要修改才能复用。

自动构建本体则是当下的研究热点和未来的必然趋势，自动构建的主要方式是：先对数据层的实体按照相似度进行聚类以生成对应的本体，然后逐层次对各层次得到的概念进行聚类，并对其进行语义类的标定。现今自动构建主要有以下问题：①大量的噪声数据；②结论往往缺乏语义逻辑；③可信度无法得到保障。尽管机器学习应用于本体自动构建有巨大的潜力，但是距离技术成熟尚远。

2. 知识推理

知识加工即是通过推理，对知识图谱进行补全和质量检测等。而知识图谱推理最重要的两种，分别是基于演绎的知识图谱推理与基于归纳的知识图谱推理。

演绎推理是一种自上而下的逻辑推理，指在给定的若干前提情况下，推断出一个必然的结论。例如，通过假言命题“如果现在下雨，出门会带伞”与性质命题“现在下雨”，能推理出“出门会带伞”。演绎推理的结论是必然成立的，是一种形式化的逻辑推理。

归纳推理是一种自下而上的推理，指基于已有部分的情况推测得出一般结论。归纳推理的结论不一定成立，是一种非形式化的推理。以归纳推理为核心的知识图谱推理主要围绕对图结构分析、引用强化学习等方法进行。

通过推理我们可以将图谱补全，得到新的结论。例如按照“如果两家机构同时有作者共同参与一篇文献，那么这两家机构有合作关系”的规则进行推理，即可以得到公司间的合作网络。

3. 质量评估

知识图谱的质量评估旨在对知识的可信度进行量化，通过舍弃置信度较低的知识，保障知识库的质量。

一方面，采用开放域信息抽取技术得到的知识元素有可能存在错误，例如实体识别错误、关系抽取错误，也存在数据源本身存在错误的情况。

另一方面，通过知识加工——包括全自动或者半自动的本体构建和知识推理——所得到的知识的质量也是无法保障的，因此在将其加入知识库之前，需要有一个质量评估的过程。

此外，通过知识融合处理的异构问题，也需要进行评估。一些采用机器学习方式实现知识融合和知识加工的方案，更是需要反复迭代评估以优化模型。

随着开放关联数据项目的推进，各子项目所产生的知识库产品间的质量差异也在增大，数据间的冲突日益增多，如何对其质量进行评估，对于全局知识图谱的构建起着重要的作用。

4.2 知识图谱可视化展示

4.2.1 知己知彼：可视化需求分析

在计算机学科的分类中，利用人眼的感知能力对数据进行交互的可视表达以增强认知的技术，称为可视化。可视化技术是一门致力于视觉感官呈现研究的学科，主要的目的是通过图像等视觉展示方法来揭示数据中隐含的有效信息。

在 Web 可视化中，图形是最常见的一种用来展示对象之间关联关系的表示方法，一般是由节点和边构成，节点代表一个真实或者虚拟的对象，边代表节点之间存在的各种关系，通过不同的布局方式可以将设置节点在不同的位置上。图能够很方便地展示对象与对象之间的关系信息，并能够在宏观上理解一个网络系统的整体结构信息，目前在社交网络、生物网络等领域应用非常广泛。

知识图谱是将复杂的信息通过计算处理成能够结构化表示的知识，而仅仅是能够存储或者处理还不够，还需要能够把所表示的知识可以通过图形绘制展现出来，为人们的学习提供有价值的参考，为信息的检索提供便利。在知识图谱的可视化展示中，不同场景下人民关注的信息重点不同，最典型的场景是需要关注多个不同类型模型之间的相互关系，这里我们可以采用经典的力导向图。同时为了标识图中模型或者关系的某些属性，可以通过节点的颜色、大小和边的颜色、粗细变化，将重点元素、路径进行高亮，显示特殊的节点、路径，比如显示某些团体、重点路径等。另外一种典型场景是关注当前流行的关键字、重点技术方向以及热门技术词等，可以采用流行的词云图形式，将热点的技术相关词汇汇总到一起，在位置和大小上将显示方式与词频或者其他权重关联起来，就可以比较直观地发现不同关键词在热度上的差异。结合一些动态显示技术，还可以显示出差异的变化趋势。

4.2.2 千变万化：丰富的可视化展示

丰富的可视化展示，让用户更加直观地掌握数据内容，挖掘数据价值，真正做到数据、信息的一目了然。

1. 层次数据可视化

层次数据是我们最常见的一种数据关系，主要用于表达个体与个体之间的隶属关系，这些隶属关系主要存在于物理世界中的从属关系，如机构的组织结构、物种关系；信息的组织形式，如文件列表；逻辑承接关系，如决策树。

由于层次结构是复杂系统中有效的组织管理方式因此在社会系统、生物物理系统、符号系统中应用较广。层次数据可视化的相关技术主要有两种，分别是节点链接可视化技术以及空间填充可视化技术，下面分别就这两种可视化技术展开介绍。

（1）节点链接可视化技术。

节点链接可视化技术是通过节点和边链接的方式来实现层次数据的可视化技术，目前，常用的方式主要是基于树形结构的不同布局来实现的可视化方式，主要的布局方式有如下几种：正交布局（缩进图，聚类树，冰柱图）；辐射布局（径向布局图，双曲树）。

下面简要介绍一下这几种不同的布局方式。

1）正交布局。正交布局要求节点在选择位置的时候都要按照垂直或者水平的方向对齐摆放，优点是其布局方式规整，与人类视觉习惯相匹配，但缺点就是对于大型层次结构，容易造成长宽比不合理，在使用时需要充分考虑展示布局的大小和方向。

其中较为典型的就是桑基图，它通过图形的大小表达其相对数量上的关系，连线表示其发展和演化方向（如图 4–8 所示）。该布局方式比较简单容易理解，但数据量大时需要通过鼠标滚动操作来查看，因此容易失去上下文环境。

图 4–8　桑基图示例

2）辐射布局。辐射式布局的主要特点是根节点位于圆心的位置，其他节点根据其所处于的层次分被放置于不同半径的同心圆上面，具有图形节点随层级增加而增加的特点，可以在有限的空间内很清楚的表达出层次关系，对于从属关系一目了然。

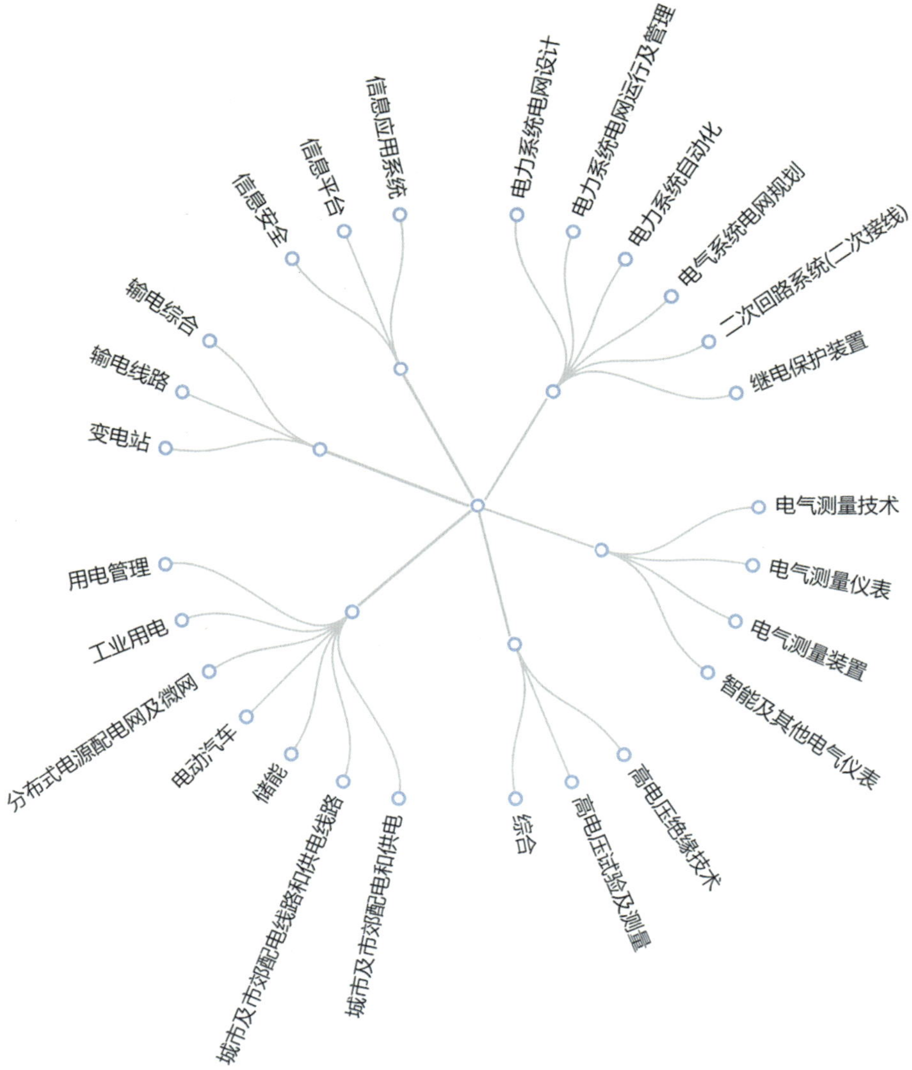

图 4–9　辐射布局图示例

图 4–9 所示为辐射布局图示例，可以看出，其不仅可以展示节点关系，节点数量的分布比例也很容易发现。

（2）空间填充可视化技术。

空间填充技术实现方式是将子节点包含在父节点内来表示父子关系的方式来实现，目前使用最多的空间填充可视化技术是树图（treemaps）的技术

（如图 4–10 所示）。

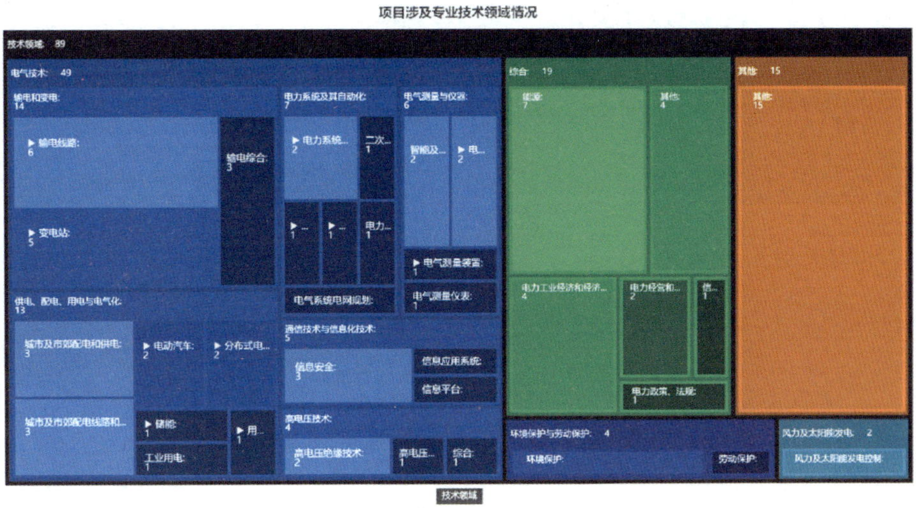

图 4–10　空间填充可视化技术示例

树图是层次数据可视化技术的典型代表技术之一，它的实现方式通常是节点是由一个矩形构成，这个节点必须具有一个可以表示为“尺寸”的属性，例如大小、重量、长度、价格、时间范围等等，而这个“尺寸”在树图中由这个矩形的面积来表示，节点之间的父子关系是有矩形的包含与被包含的形式来表示。

除了上述这种利用矩形来代表节点的方式，还可以通过改变矩形的形状来生成其他树图，例如：利用多边形来代替矩形，这个时候生成的树图称之为 Voronoi 树图，示意图如 4–11 所示。

2. 拓扑布局技术

目前常用的拓扑布局算法有三种：树形布局算法、网格布局算法以及力导布局算法。树形算法比较简单，但实际效果较真实情况有出入；网格布局算法均匀，整齐，适合展示层次关系，但节点数量巨大时，不能较好地展示节点间的关系；力导布局算法是目前常用的一种布局算法，布局合理美观，但算法较为复杂且运行效率较低。

图 4-11　Voronoi 树图示例

（1）力导向布局。

力导向算法最早由 P.Eades 首先提出，算法一经提出后便被广泛采用，是目前一般链接图中应用最广的算法技术，力导向算法的原理是，通过引入物理学中的对象之间存在的引力和排斥力综合并到达平衡的思想来实现。优点是布局结果美观合理，效果美观合理。但是，算法的执行效率问题一直是力导向算法的一个显著缺点。在本项目中，应用最多的一种图表形式即力导向布局的关联关系图，如图 4-12 所示。

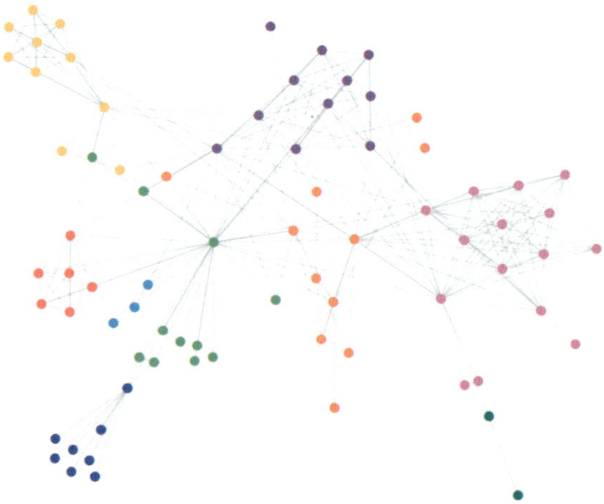

图 4-12　力导向布局的关联关系图示例

（2）节点压缩技术。

图可视化方法是研究对象关系的主要可视化技术，通过链接图可以很好地展示研究对象的整体特征以及对象间的关系特征。但是随着研究对象集合越来越大，更多的节点和更复杂的关系，使得在有限的显示区域内对网络的可视化与可视分析变得非常困难。为了解决这个问题，研究人员提出了基于图的节点压缩技术。目前，常用的节点压缩技术有两种：剪枝技术和聚合技术。

1）节点剪枝。剪枝技术是一类常见的节点压缩技术，通过修剪一些次要的节点和边来降低网络结构复杂度。算法初始布局采用力导向算法，并在布局结果之上合并临近节点。也可以通过去除单连接度的节点和重复的路径来达到简化可视化结果的目的。剪枝技术化简前、后示例分别如图 4–13、图 4–14 所示。

图 4–13　剪枝技术化简前示例

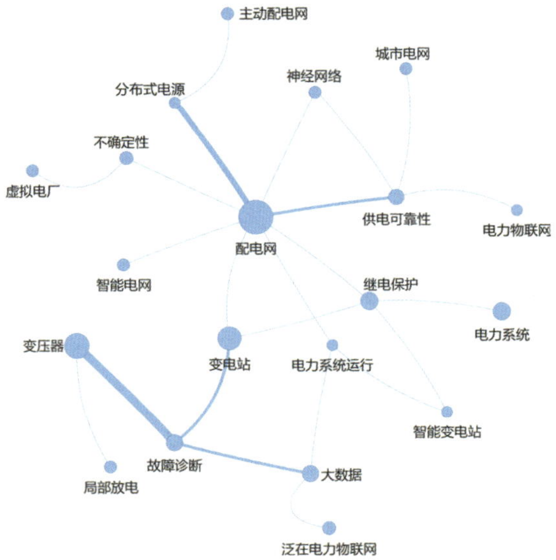

图 4–14　剪枝技术化简后示例

从以上两图可以看出，在不影响系统整体架构的情况化，化简后的图形对比化简前的图形更为整洁清晰。

2）聚合技术。网络拓扑聚合技术，这种技术的做法是将网络图形中出现的具有代表性的点边模式用一种有意义的简单图形来代替。有研究学者在论文中中提出了基于聚合技术的网络简化方式，文中作者通过分析给出三种常见的图形替换的示例，和检测子图结构的算法，最后给出了一个免费的、开源的代码参考实现，图 4–15 是采用这种聚合技术之后网络图形压缩的结果示意图，左侧为原始的拓扑图，右侧是采用节点代替算法压缩之后保留了原来主要结构的简化图。

3. 文本相关可视化分析技术

图表、图像、结构化文本在信息处理和数据分析中具有天然的优势，通过这些信息呈现方式，分析人员可以快速有效地掌握文本中包含的信息，如何有效地提取文本中有价值的信息并利用美观合理的方式呈现，是文本数据分析中的关键问题，因此，文本可视化技术研究成为了当前数据分析领域的重要研究方向，目前的文本可视化技术划分成文本内容可视化和文本关系可视化两大类，下面分别就这两大类型做简要的概述。

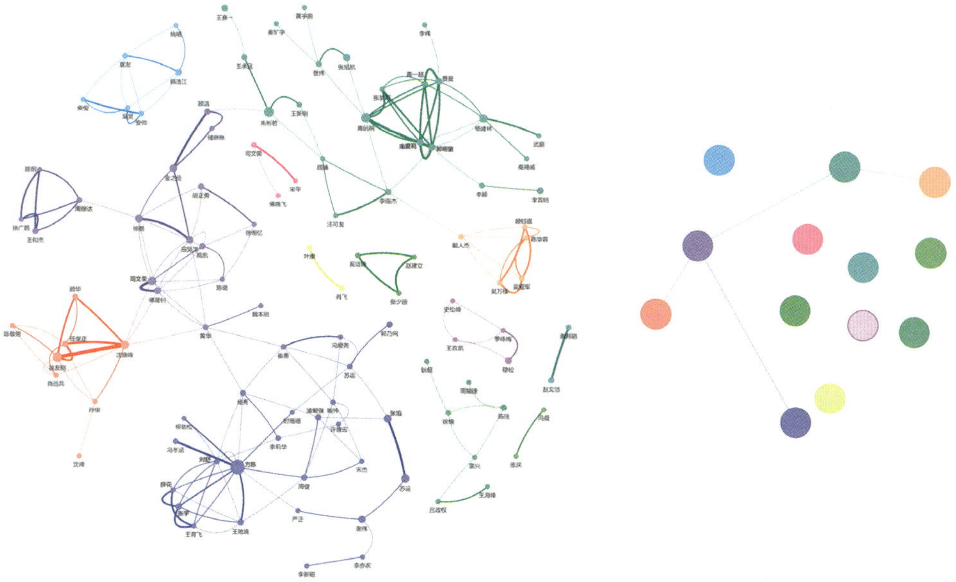

图 4-15　采用聚合技术后网络图形压缩的结果示意图

（1）文本内容可视化分析技术。

文本内容可视化技术分为两类，词频可视化和词汇分布可视化，文本内容可视化关注的核心是如何迅速寻找相关内容的重点信息。

1）基于词频的文本可视化技术。基于词频的可视化技术的核心思想是，将每个文本都看作是：由若干个词汇通过语法规则组织起来的集合，每个词汇都有出现的频率，通过统计不同词汇的频率信息来了解和掌握一个文本内容的主题思想。

目前，最常用的词频可视化技术是标签云技术。标签云常见的方式是根据词频来设置词汇的颜色和大小，以此来区分不同的词汇从而达到迅速掌握文本整体信息的目的。词云可视化示意图见图 4-16。

2）基于词汇分布的文本可视化技术。基于词汇分布的可视化技术又可以称为检索可视化技术，该技术主要关注于不同的查询关键词在文本中的命中位置。通过这种可视化方法可以了解查询内容和文本内容之间的相关程度。这种可视化方法通常做法是，用不同颜色和长度的矩形块来代表不同的查询关键字，不同的颜色和长度反映了查询关键字的类型和命中频率。

图 4-16　词云可视化示意图

（2）文本关系可视化分析技术。

文本关系可视化技术是以文本之间的关联关系为主要关注点，核心的功能是揭示不同文本对象之间存在的各种类型的关系情况。目前，网络中存在的最常见文本之间的关系主要有不同论文之间的引用关系、不同页面之间链接关系、不同微博账号之间的转发关系。当前，在文本关系可视化方面的研究主要有两类，分别是基于引用关系的可视化技术和基于主题的可视化技术，下面分别就这两种类型的可视化技术进行论述。

1）基于引用的文本关系可视化。论文引用和合作关系分析是基于引用的文本关系的主要应用场景，基于知识图谱方面的可视化方面的研究，已经成为数据分析人员研究专利数据，人力资源数据，学科数据的有力工具。目前，基于文本引用关系的可视化技术研究的重点是揭示其通联关系。图 4-17 为文本关系可视化示例。

2）基于主题的文本关系可视化。大规模文本关系可视化主要的可视化方式是借助于主题变化的方式来展示，通过对主题变化特点的研究可以快速地了解这些文本中隐藏的关键信息。目前，关于主体的可视化技术主要有两种：主题地图和主体演化。

主题地图可视化技术通过聚类算法，将在某个维度上具有相似特点的一类主题归结为一个主题集合，然后通过如下所示方式来展示，通过这种主题地图的方式可以帮助使用人员从大量的文本信息中快速掌握文本之间的相似

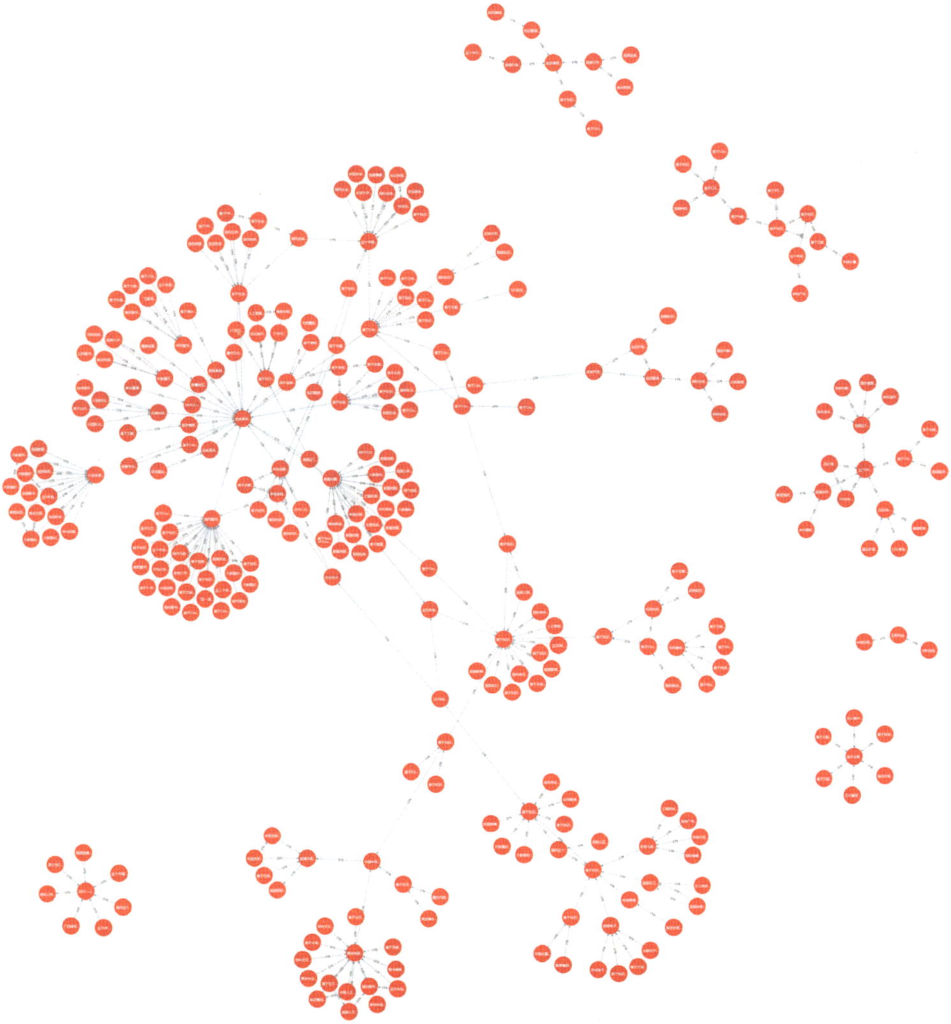

图 4-17 文本关系可视化示例

和差异，进而可以帮助分析人员在有限的文本集合内做进一步的分析。主题词演变示例见图 4-18。

主题演化可视化技术通过借助时间变化情况，可以帮助使用人员了解相关领域内的用户关注内容的最新进展和变化趋势。

4. 高维数据可视化技术

可视化技术相关研究内容中有一个主要的研究难点：要呈现的可视化数据源具有多个维度，但是目前用于展示的媒介还是以平面技术为主，如何在

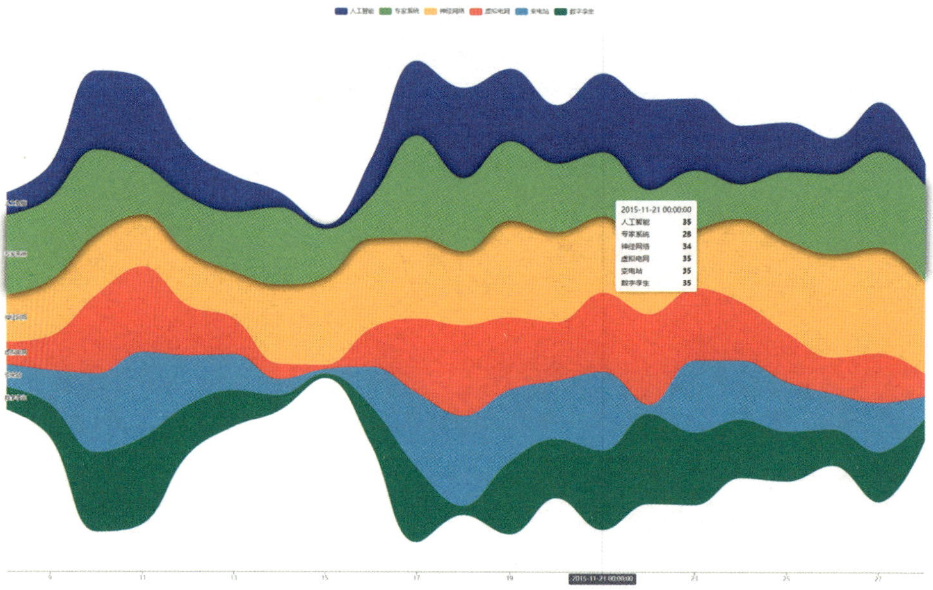

图 4–18　主题词演变示例

以平面媒介为主体的展示平台内通过 2 维和 3 维的展示空间来呈现多维信息的效果是多维可视化技术的研究重点。目前，在多维可视化研究中，主要的研究都集中在：基于点的高维数据可视化技术（散点图）、基于线的高维数据可视化技术（平行坐标系）、基于区域的高维数据可视化技术等方向。

（1）点。

散点图是基于点的高维数据可视化方法的典型代表，其定义为：数据点在直角坐标系平面上的分布图。目前常见的二维散点图形式主要有两种，分别是二维散点图、散点图矩阵，二维散点图示例（来自 EChart 组件）如图 4–19 所示。

散点图矩阵：图 4–20 是以安德森鸢尾花卉数据集，是一类多重变量分析的数据集。它最初是埃德加·安德森集，从加拿大加斯帕半岛上的鸢尾属花朵中提取的地理变异数据，后由罗纳德·费雪作为判别分析的一个例子，运用到统计学中。其数据集包含了 50 个样本，都属于鸢尾属下的三个亚属，分别是山鸢尾、变色鸢尾和维吉尼亚鸢尾。四个特征被用作样本的定量分析，它们分别是花萼和花瓣的长度和宽度。

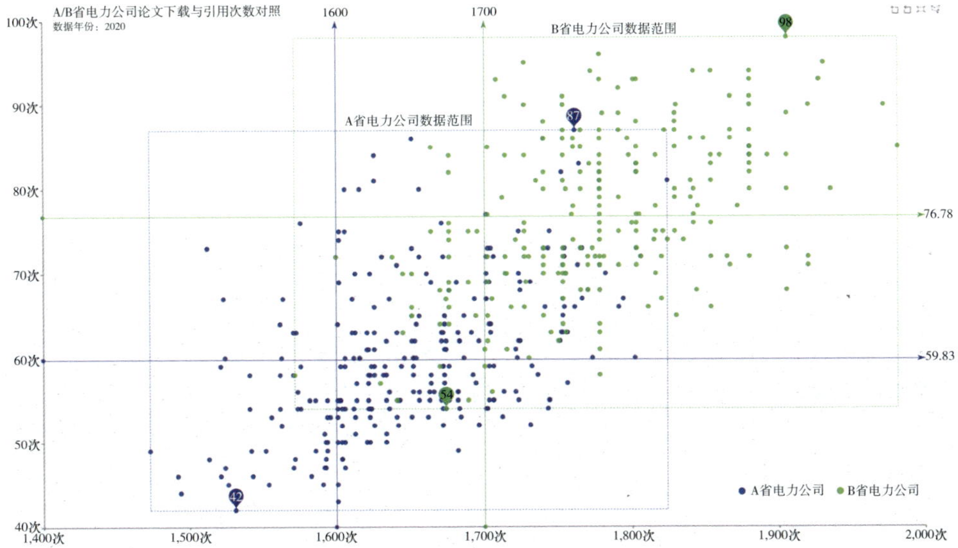

图 4–19　二维散点图示例（来自 EChart 组件）

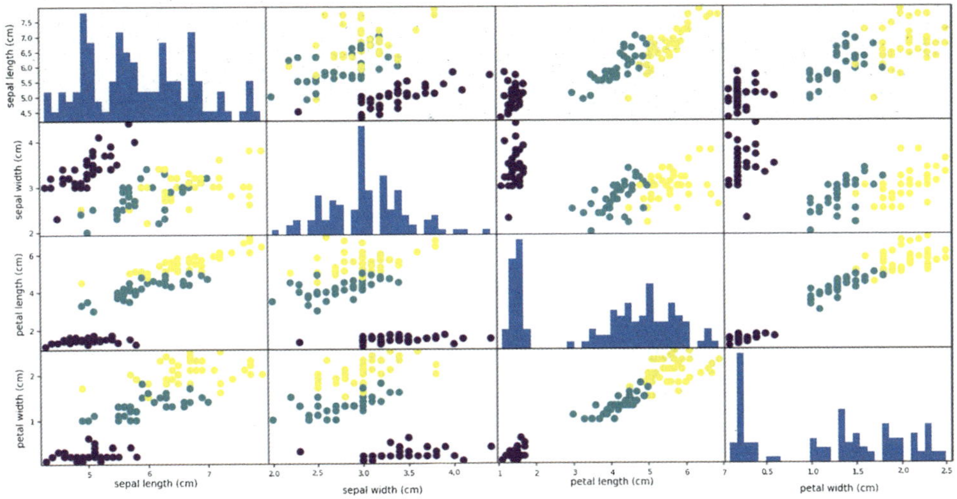

图 4–20　散点图矩阵示例

（2）线。

作为多维可视化技术中最常见的一种可视化技术，平行坐标系方法常用于对高维几何数据和多元数据的可视化呈现。这种可视化效果通常用 *N* 条相互平行的坐标来映射 *N* 维数据集，一个 *N* 维的点 Xi（xi1，xi2，…，xim）被映射为一条折线，这条折线上的每个拐点对应到 N 维数据的一个点。平行坐标图可以表示超高维数据。平行坐标的一个显著优点是其具有良好的数学基础，其射影几何解释和对偶特性使它很适合用于可视化数据分析。平行坐标系可视化示意图如图 4–21 所示。

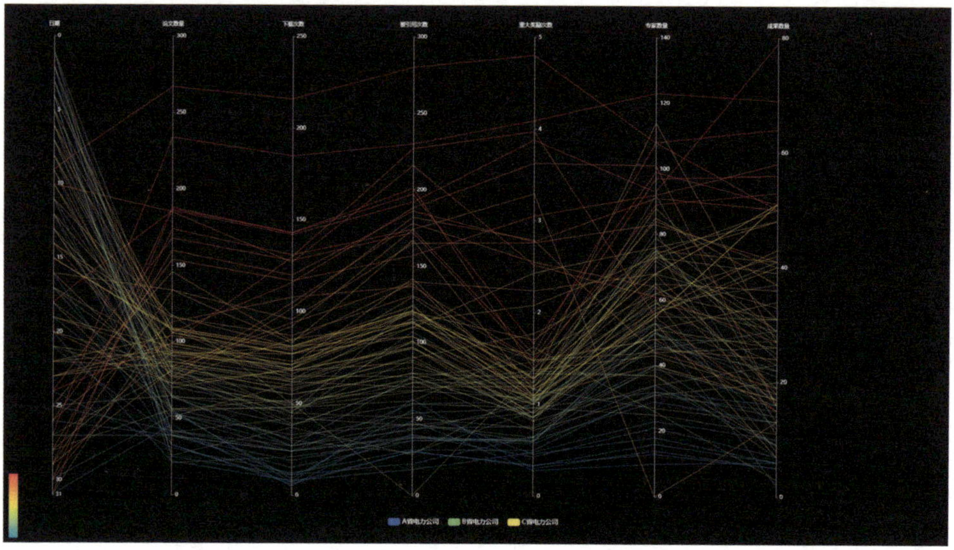

图 4–21 平行坐标系可视化示意图

（3）区域。

热图是一类典型的基于区域的高维数据可视化技术，是一种利用矩形区域的颜色表示不同数据的可视化方式。

目前，热图在多个领域都有相关的应用场景，例如：在互联网应用中，热图可以用来对比显示网络页面中被用户访问最频繁的区域，常用来结合其他工具来做网络分析和会话回放；在生物学方面，通常用于对比多个比例样品，这些样品来自细胞在不同状态下，从不同的患者上获取。热图示意图如图 4–22 所示。

5. 交互技术

可视化是由两个组成部分构成，即表征、交互，表征主要是寻找合适的表达信息的方式，而交互的主要功能是让参与计算机活动的各个对象之间能

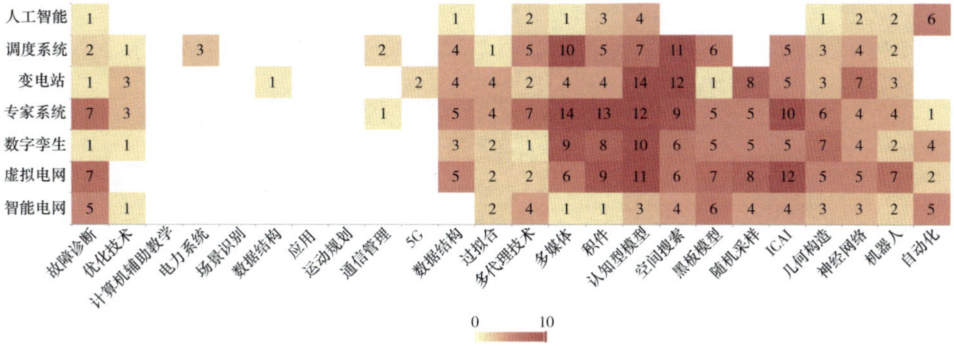

图 4-22　热图示意图

够顺利沟通交流。

交互类型包括选择、探索、重新布局、抽象 / 具体、过滤、链接。

（1）选择。

当用户选中某个对象时，应提示该对象的特征，并跟踪该对象的变化。常见的选择交互方式是当用户鼠标悬停在某个对象时应给出该对象的描述，当用户鼠标选中某个对象时，应显示该对象的相关属性。例如，系统最初的微博用户展示是基于用户注册领域的分类，可以查看整体的分类及比例关系。当希望查看某个节点的详细信息时，需要使用鼠标进行点击选取。最初的可视化展示如图 4-23 所示。

（2）探索。

通过允许用户查看系统的不同数据子集来实现，常见的探索有网页的链接以及系统的探索导航技术。以查看某个用户的详情为例，如图 4-24 所示。

（3）重新布局。

通过改变呈现布局方式，提供新的查看角度，称这种技术为再布局技术，常见的再布局的方式有重组视图和重新排序等。

（4）抽象 / 具体。

抽象 / 具体主要指显示更多或更少的数据细节，一般通过调整显示的级别来实现，实现抽象化和具体化最常见的方法是显示系统的概览和细节信息。滚轮放大之后的效果如图 4-25 所示。

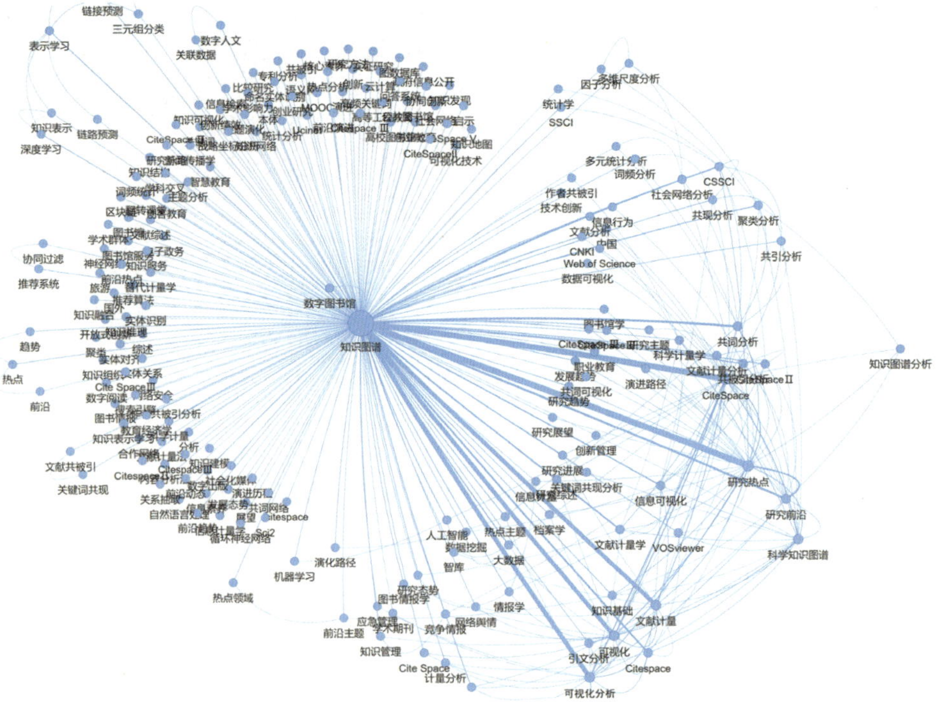

图 4-23　选择可视化展示示例

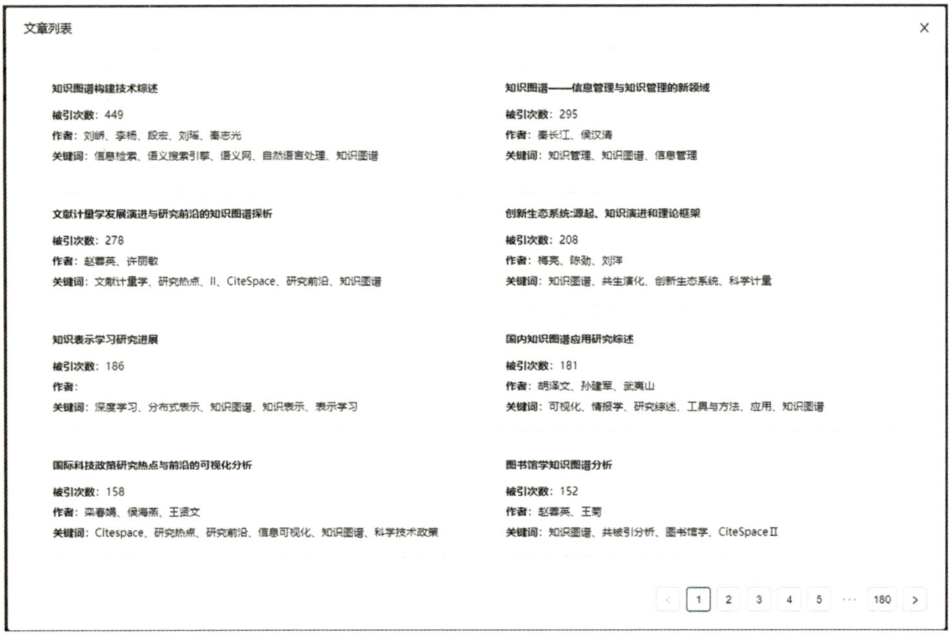

文章列表

知识图谱构建技术综述
被引次数：449
作者：刘峤、李杨、段宏、刘瑶、秦志光
关键词：信息检索、语义搜索引擎、语义网、自然语言处理、知识图谱

知识图谱——信息管理与知识管理的新领域
被引次数：295
作者：秦长江、侯汉清
关键词：知识管理、知识图谱、信息管理

文献计量学发展演进与研究前沿的知识图谱探析
被引次数：278
作者：赵蓉英、许丽敏
关键词：文献计量学、研究热点、II、CiteSpace、研究前沿、知识图谱

创新生态系统:源起、知识演进和理论框架
被引次数：208
作者：梅亮、陈劲、刘洋
关键词：知识图谱、共生演化、创新生态系统、科学计量

知识表示学习研究进展
被引次数：186
作者：
关键词：深度学习、分布式表示、知识图谱、知识表示、表示学习

国内知识图谱应用研究综述
被引次数：181
作者：胡泽文、孙建军、武夷山
关键词：可视化、情报学、研究综述、工具与方法、应用、知识图谱

国际科技政策研究热点与前沿的可视化分析
被引次数：158
作者：栾春娟、侯海燕、王贤文
关键词：Citespace、研究热点、研究前沿、信息可视化、知识图谱、科学技术政策

图书馆学知识图谱分析
被引次数：152
作者：赵蓉英、王菊
关键词：知识图谱、共被引分析、图书馆学、CiteSpace II

‹ 1 2 3 4 5 … 180 ›

图 4-24　查看某个用户的详情示例

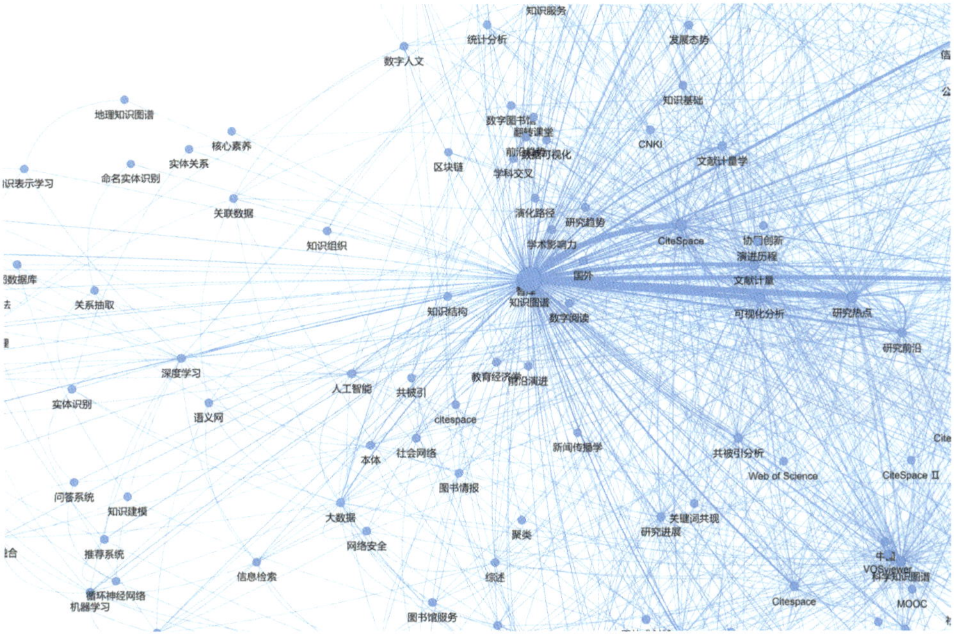

图 4-25　抽象 / 具体效果示例

（5）过滤。

过滤主要是显示符合条件的某些数据子集，通常是通过改变某些条件来改变要显示的数据子集。只显示某个分类的效果，如图 4-26 所示。

（6）链接。

通过高亮的方式显示和某个对象有关联或有关系的其他对象，在这种方式下，用户可以很方便地查询对象的不同属性特征，刷取（brushing）技术是链接类型最常用的技术。某个用户的关系链接示意如图 4-27 所示。

4.2.3　对症下药：图谱可视化的具体应用

在我们创建的知识图谱中，采用的是星空图式的形式展示知识图谱（见图 4-28）。

其中节点表示电力行业的技术领域，比如电气测量技术及仪表、高压电技术、输配电技术、能源互联网等；各技术领域通过关键词、作者、研究单位等属性建立连接关系；节点的大小表示技术领域的热度，比如文章数量、

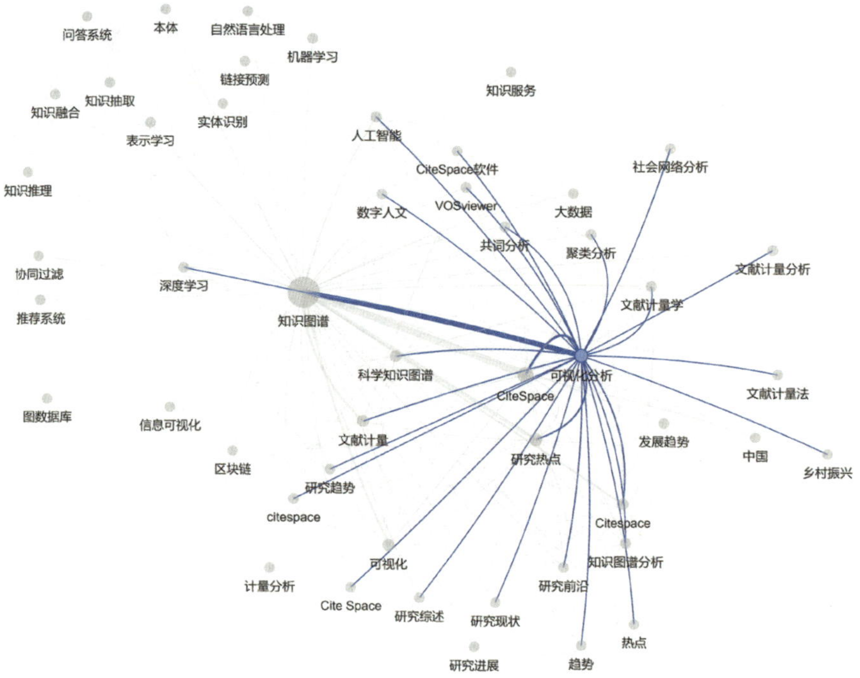

图 4–26　只显示某个分类的效果示例

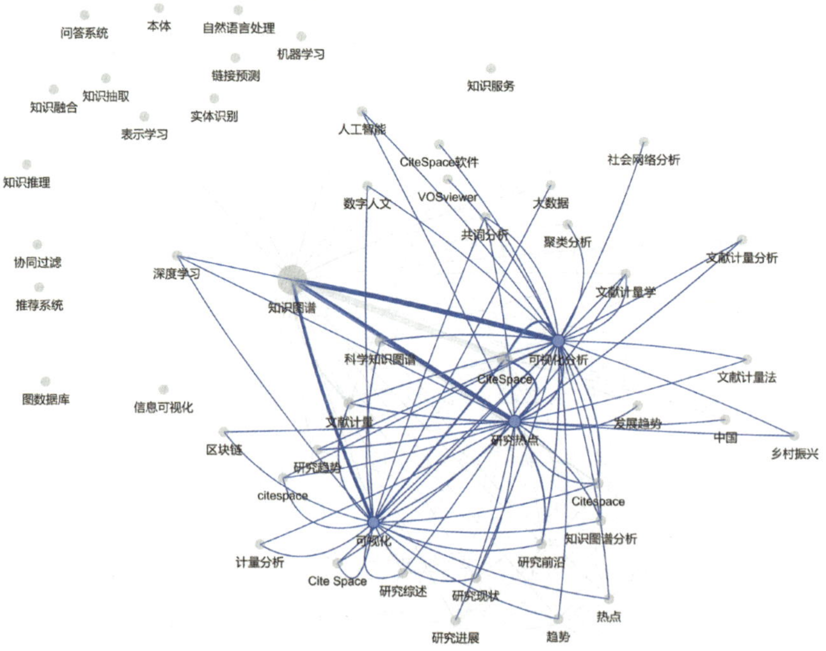

图 4–27　某个用户的关系链接示例

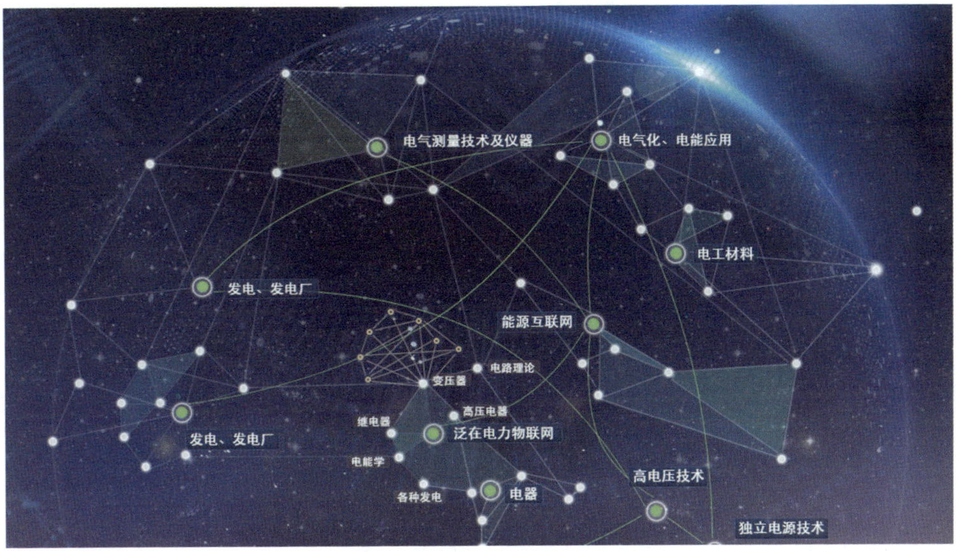

图 4-28　知识图谱可视化示例

研究者的数量或者被引用的次数；连接线的粗细表示被引用的次数或者二者之间关系的强弱；关键技术为中心度高的技术节点；行业图谱与公司图谱的节点的中心度表示公司行业的发展水平。

落实到具体的页面展示需求，我们定义了一系列专题对本项目中知识图谱的主要全景内容加以展示。具体形式为知识图谱平台的多维画像提供了多种图表集合而成的查询结果，综合体现输入关键字在多个领域内的重要性。综合效果如图 4-29 所示。

1. 总体展示

电力行业的技术实体包括研究领域、科技论文、专利、作者、研究机构以及关键词等对象构成的网络的总体展示。通过总体展示，发现技术研究的走向或技术趋势性线索，揭示技术研究方向的网络分布，识别出技术主体间的内在联系。总体展示可以针对电力全行业，也可以针对上海电力公司或者某家研究机构。现阶段展示为共现网络和共被引网络。

共现网络是利用文献集中关键词、技术方向、作者以及机构等共同出现的情况，来确定各实体之间的亲疏关系；共被引网络可以看作是论文引用其他论文的行为，形象地理解为知识从不同的研究主题流动到当前所进行的研

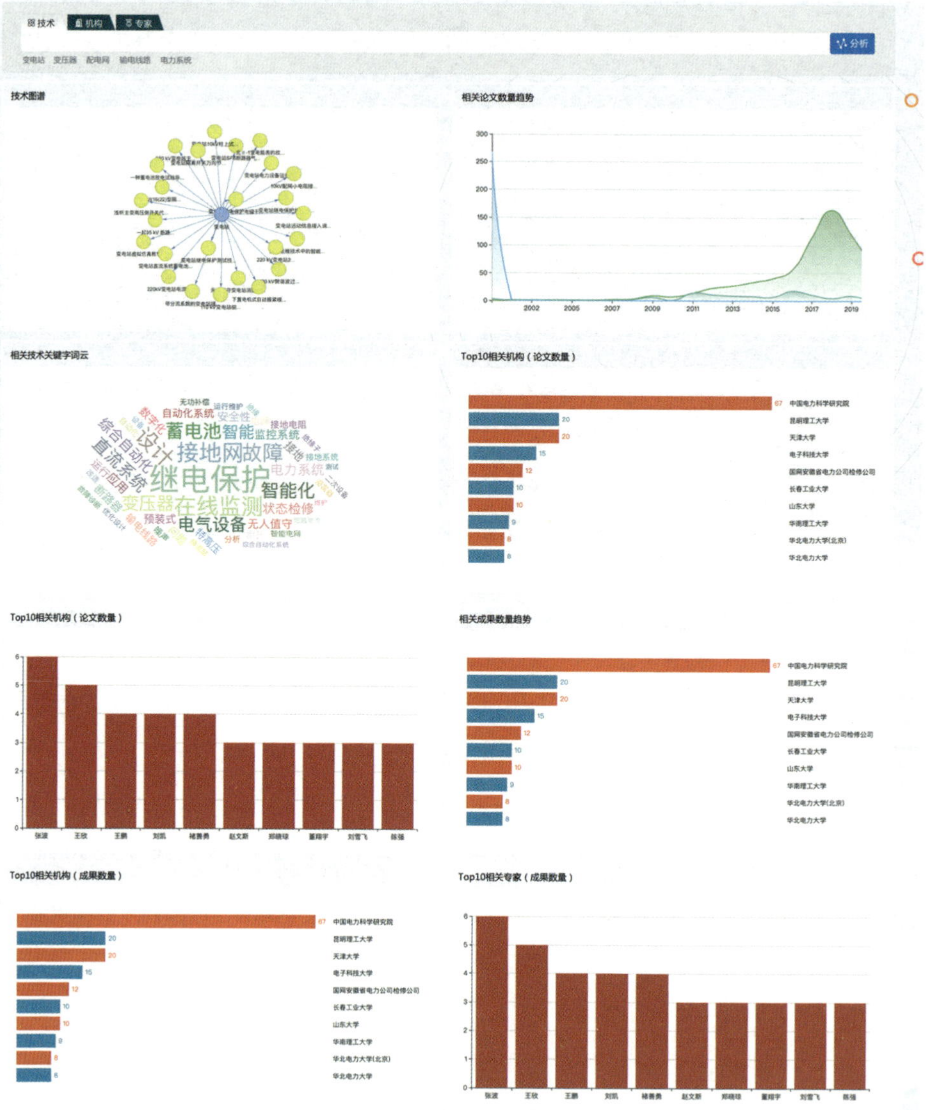

图 4-29　知识图谱平台综合可视化示例

究，是知识单元从游离状态到重组产生新知识的过程，发表的论文被其他论文引用是这个过程的持续。这种引证行为客观存在，随着科学研究的不断推进，引文网络也就自然而然地形成了。由于某个领域的研究前沿是由科学家积极引用最新发表的文章所体现的，因此对被引文献的分析，可以回答研究前沿是什么时候开始，现状如何，演化的重要路径是什么等问题。

（1）查技术（领域、方向）。

根据施引文献中技术方向共现的情况绘制，两个技术方向出现在同一篇文献中即视为一次共现，主要依据技术方向共现频次矩阵来绘制图谱。技术方向共现网络可以展示技术之间的关系，通过聚类分析可以识别技术团体，并打上主题标签，通过节点中心性等度量可以识别关键技术和热点技术。加上时间轴维度可以展示技术演进路线和发展动向。

聚类分析指将物理或抽象对象的集合分组为由类似的对象组成的多个类的分析过程，以分析对象的相似性。图形网络中的聚类分析算法主要包括 Louvain 和 LPA 等。聚类标签可以从标题、关键词、摘要中抽取名词短语，聚类标签的提取算法有 LSI 浅语义索引、LLR 对数极大似然率和互信息法。聚类结果可以用模块化 Q 和平均轮廓分数这两个指标来度量。

我们以 3D 空间效果展示技术领域、技术方向、关键字、机构、作者、刊物、文章名称、中图分类号等维度下的共现网络，并结合右侧显示查询目标相关的论文 / 专利 / 成果数量（见图 4–30）。

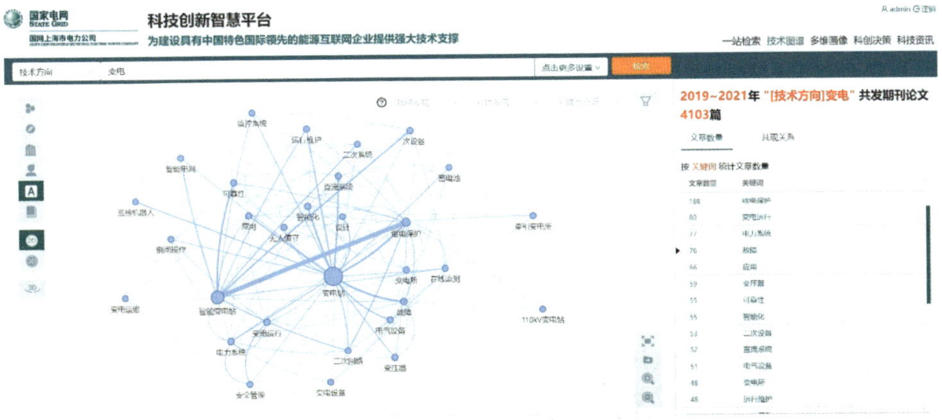

图 4–30　技术方向共现网络搜索示例

（2）查文献。

根据被引文献同时被施引文献引用的情况绘制，两篇文献同时被一篇文献引用即视为一次共被引，主要依据文献共被引频次矩阵来绘制图谱（见图 4–31）。通过文献共被引网络可以发现具有重要影响力的文献。另外，通过文献共被引网络进行聚类分析，可以挖掘相似文献的共同主题，查看知识的演进。

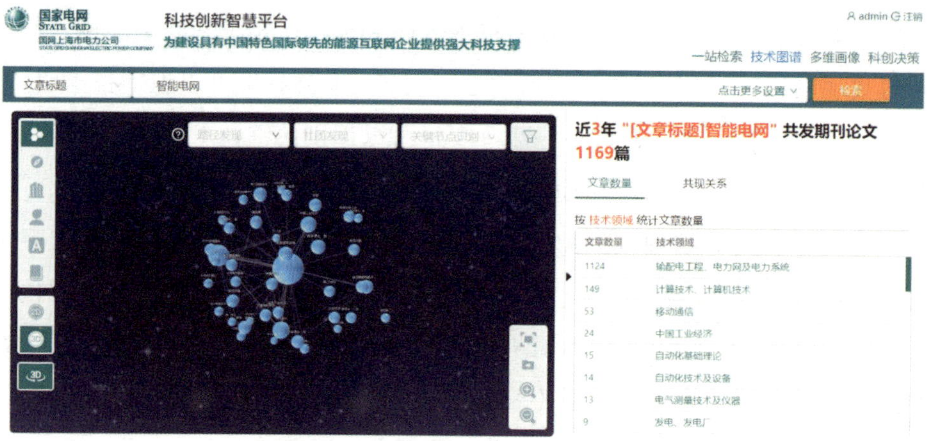

图 4–31　关键字共现网络搜索示例

（3）查作者。

根据被引文献作者同时被施引文献引用的情况绘制，两位作者的两篇文献同时被一篇文献引用即视为一次共被引，主要依据作者共被引频次矩阵来绘制图谱。通过作者共被引网络可以发现作者学术共同体以及关联关系。根据施引文献中作者合作的情况绘制，两个作者出现在同一篇文章中即视为一次合作，主要依据作者共现频次矩阵来绘制图谱（见图 4–32）。科员人员合

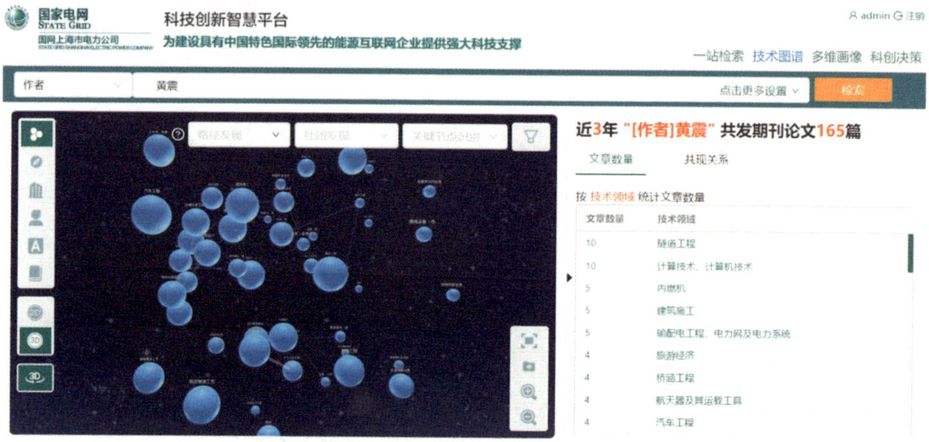

图 4–32　作者合作共现网络搜索示例

作网络可以展示科员人员的合作结构以及团体，识别重要的科研人员。

（4）查机构。

根据施引文献中机构合作的情况绘制，两个作者机构出现在同一篇文章中即视为一次合作，主要依据机构共现频次矩阵来绘制图谱（见图4-33）。科员机构合作网络可以展示科员机构的合作关系以及机构团体，识别重要的科研机构。

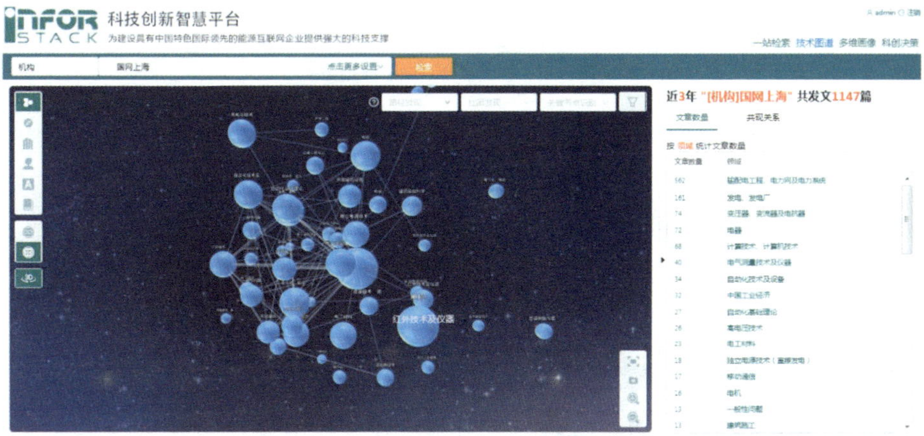

图4-33　机构合作共现网络搜索示例

该页面下还能够通过图算法，进行社团发现、关键路径发现、关键节点识别等功能。下面我们将具体介绍基于知识图谱的图计算功能。

1）社团发现（见图4-34）。在复杂网络中，社团也可以被称为群、聚类或模块，是网络中一群阶段或边的集合，其内部的节点间较为紧密，而社团间的连接却相对稀疏。社团结构作为中观层次上理解网络的关键概念，是研究网络的一个重点。社团发现主要包括Louvain算法和LPA算法，其中Louvain算法是一种基于模块度的社区检测算法，由于良好的效率和稳定性而广受欢迎；LPA算法，即Lable Propagation Algorithm是一个极其简单的图传播算法，其经验假设是以节点为中心进行投票制，十分高效。

图4-35、图4-36分别为在公司进行的机构合作共现网络搜索结果中，

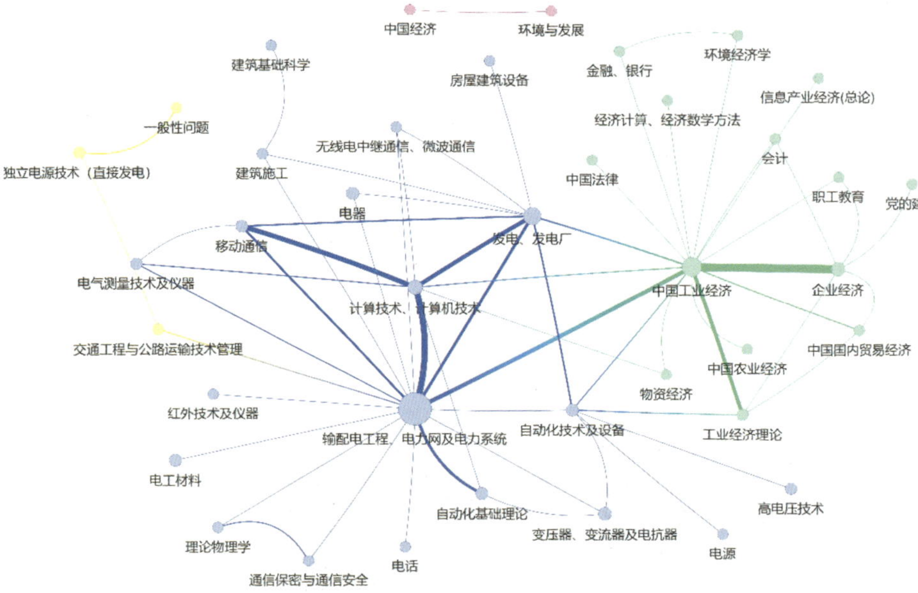

图 4-34　社团发现等功能示例

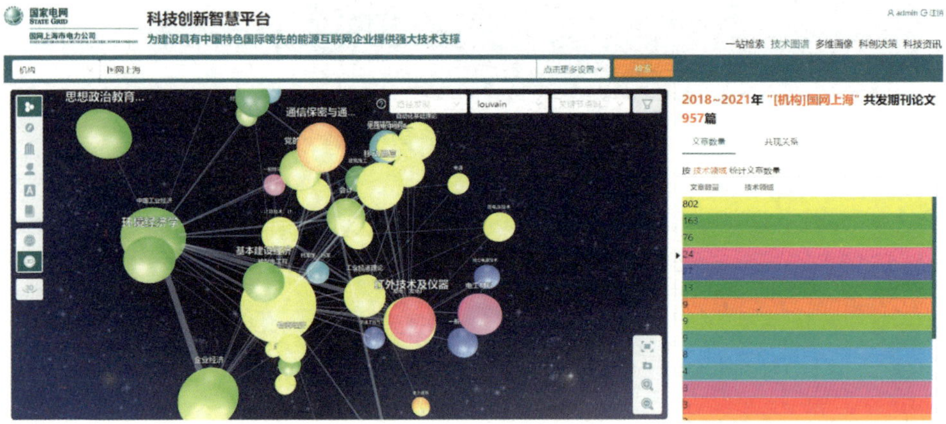

图 4-35　基于 louvain 算法进行社团发现的示意图

选择展示页面的社团发现 Louvain 算法和 LPA 算法，得到的结果图。

2）关键路径发现。图搜索算法是用于在图上进行一般性发现或显示地搜索的算法，路径查找算法是建立在图搜索算法的基础上，它探索节点之间的路径，从一个节点开始遍历关系，直到到达目的节点。

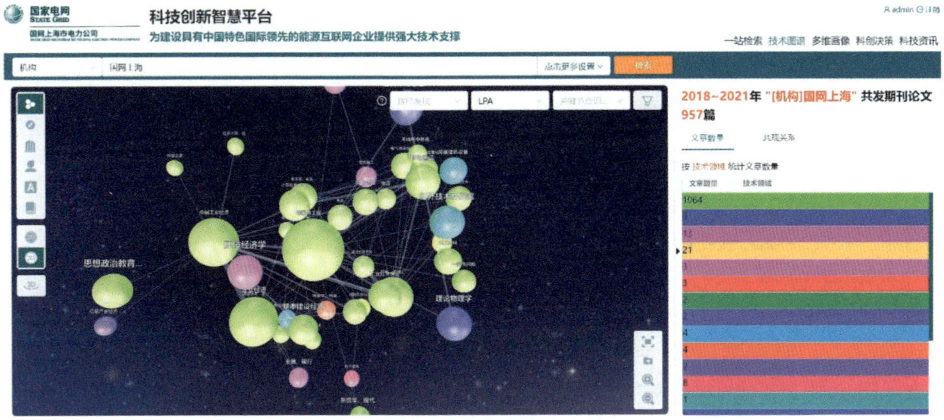

图 4–36　基于 LPA 算法进行社团发现的示意图

将路径发现算法运用于技术图中，通过定义起始节点和终止节点，就可以显示连接两个节点的最短路径，并在屏幕右侧高亮显示这两个节点的信息（见图 4–37）。

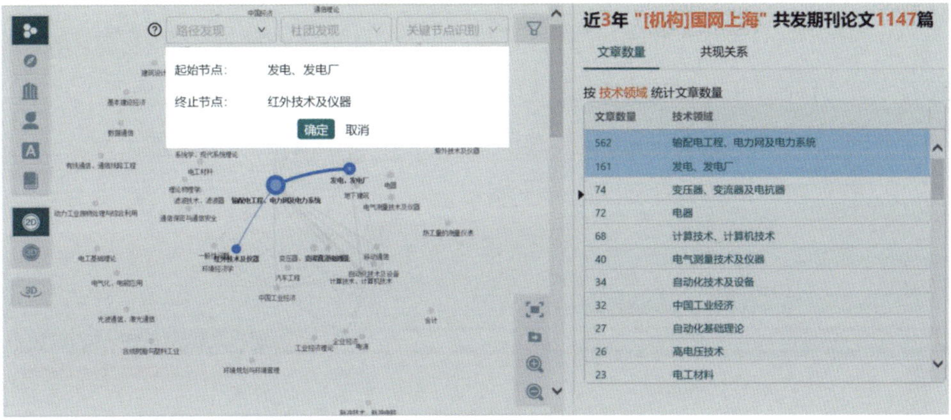

图 4–37　机构合作共现网络搜索示例

3）关键节点识别。关键节点识别是基于频次、度中心性、中介中心性等指标的大小来定位关键节点，例如中介中心性节点、度中心性节点等。具备高中介中心性和高频特性的节点，就是本领域内的关键技术，代表着这段时期的研究热点主题。

a. 度中心性（degree centrality）：一个节点与其他节点直接连接的总和。

如果连接是有方向的，则可分为点入中心度（或入度，in-degree）和点出中心度（或出度，out-degree）。它是网络分析中刻画节点中心性（centrality）的最直接度量指标，它反映了一个节点的凝聚力。一个节点的度中心性越高，该节点在网络中就越重要。如图 4-38 所示。

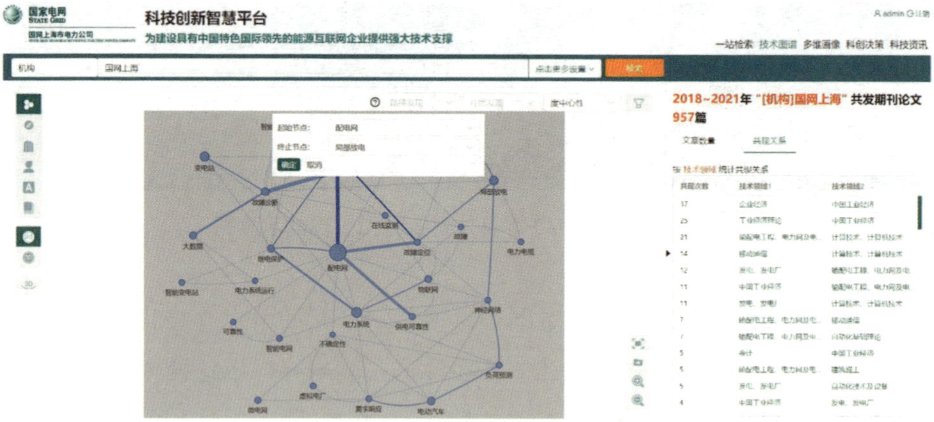

图 4-38　节点度中心性示例

b. 中介中心性 / 中间中心性（between centrality）：经过一个节点的最短路径的数目。即一个结点担任其他任意两个结点之间最短路径的桥梁的次数。一个结点充当“中介”的次数越高，它的中介中心度就越大，它在网络中起到“交通枢纽”的作用。如图 4-39 所示。

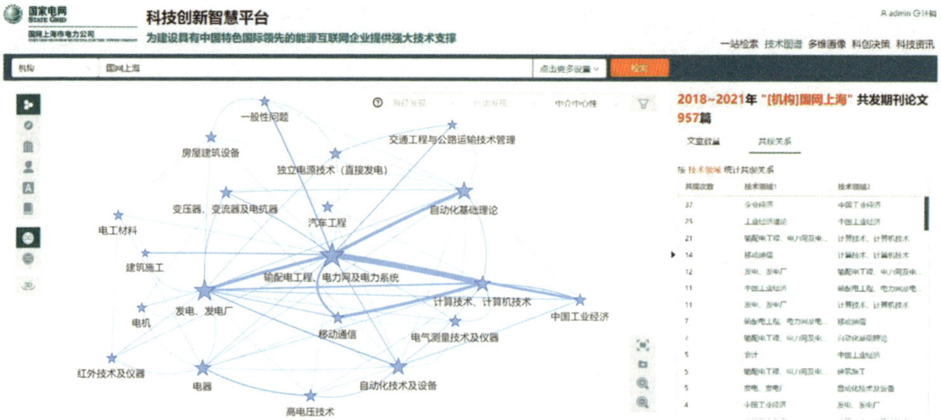

图 4-39　中介中心性 / 中间中心性示例

2. 研究热点展示

根据技术方向共现网络可以展示技术之间的关系，发现电网领域当前研究的热点领域和演进历程。节点表示电力行业的技术领域，比如电气测量技术及仪表、高压电技术、输配电技术、能源互联网等，各项技术领域通过论文、专利、专著、成果、项目建立连接关系。网络图谱节点的大小用技术出现的频数标识，连接线的粗细表示关系的紧密程度，用二项技术共同出现的次数度量。高中介中心性节点用紫圈标识，高频度的节点用红圈标识。紫圈和红圈节点可以识别关键技术和热点技术。通过聚类分析可以识别技术团体，并打上主题术语标签。另外也可以采用词云图来展示热点领域。

通过输入关键字查询，我们将查询结果进行汇总聚合，提供多个主题的可视化图表，具体包括：

1）关系网络图。呈现在知识图谱中与输入文字有关的技术领域、机构、专家等（见图 4–40）。

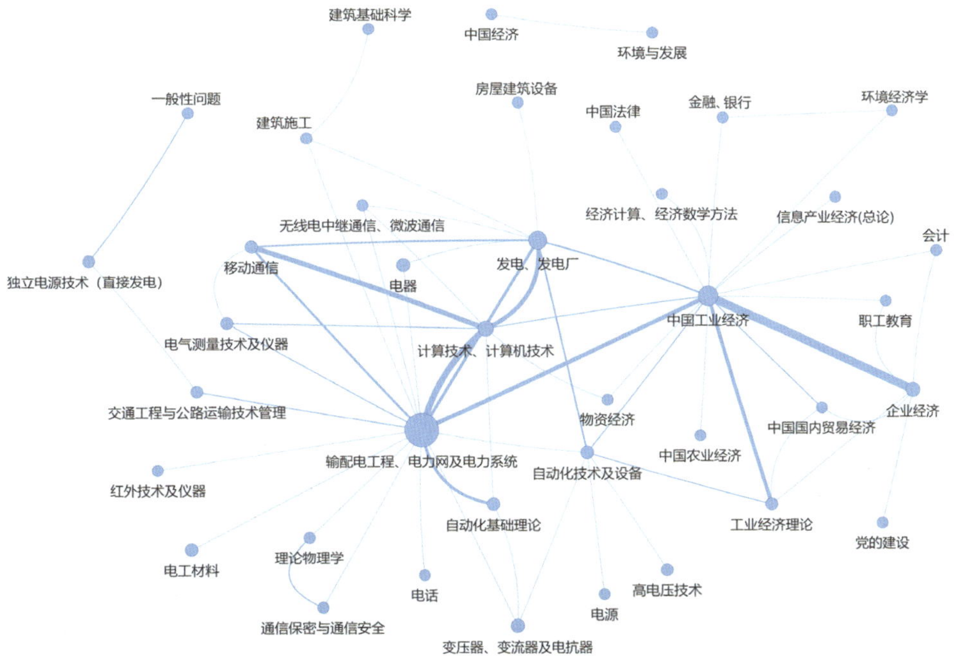

图 4–40　关系网络图示例

2）相关技术关键词云图。呈现与输入文字有关的技术关键词，位置和大小体现了关联的紧密程度（见图 4–41）。

图 4–41　相关技术关键词云图示例

3）相关专利数量趋势图。呈现与输入文字相关的专利历年发表趋势（见图 4–42）。

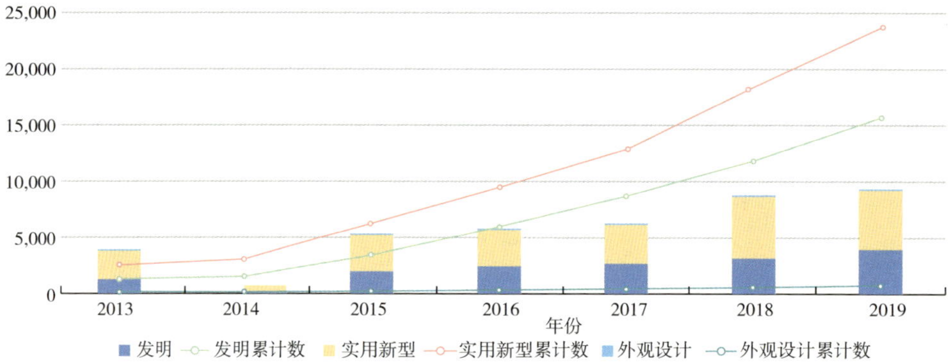

图 4–42　相关专利数量趋势图示例

3. 科研水平展示

1）Top10 相关机构。呈现与输入有关的专利 / 论文排名中前 10 位的机构（见图 4–43）。

2）Top10 相关专家。呈现与输入有关的专利 / 论文排名中前 10 位的专家（见图 4–44）。

显示特定技术领域在各单位的综合水平比较，以及论文、专利、成果的数量，见图 4–45。

显示特定技术领域的相关单位和学者，为研究合作寻找方向，见图 4–46。

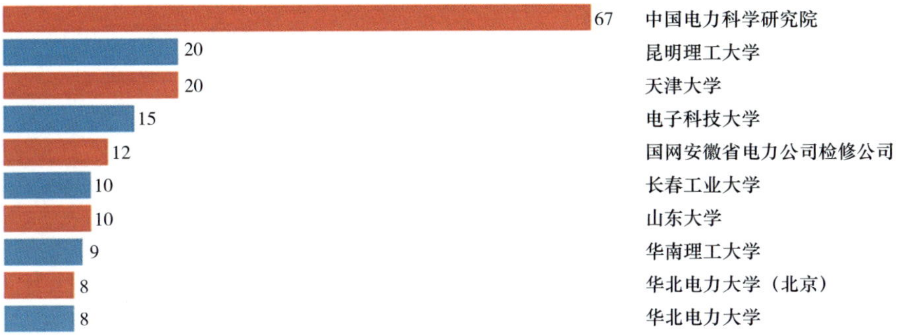

图 4-43　Top10 机构示例

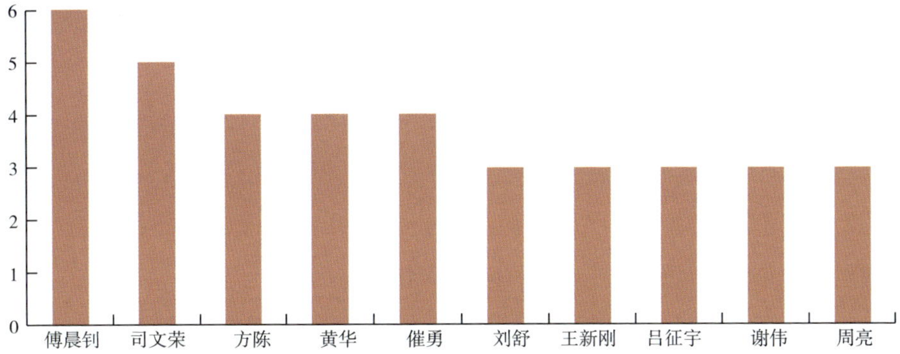

图 4-44　Top10 专家示例

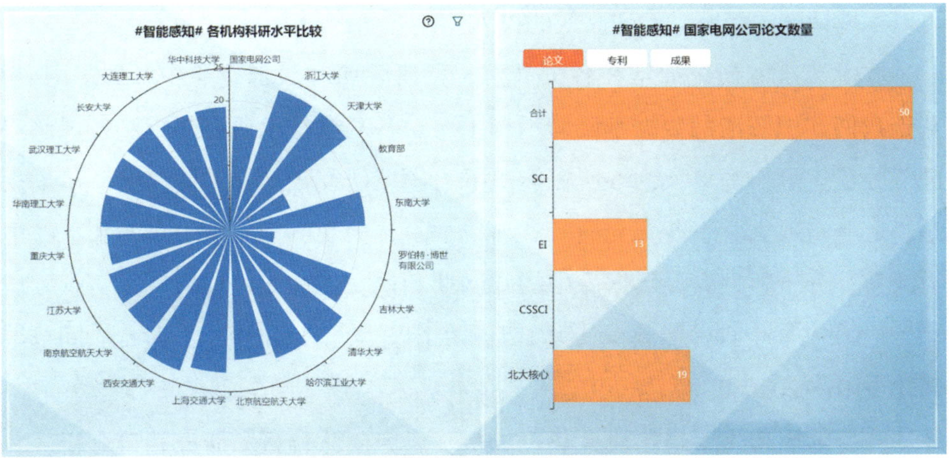

图 4-45　特定技术领域各单位科研水平比较示例

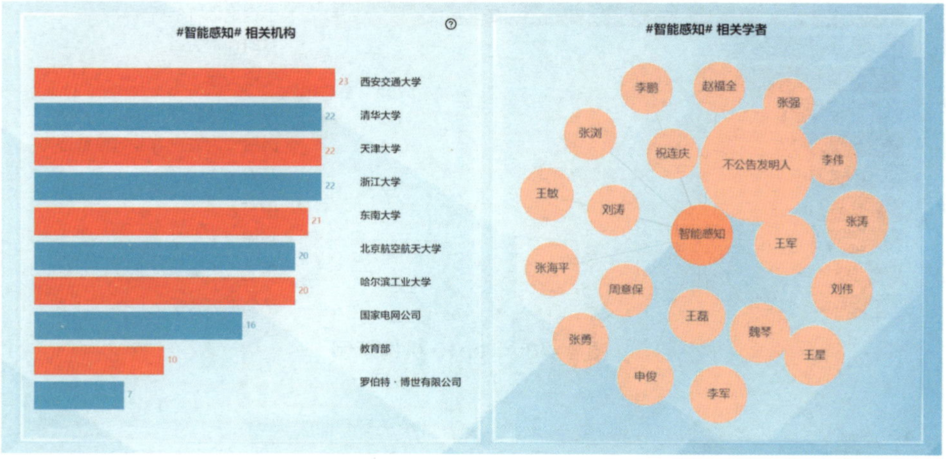

图 4–46　特定技术领域相关机构和学者示例

4.2.4　知识图谱应用场景示例

这一章详细介绍了我们是如何搭建公司的知识图谱，下面我们通过实际的应用案例，看一看知识图谱是如何一图胜万言的。

公司在进行科技创新活动中，往往要了解并掌握当下的技术热点，为公司在技术创新的资源投入上提供决策依据，此外，在跟踪当下技术热点的同时，也要对热点技术的发展趋势有所预判，这样在进行资源投入的时候，就可以实现精准的判断，实现高效的投入。

技术热点的研究通常在各大高校、科研院所和头部企业中开展，同时，基于我们知识图谱的数据基础，示例主要对各高校技术研究热点和发展趋势进行分析。分析的对象为 6 所在能源电力领域研究较为深入的高校：清华大学、上海交通大学、西安交通大学、华中科技大学、华北电力大学和上海电力大学；分析数据为源数据库中的知网期刊论文库和知网成果库；文献领域涵盖中图分类号 TK= 能源与动力工程和中图分类号 TM= 电工技术；时间范围选择 2016 ~ 2020 年。

分析的内容主要包括研究热点分析、研究团队分析和研究趋势分析。其中研究热点分析是通过生成各高校在 2019 ~ 2020 年发布论文及成果的关键字共现网络，对该网络进行社团分析识别技术集群，对该网络进行关键节点分析识别研究热点；研究团队分析是通过生成各高校在2019~2020年发布论文及成果的作者合作网络，对该网络进行社团分析识别合作紧密的研究团队；研究趋势分析是通过生成各高校在2016~2020年每年发布论文及成果的关键字词云图，由词云图的演变过程反映研究趋势的变化。

6所高校近两年的Top5研究热点为数值模拟、配电网、局部放电、故障诊断和电动汽车，见图4-47。

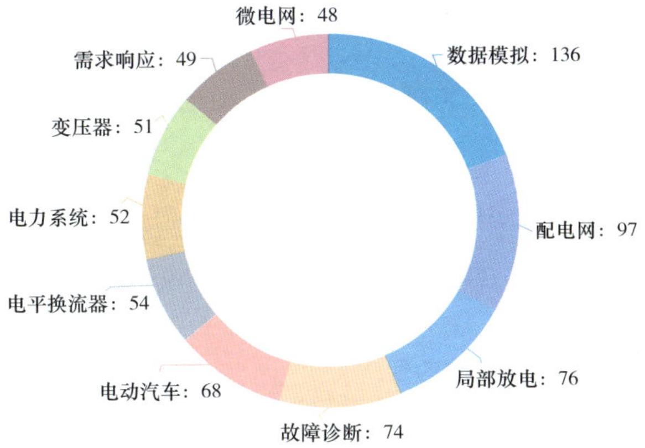

图4-47 Top10研究热点

其中，华北电力大学在能源电力方面发表的期刊论文数量远超过其他5所高校，见图4-48。

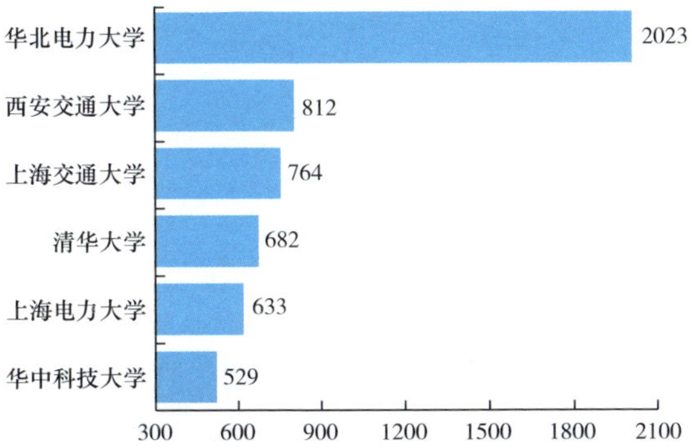

图4-48 各高校在能源电力方面的论文数量

西安交通大学在能源电力方面取得的成果数量最多，见图4-49。

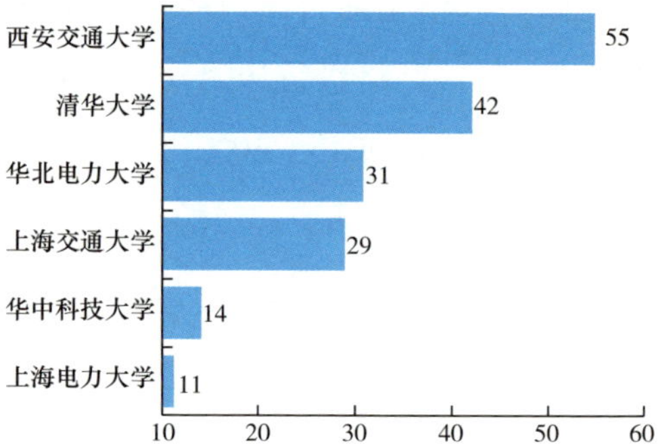

图 4–49　各高校在能源电力方面的成果数量

下面，我们以清华大学为例，运用知识图谱，展示如何开展技术研究热点和发展趋势分析。

在研究热点方面，2019～2020 年，清华大学在能源技术领域的研究热点侧重在锂离子电池、能源互联网、综合能源系统和数值模拟方向，见图 4–50。

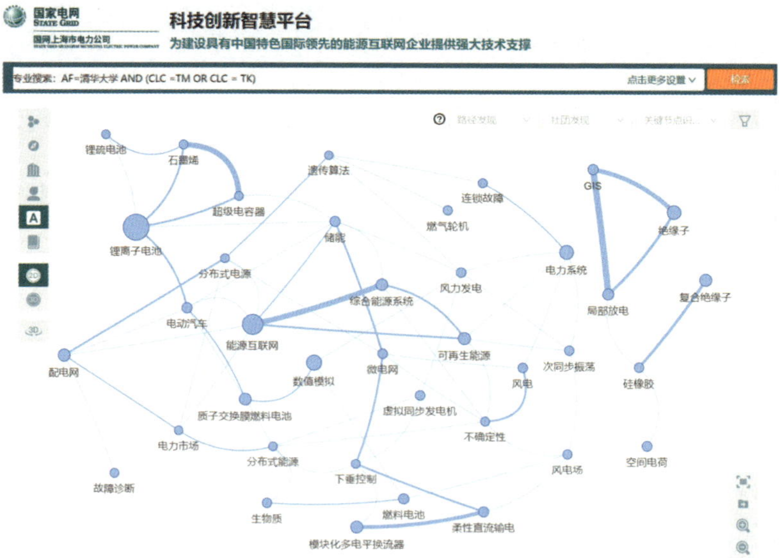

图 4–50　清华大学研究热点

在研究团队方面，能源互联网 + 综合能源系统研究领域的研究团队有郭庆来等人团队和张宁等人团队，见图 4–51。

锂离子电池研究领域的研究团队是何向明等人组成的团队，见图 4–52。

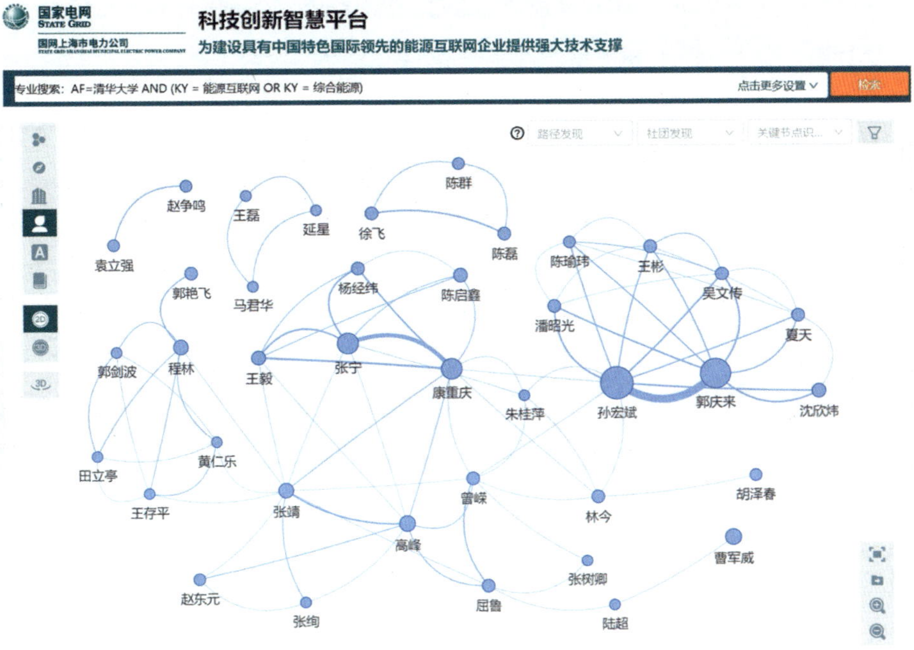

图 4-51　清华大学能源互联网 + 综合能源系统研究团队

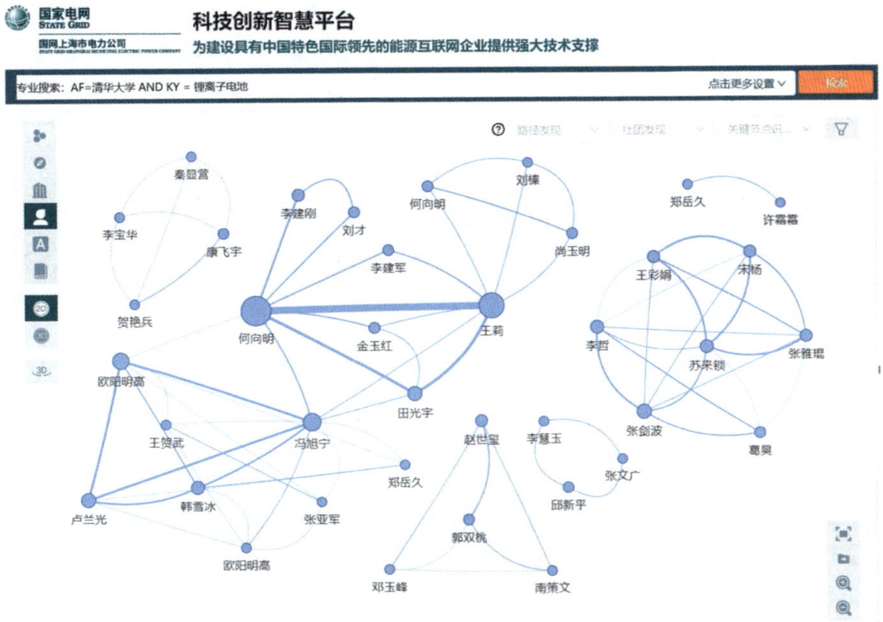

图 4-52　清华大学锂离子电池研究团队

在研究趋势方面，2016 年清华大学在能源技术领域的主要研究热点为锂离子电池、复合绝缘子和电动汽车，见图 4–53。

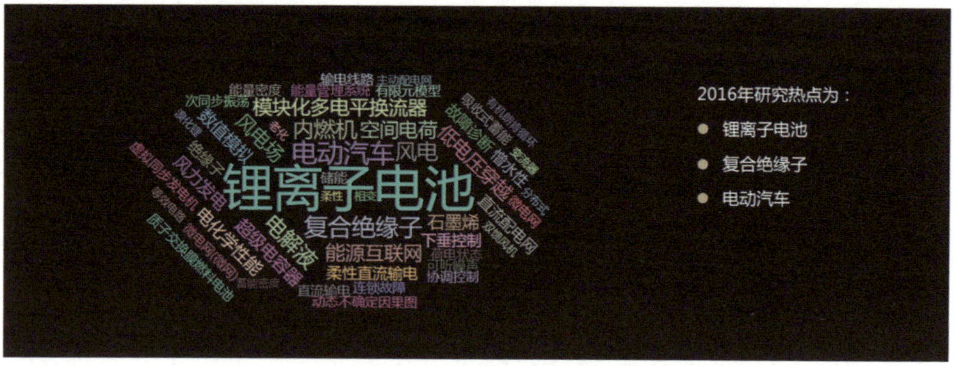

图 4–53　2016 年能源技术领域清华大学主要研究热点

2017 年主要研究热点为锂离子电池、能源互联网和可再生资源，见图 4–54。

图 4–54　2017 年能源技术领域清华大学主要研究热点

2018 年主要研究热点为锂离子电池、能源互联网和绝缘子，见图 4–55。

2019 年主要研究热点为锂离子电池、数值模拟和综合能源系统，见图 4–56。

2020 年主要研究热点为电力系统、GIS 和能源互联网，见图 4–57。

其他 5 所高校通过上述知识图谱的应用和展示，同样可以掌握其近一年的研究热点、热点技术的研究团队以及 2016～2020 年的技术研究趋势。

图 4–55　2018 年能源技术领域清华大学主要研究热点

图 4–56　2019 年能源技术领域清华大学主要研究热点

图 4–57　2020 年能源技术领域清华大学主要研究热点

通过对 6 所高校的分析和研究，我们绘制了各高校研究热点分布地图，见图 4–58。

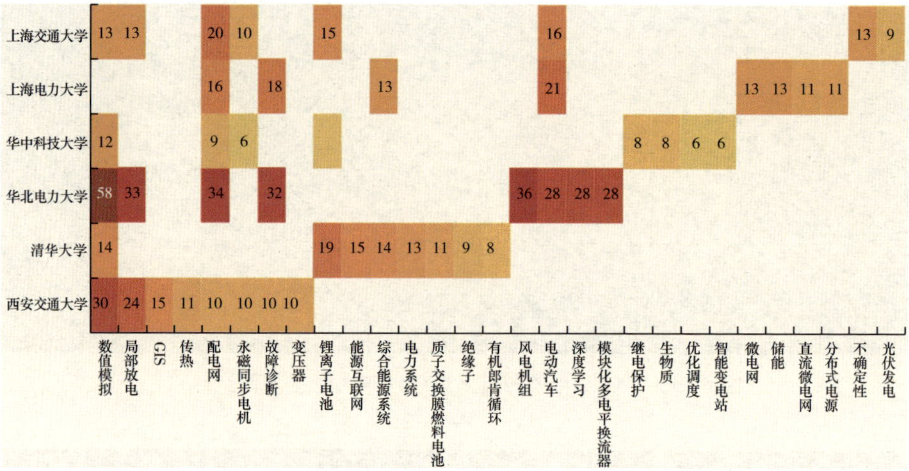

图 4-58　清华大学等 6 所高校的研究热点分布

根据 6 所高校的研究热点分布，我们可以清晰地看出，清华大学在能源技术领域的研究热点主要集中在锂离子电池、能源互联网、综合能源系统和数值模拟等领域；上海交通大学在能源技术领域的研究热点主要集中在配电网、电动汽车、锂离子电池、数值模拟等领域；西安交通大学在能源技术领域的研究热点主要集中在数值模拟、局部放电、GIS、传热等领域；华中科技大学在能源技术领域的研究热点主要集中在数值模拟、配电网、继电保护、生物质等领域；华北电力大学在能源技术领域的研究热点主要集中在数值模拟、风电机组、局部放电、配电网等领域；上海电力大学在能源技术领域的研究热点主要集中在电动汽车、故障诊断、配电网、微电网等领域。

通过 6 所高校研究热点分布的可视化展示，公司在相对应的技术领域就可以精确定位合作的目标，精准投入资源。在能源互联网、综合能源系统方面，公司可以与清华大学展开合作；在数字孪生、智能感知领域与西安交大展开合作，在数字孪生、综合能源系统方面与华中科技大学展开合作，在数字孪生、深远海风电领域与华北电力大学展开合作，在智慧供电、数字孪生方面与上海交大展开合作，在智慧能源系统、智慧供电方面与上海电力大学展开合作。

第 5 章
教你如何图中找谱玩转科技创新

在上一章，我们和大家一起分享了如何建自己公司的知识图谱，在此基础上，我们进一步深化基于科技创新智慧平台的科创管理应用，构建集认知、预测、匹配、评价于一体的智慧模型，丰富科技创新布局、项目闭环管理、科创资源推荐、人才画像优选及人才潜能评价的应用场景，打造资源集成化、检索便捷化、分析可视化、图谱可视化和决策智慧化的一站式服务的平台。

5.1 科技创新项目管理

各类科技项目是企业，乃至国家科技创新的重要承载和依托，应用数字化手段开展科技项目的管理，是当下技术发展的必然要求。

5.1.1 高瞻远瞩：科技创新布局

科技创新布局决定了企业未来一个阶段科学技术研发的方向。如何充分洞察企业科技创新的真实需求，掌握企业技术水平的发展现状，预测相关技术的发展趋势至关重要。

1. 科技创新需求要素识别模型

（1）科技创新需求要素。

科技创新需求要素主要聚焦关键驱动要素。关键驱动要素包括目标驱动和问题驱动两大驱动要素，其中目标驱动主要依托目标寻找差距；问题驱动主要通过问题，找到解决办法。

目标驱动聚焦国家战略，自上而下，层层分解至公司业务发展的相关目标。例如，国家提出“四个革命，一个合作”的能源变革战略目标，国家电网有限公司根据国家战略提出“建设中国特色世界领先的能源互联网企业”

战略目标，围绕国家电网有限公司战略，国网上海市电力公司提出坚持“双高发展、双智驱动、双品引领”，全力开展创新型企业建设的目标，分解到各业务条线，营销专业提出“打响能源管家品牌”、运检专业提出“打造世界一流配电网”等。

问题驱动聚焦公司经营出现的问题，自上而下，层层细化至业务节点的相关问题。目前公司经营主要面临新兴业务开拓、经营模式创新、综合绩效指标优化等挑战，业务模块相应地包括业务基础技术研究、业务模式创新等问题，分解至业务节点，主要就是单一工艺改进、设备研制、技术研究等问题。

应用知识图谱识别科技创新需求的核心是相关数据的收集、整合、统计和分析，在此基础上，开展需求的识别。目标驱动的科技创新需求数据源包括国家战略目标、国网战略目标、公司战略目标和业务战略目标。具体内容见表 5–1。

表 5–1　目标驱动的科技创新需求数据源

数据源	具体数据
国家战略目标	党的历届历次全会精神、中央政治局会议精神、国务院 / 上海市政府工作报告、党 / 国家 / 上海市领导人的重要讲话、党 / 中央 / 上海市的重要发文
国网战略目标	国网公司职代会报告、年度工作计划、重要会议精神、重要发文、科技指南、国网领导的重要讲话
公司战略目标	上海公司职代会报告、年度工作计划、重要会议精神、领导的重要讲话、重要发文
业务战略目标	各专业的战略规划、年度工作计划、重要会议精神、领导重要讲话、重要发文

问题驱动的科技创新需求数据源包括公司经营问题、业务模块问题、业务流程问题和业务节点问题。具体内容见表 5–2。

各类数据源及重点关注信息见表 5–3。

表 5-2　　问题驱动的科技创新需求数据源

数据源	具体数据
公司经营问题	公司的阶段性工作总结、综合绩效指标的完成情况、当年公司级项目的立项资料、以往公司级项目的成果文件、以往公司级项目的专家评审意见
业务模块问题	各部门 / 单位的阶段性工作总结、绩效指标完成情况、当年部门 / 单位级项目的立项资料、以往部门 / 单位级项目的成果文件、以往部门 / 单位级项目的专家评审意见
业务流程问题	各科室的阶段性工作总结、绩效指标完成情况、以往用户投诉的分析报告、以往生产事故的分析报告
业务节点问题	各班组的阶段性工作总结、绩效指标的完成情况、当年 QC/ 五小创新项目的立项资料、以往 QC/ 五小创新项目的成果文件、以往 QC/ 五小创新项目的专家评审意见

表 5-3　　各类数据源及重点关注信息

各类数据	关注信息
会议精神、发文、讲话	重点关注新名词、新提法、新要求、新部署
战略规划、工作计划	重点关注工作目标、主要任务、推进计划
阶段性工作总结	重点关注上阶段工作存在的问题、短板和不足
绩效指标情况	重点关注同业对标中明显落后及趋势不良的指标
投诉 / 事故的分析报告	重点关注投诉 / 事故的原因及建议解决方案
项目立项文件	重点关注项建和可研，分析项目拟解决的问题、项目研究内容
项目成果文件	重点关注总结与展望部分，分析本次研究的不足及下一步研究方向
项目结项评审意见	重点关注专家提出的研究不足，以及下一步建议
国网公司科技指南	重点关注国网公司列入科技指南的技术类别

（2）科技创新需求识别技术路径。

科技创新需求识别的技术路径为，依托核心层、支撑层、辅助层“三层”不同的文档资料，分别采用不同的需求识别策略。核心层指识别需求必须依托的资料，主要针对立项申报文件和国网技术指南，基于文本挖掘技术，识别与技术分类表中各技术相关的标签词，统计标签词的词频，通过词频高低判断技术热度，热度越高的词汇，则其对应技术的需求越高；支撑层指用于补充和验证需求依托的资料，主要针对年度绩效指标，基于统计分析技术，绘制公司或部门关键绩效指标的水平和变化趋势，识别同业对标中明显落实及发展趋势不良的指标，通过开展流程驱动分析，定位关键流程并明确相关技术；助层用于优化和完善需求依托的资料，主要针对战略规划、工作计划、会议精神、发文、讲话、项目成果文件等，基于文本挖掘技术，识别与公司战略、业务发展规划等相关的文字信息，识别与问题、短板相关的文字信息，对文字信息进行关键词词频分析和主题聚类，识别备受关注的热点话题。

（3）科技创新需求识别算法。

科技创新需求识别算法采用文本挖掘技术，它以非结构化的自然语言文本数据为对象，通过计算机手段抽取文本信息而发现隐含的、以前未知的、潜在有用的知识模式，是数据挖掘、自然语言处理、信息抽取、机器学习技术在文本数据分析中的应用。

文本挖掘技术的核心包括语义关系发现、文本情感发现和文本热点发现。语义关系发现是从文本中挖掘出不同主体之间的关联关系或者作用关系，主要通过短句句法结构（如名词、谓语、宾语等），根据需求提取术语对；文本情感发现是通过文本挖掘出对某一事物的情绪观点，可能是肯定的或者是否定的，情感计算多使用情绪词典来完成；文本热点发现是对于文本中出现词语的频率进行统计，识别出那些高频率的文本作为热点内容，主要涉及文本分解技术及统计方法。

科技创新需求识别根据核心层、支撑层和辅助层分层实施。核心层通过文本挖掘识别需求。首先输入文本，接着利用语句终结符进行文本分句，确定文本挖掘的羁绊单元，再利用中分词系统进行文芬分词，将连续汉字序列分解为单独的词，最后进行词频分析，统计标签词的词频；辅助层也通过文本挖掘识别需求。输入文本、文本分句、文本分词这三个步骤与核心层相同，接下来，利用关键词词典进行关键文本提取，获取文本中与主题最相关的内容，再利用情感词典进行情感倾向分析，判断负面情感倾向的句子，最后进行主题聚类，将信息按照主题特征自动归类；支撑层处理较为简单，直接对绩效指标进行统计分析。科技创新需求识别路径如图 5-1 所示。

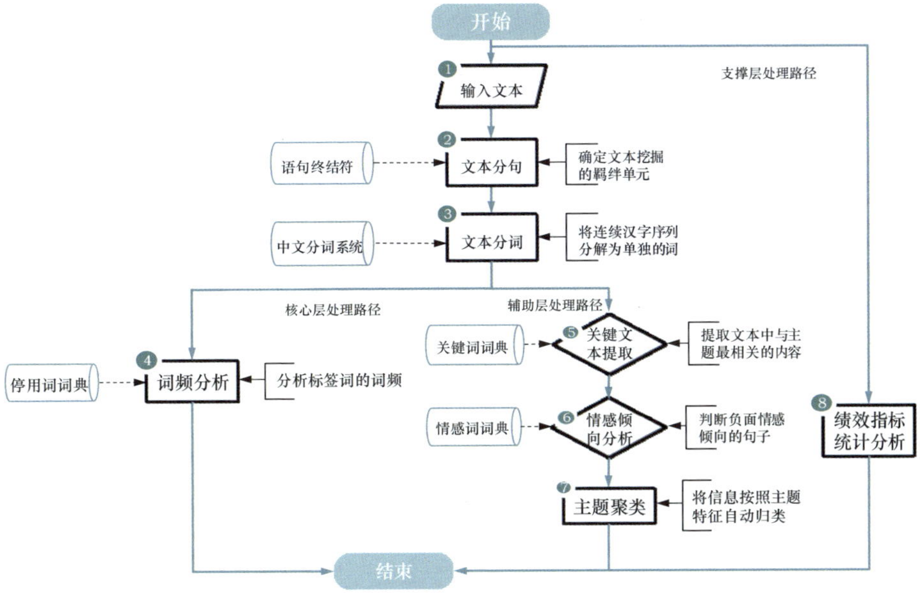

图 5-1　科技创新需求识别路径

（4）科技创新需求识别关键节点。

科技创新需求识别有 6 大关键节点，即文本分句、文本分词、词频分析、关键文本提取、情感倾向分析和主题聚类。

1）文本分句。文本分句根据文本语法中具有语句结束性标志的符号进行断句，来完成对文本文章的分割，这些句子的结束标志符号包括：句号“。”、感叹号“！”、问号“？”，在不规范表达中，“空白符”“换行符”等符号也可以作为句子的结束符。

2）文本分词。文本分词可采用机械分词法、统计分词法和语法规则分词法。机械分词法根据词典来帮助识别和匹配文本的分词，常用的有中科院汉语词法分析系统 ICTCLAS、哈工大研制的语言技术平台 LTP、SEG 分词系统等；统计分词法是将文本中的所有可能分词进行分解，然后从大量分词结果中利用数理统计法寻找可能的分词结果；语法规则分词法是根据文本的语法设置规则进行分词，但对文本结构化要求较高。

3）词频分析。词频分析主要是去掉停用词和词频分析。首先去掉几乎在每个文档中都会出现，但是实际意义不是很大的词语，主要有语气助词、副词、介词和连词等，例如“不但、反之、关于、吗、呢”等；然后对于技术分类所对应的标签词进行词频分析，词语的出现频率越高，其对应的技术关注度越高。

4）关键文本提取。关键文本提取可采用文本类型判断法、文本位置判断法和关键词判断法。文本类型判断法即文章及各段落的标题一般是相关主题的概括，属于关键文本；文本位置判断法即各段落的第一句和最后一句一般是段落总结，属于关键文本；关键词判断法即段落标题包含“问题、不足、展望、思路、计划”等词时，段落通常为关键文本；出现某领导“指出、强调、期望”等前置词时，通常是领导重要指示，出现“目标、战略、导向、指引”等词时，通常是工作方向和要求。

5）情感倾向分析。情感倾向分析主要从否定词和情感态度此进行分析，当出现“不足、不力、不高、不强、不够、不完善”等表达否定的词语时，通常是描述问题和短板；出现“老旧、落后、过时、低效、零散、残缺”等表达贬义情感的词语，以及出现“亟待完善、有待提升、尚需建立、需要加强”等表达改变现状态度的词语，通常是描述问题和短板。

6）主题聚类。主题聚类首先对文本进行特征提取，构建空间向量模型，可采取降维算法减少向量维度太高情况下的运算量，如术语权值模型 TF-IDF、期望交叉熵等，然后计算样本数据点间的逻辑距离来判断某个样本数据属于哪一个簇，从而实现各样本点的分配，开展聚类结果性能评估。常用聚类算法有 HAC、HDC、CURE、OPTICA、K-means 等。

2. 技术水平评价模型

（1）技术水平评价研究现状。

目前围绕企业自身技术水平评价，国内研究主要聚焦三个方向：企业技术创新能力评价、企业技术综合评价、企业技术先进性评价。其中企业技术创新能力评价对象为企业或区域的整体技术创新能力，技术综合评价对象为单项技术的综合价值，技术先进性评价对象为单项技术的先进性。

在企业技术创新能力评价研究中，部分学者通过回顾企业技术创新能力评价的国内外研究现状与评价方法，根据企业实际情况构建了企业技术创能力评价指标体系，并采用因子分析法对实际数据进行实证分析，得出综合评价值。评价指标体系见表5–4。

表5–4　　企业技术创新能力评价指标体系

能力维度	评价指标	指标说明
创新投入能力	财力投入	研发费用占主营业务收入比例（%）
	人力投入	技术人员占比
创新研发能力	创新效率	R & D成果转化水平
		新产品平均开发周期
	创新平台	产学研合作
创新生产能力	标准化水平	是否通过质量管理等相关认证
	资源节约水平	万元产值耗电量
创新产出能力	创新效率	全员劳动生产率（万元/人）
		新产品销售收入占主营业务后入比重
	创新水平	每千人发明专利拥有数
		企业新申请发明专利数
		科技成果获奖数
		拥有省部级以上名牌产品或知名商标
创新营销能力	市场研究能力	市场研究人数
	销售能力	营销费用投入强度
		销售网络化程度
创新管理能力	产权运作	知识产权管理制度健全度
	资本运作	是否上市或者有上市计划
	企业文化	工会组织健全程度
		激励制度完善程度

在企业技术综合评价研究中，部分学者采用文献分析的研究方法，基于自然－经济－社会复合生态系统理论，提出了农业废弃物资源化利用技术综合评价指标体系的构建思路，建立了一套包括 4 级 37 个指标的综合评价指标体系，并通过各种评价方法的比较，最终选择层次分析法进行评价。评价指标体系见表 5–5。

表 5–5　　农业废弃物资源化利用技术综合评价指标体系

约束层	准则层	指标层
技术指标	原料投入	原料收储运难易程度、原料收储运难易程度、原料预处理复杂程度
	物质、能源和人力消耗	水耗、辅料消耗、废弃物处理量、耗电、耗煤、耗油、维护人工需要量
	产品生产能力	产能
	技术示范潜力	技术适应范围、运行稳定性、技术成熟度、废弃物转化效率、农民接受程度、废弃物回收利用率
经济指标	投资－收益情况	工程总投资、原材料投资、基建投资、设备投资、年均总收益、投资回收期
	市场占有率	市场占有率
	增收节支效果	增收节支效果
社会指标	培训就业效果	培训人次、增加环保岗位数
	环保意识提高程度	环保意识提高程度
	环境事故减少量	减少环境污染事故量
环境指标	生活 / 生产环境改善程度	地表水质量改善程度、大气质量改善程度、废弃物散弃程度、土地侵占减少程度
	减排效果	废弃物减量程度、二次废弃物排量、温室气体排放量、有毒有害气体排放量

在企业技术先进性研究中，部分学者提出一种基于灰色聚类理论的技术先进性评价方法。以层次化的灰类评价指标体系为基础，通过对灰色聚类方法中的三角白化权函数进行改进，解决了常规方法定量评价能力不足的问题，

实现了对变电站技术发展阶段及其应用技术先进程度的定性判断与定量评价。评价指标体系见表 5-6。

表 5-6　智能变电站技术先进性指标体系

一级准则	二级准则	指标名称	指标说明
智能性	规约统一化	智能设备即插即用率	站内不需经调试可直接即插即用的智能设备比例
		智能设备互操作成功率	站内智能设备间互操作的成功比例
		与主站间通信成功率	变电站与调度主站之间通信的成功比例
	通信网络化	网络宽带	站内交换机带宽
		以太网通信覆盖率	站内所有设备中能够用以太网进行信息通信的设备比例
高效性	运行高效性	平均每日值班人数	站内平均每天进行值班的人数
		平均倒排操作时间	站内各类倒排操作所耗平均时间
	维护高效性	设备平均检修周期	站内设备检修的平均周期
可靠性	运行可靠性	年停电时间	站内一年发生停电故障总时间
		年操作事故率	站内一年因人为因素发生操作事故占总操作数的比例
		设备故障率	站内出现故障无法正常工作的设备比例
		站内数据通信保障率	站内自动化数据通信出现中断的时间比例
	保护可靠性	故障平均处理时间	站内故障发生时平均处理故障所耗时间
		保护动作成功率	站内故障发生时保护动作成功动作比例
绿色性	资源节约性	变电站建筑面积	变电站总的建筑面积
		站内二次电缆总长度	站内所有二次电缆总长度
	环境友好性	光伏发电装机容量	站内采用屋顶式光伏发电的装机容量

通过上述研究现状的分析，目前企业技术创新能力评价的主体主要是企业或区域，评价重点不仅体现现有的技术能力，更突出未来的技术创新能力，但并不针对某一项技术进行评价；企业技术综合评价的主体是单项技术的综合指标，评价重点在体现技术指标的同时，也兼顾了经济、社会和环境指标；企业技术先进性评价的主体是单项技术的性能，评价重点深入对技术自身性能特性的评价，体现技术的先进性情况。

目前，构建评价指标体系几乎是所有企业技术水平评价中必不可少的关键步骤，评价方法可以根据企业技术特性、数据、组织资源等进行选择，相关评价方法包括以定性为主的专家权重法、层次分析法；以定量为主的主成分分析法、数据包络法等。

（2）知识图谱中技术水平评价模型的构建。

知识图谱中技术水平评价指标体系的构建需要充分考虑科技布局的实际需求，系统开发应用的便利性以及指标设定的合理性和科学性。

科技布局主要依据科技需求与技术水平四象限图呈现的结果，其目的是通过定位企业单项技术所处四象限图的位置，识别出具体技术水平高低与需求强弱的关系，并结合企业相关战略进行科学、合理的布局，这就要求评价指标必须是可以度量、计算的定量数据，否则无法将其定位在坐标系中。

系统开发应用的便利性需要在设定评价指标时，充分考虑利用智能化取代人为参与的评价，在设定指标时就要求尽量选择知识图谱中已经沉淀的或外部易于获取的定量数据。指标设定的合理性和科学性要求在设定指标时充分考虑现有数据的基础和组织资源的成本，以及指标与科技布局实际需求的关联程度，不能为“评价而评价”，其中技术具体的性能指标需要对知识图谱中涉及的所有单项技术进行分析，工作量极大，单项技术的社会指标和环境指标与科技创新布局工作关联性不强，相关指标的设定和取数也存在困难。

因此本次技术水平评价指标设定遵循以下三个原则：一是要选择系统底层并且易于获取的定量数据，如与技术相关的文献、专利、项目数量，技术获奖等级和数量等；二是评价指标不涉及单项技术的具体性能指标；三是评价指标不涉及关联性较弱的社会指标和环境指标。基于以上三个原则，知识图谱中技术水平评价构建“双层”评价体系，即维度层和指标层。维度层包括单项技术的资源投入水平、成果产出水平和影响力水平 3 个维度，指标层包括 10 个评价项目，27 项评价细则。

单项技术资源投入水平维度是衡量技术水平的重要因素，能够反映某项技术在资源配置上的投入情况，包含四项要点：人力、经费、技术载体、合作和储备投入。其中，人力投入是考量单项技术人才储备及技术研发中人才投入情况；经费投入是进行研发活动的财力保障，反映单项技术的资金需求程度，也体现了单项技术的重要程度；技术载体是技术研发的主战场，反映单项技术研发机构的水平，技术所述项目的等级；技术合作投入是反映单项技术与外部机构的合作水平；技术储备投入是反映单项技术的发展深度和潜力。

单项技术成果产出水平是反映单项技术研究成效和发展水平的具体表现，包含三项要点：成果形式、成果奖励、成果转化。其中，各项成果是单项技术研发成效和能力的具体体现，反映技术发展的水平；技术成果获奖数量和奖励等级是对技术水平的重要评价；技术成果转化是技术水平的经济效益衡量标准。单项技术影响力水平是对技术研究和应用成效在社会范围内的体现，主要包含媒体评价。

评分细则包括三个评分模块，运用专家权重法为各维度附权重，分别为单项技术资源投入水平 55 分，单项技术成果产出水平 85 分，单项技术影响力水平 10 分，总分 150 分。

在与外部比较时，为确定各项技术在技术水平坐标轴位置时，采用 Z-score 标准化方法。单项技术水平得分为

$$X^{*}=(X-\mu)/\sigma$$

式中 μ——样本数据的均值；

σ——样本数据的标准差。

举例：某技术样本为三家，上海、江苏和浙江。其中上海得分 80 分，江

苏得分 90 分，浙江得分 60 分。此样本数据的均值为 76.67，样本数据的标准差为 15.28。最终在外部比较时，上海 X 技术在技术水平坐标轴的值为（80–76.67）/15.28=0.22。评价细则见书后附录。

3. 技术成熟度评价模型

（1）国内外研究现状。

技术成熟度是指针对科技成果的技术水平、工艺流程、配套资源、技术生命周期等方面所具有的产业化实用程度，反映了技术对于项目预期目标的满足程度，对其进行评估，是确定装备研制关键技术，并对其成熟程度进行定性或定量评价的一套系统化标准、方法和工具。

目前技术成熟度评价方法相对成熟的包括三大类：第一类，技术就绪水平（TRL），第二类，文献计量（TM）方法和专利分析（PA）方法、第三类，高德纳技术成熟度曲线（gartner's hype cycle）和优先权矩阵（priority matrix）。

1）技术就绪水平（TRL）。技术就绪水平即技术成熟度等级（TRL），是对技术成熟度进行量度和评测的一种标准，其将技术从萌芽状态到成功应用于某个具体系统或项目的整个过程划分为 9 个等级，第一级指技术还非常不成熟，第九级则为完全成熟的技术，用以表达技术的开发状态和潜在的技术风险。TRL 评估方法诞生于 1974 年，NASA 在木星轨道器喷气推进设计中首次使用该方法进行技术就绪评估；20 世纪 80 ~ 90 年代，TRL 方法被深化至 9 个等级，并对每一级都进行了详细的定义和说明；2010 以后，国内 TRL 评估工具上线，总装备部 2012 年发布国标《装备技术成熟度评价程序》，相关辅助评价工具也相继被开发。TRL 技术就绪水平评价是最早提出针对技术成熟度进行评价的方法，普遍应用国防、航空工业等领域，从起初的人工问卷调查形式，目前已发展至通过软件进行在线问卷调查，国内的相关研究在 10 ~ 12 年期间处于活跃状态，但受技术评价方式的限制，研究和应用主体主要为国防、政府相关单位。

TRL 共分为 9 个等级，从 TRL1 的基础理论研究到 TRL9 的最终系统特殊要求检测（见表 5–7）。

表 5-7　　TRL 等级表

	技术就绪指数	定义
1	TRL1：基础理论研究阶段	最初级别的技术就绪等级，科学研究成果刚刚开始向应用阶段转移
2	TRL2：技术概念应用初期阶段	一旦基础理论建立，开始向应用转化，但是只是简单的应用初期
3	TRL3：理论分析和实验证明阶段	开始实际研发阶段，包括了分析和实验研究，并开始理论验证工作
4	TRL4：实验室环境下样品生产测试阶段	样品器件测试阶段，相比最终系统功能略显简陋
5	TRL5：相关环境下样品生产测试阶段	样品器件的功能增加阶段，并且可在相对接近实际应用环境测试
6	TRL6：相关环境下系统或子系统模块验证阶段	接近是实际应用环境下的原型系统测试，这是一个关键性的阶段
7	TRL7：预设操作环境下的原型系统验证阶段	在预设好的操作环境下进行原型系统验证工作，相比 TRL6 阶段，更加接近实际应用
8	TRL8：完整系统完成与验证阶段	技术通过预期条件下的验证。一般情况下，这一阶段代表着和系统进入最终完善阶段
9	TRL9：最终系统通过特殊要求条件检测阶段	实际系统在要求条件下的最终阶段，能够通过实际环境下的检测和验证

我国也引进了该指数并被改良编制成为国家标准《科学技术研究项目评价通则》GB/T 22900—2009，用于对科研和技术开发项目进行管理和评价。GB/T 22900—2009 根据项目的研究层次分为基础研究项目、应用研究项目、开发研究项目，并分别建立了对应的技术就绪水平量表。技术就绪水平量表示例见表 5-8。

表 5-8　　基础研究项目技术就绪水平量表

等级	特征描述	主要成果形式
第一级	产生新想法并表述成概念性报告	报告
第二级	被同行确定为一个值得自由探索的方向	论文
第三级	被组织确定为一个值得探索的具体目标	方案

续表

等级	特征描述	主要成果形式
第四级	实验室环境中仿真结论成立	仿真结论
第五级	实验室环境中半实验仿真结论成立	半实物仿真结论
第六级	实验室环境中实物功能性指标可测试	测试报告
第七级	实验结果与理论相匹配	鉴定结论
第八级	论文发表，报告立卷，著作出版	论文、报告、著作
第九级	论文、著作被引用，研究报告被采纳	引用、采纳凭证

注 1. 基础研究是为了获得关于现象和可观察事实的基本原理的新知识（揭示客观事实的本质、运动规律、获得新发展、新学说）而进行的实验性或理论性研究，它不以任何专门或特定的应用或使用为目的，但一般具有广泛的应用前景。

2. 基础研究项目的主要目标是获取新知识，其技术就绪水平第九级应该为新知识被认可、被接受。

2）文献计量方法。文献计量方法主要以技术相关文献的外部特征（文献发表数量、作者发文数量、分布、关键词频、来源分布等）为研究对象的量化分析方法，通过搜集、鉴别、整理文献，形成事实的科学认知、判断和推论。目前在使用时常结合内容分析法。内容分析法是对于传播内容进行客观，系统和定量的描述的研究方法。主要是对文献内容信息及变化的鉴别、分析。

文献计量法主要有 4 种方法，即情景描述法、模型法、期刊论文与会议论文比较法和关键词变换法。情景描述法是对技术发展过程中各个时期的主要文献进行归类，据此判断技术发展阶段。把技术分为基础研究等五个发展阶段：研发阶段、基础研究、应用研究、开发产品、实践应用、社会影响，分别对应代表性文献数据库的数量变化情况；模型法是以技术文献资料数据为基础，根据所选择不同指标的不同变化特点，利用一定的函数和图形来拟合其变化规律，对当前的技术发展状态，以及未来可能的发展路径和时间阶段进行预测判断，从而获得技术的成熟度等级；期刊论文与会议论文比较法是用期刊论文数与会议论文数之比来分析产品技术成熟度，当会议文献数量多于期刊文献时，表明产品技术还处于人们的争论之中，技术远未接近成熟；而当期刊论文数量开始多于会议论文时，技术开始逐渐接近成熟，但该方法只能宏观上把技术分为发展时期和逐渐成熟时期，太过宽泛，提供的信息有限；关键词变换法是利用文献统计方法，列举各时期主要研究领域的关键词，根据关键词的变化规律，判断技术的成熟度。例如，从描述技术一般特性的关键词，转向描述实施技术的材料特性、工艺特性方面，转向技术实施的系统分析特性方面，这表明技术开始步入成熟阶段。

3）专利分析方法。与文献计量法类似，专利分析法是对专利说明书、专利公报中的信息进行分析、加工、组合，并利用统计学方法将信息转化为具有总揽全局及预测功能的竞争情报，从而为企业的技术、产品及服务开发中的决策提供参考。专利分析法分为定量和定性分析。定量主要通过专利文献的外表特征（固有的标引项目）进行统计分析。定性是以专利的技术内容识别专利，按技术特征来归并，一般用来获得技术动向、企业动向、特定权利状况等情况。

目前，专利分析法主要有2种方法，即技术生命周期分析和技术发展程度计量分析。技术生命周期分析是将某一技术在不同时间段内专利申请数量与专利申请人（多为公司或机构）数量之间的关系图形化，得到其发展的技术生命周期图，从而清楚地了解该技术领域的发展状态；技术发展程度计量分析是通过计算具有判断技术发展程度功能的专利计量参数，并根据参数随时间变化情况分析某技术领域的发展阶段，参数包括技术生产率 V、技术成熟系数 α、技术衰老系数 β、新技术特征系数 N。

4）高德纳技术成熟度曲线（Gartner's hype cycle）和优先权矩阵（priority matrix）

高德纳技术成熟度曲线（Gartner's hype cycle）是企业用来评估新科技的可见度，利用时间轴与市面上的可见度（媒体曝光度）决定要不要采用新科技的一种工具，也是对各类新技术或其他创新的常见发展模式的一种图形描述，其结合技术的社会化接受程度帮助进行技术创新发展阶段的跟踪，有助于从商业化角度思考何时引入某项技术创新。

优先权矩阵（priority matrix）是高德纳技术成熟度曲线（Gartner's hype cycle）报告中的一部分，在进行新兴技术内部规划和优化时，有助于规划人员看透市场炒作信息并从技术对企业的相对影响角度评价技术机会。

技术成熟度曲线分为 5 个阶段：科技诞生的促动期（technology trigger）、过高期望的峰值（peak of inflated expectations）、泡沫化的低谷期（trough of disillusionment）、稳步爬升的光明期（slope of enlightenment）和实质生产的高峰期（plateau of productivity）。

（2）技术成熟度各评价方法比较分析。

1）技术就绪水平（TRL）。TRL 技术就绪水平评价流程为：首先，自评价工作组进行技术分解结构 TBS，识别关键技术元素，此环节需要专家组介入审查 CTE 初选清单。其次，清单确认后工作组制定项目关键技术评价细则，交专家组审查。最后，细则审查通过后开始自评价 CTE 的技术成熟度，并完成自评价报告，交由专家组审查。

TRL 技术就绪水平方法成熟，应用范围广，在实际运用中证明具有成效，但其由于专家的人为参与，主观因素增多，同时整体经济性较差，多次专家评审会和较长的流程耗时造成单次的技术评估成本高。另外 TRL 只是针对技术现状的评估，对未来的发展预测能力薄弱。

2）文献计量方法。文献计量法评价流程为：首先，通过理论分析选择分析工具和数据源。其次收集包括文献类型、机构、作者、年份、引用次数、主题词频次等数据，建立评价模型。最后，进行估计参数和检验数据，解释相关问题并绘制图表，图表主要包括论文数量、页数、参考文献、作者、机构数量趋势图，文献主题地图，作者合作网络图，关键词和高频词汇地图等。

文献计量法基于文献的外部特征信息，找出文献数量及质量的变化，对技术的成熟度和发展进行预测。但由于选用指标维度相对单一，文献预处理难度较大，另外文献受历史、环境、政策、保密等方面影响，结果往往宽泛、不全面而缺乏实际指导意义。

3）专利分析方法。专利分析法评价流程：首先，检索并筛选专利数据，数据包含基础数据和统计数据，其中基础数据包括专利数量、同族专利数量、专利被引用次数等，统计数据包括技术生命周期、专利成长率、科学关联性、专利效率、专利实施率、产业标准化指标等。其次，对专利进行分级和分类。

最后，对专利相关信息进行计量分析，生成计量参数和专利特征图。其中计量参数包含技术生产率 V、技术成熟系数 α 等，专利特征图包括专利曲线图、技术空间分布图、数量趋势图等。计量参数详细说明见表 5–9。

表 5–9　专利计量参数及意义

计量参数	计算公式	统计意义
技术生长率 V	$V=a/A$	连续计算数年，若 V 值递增，说明该领域技术正在萌芽或生长阶段
技术成熟系数 α	$\alpha=a/(a+b)$	连续计算数年，若 α 值递减，反映技术日趋成熟
技术衰老技术 β	$\beta=(a+b)/(a+b+c)$	连续计算数年，若 β 值变小，预示该技术日渐陈旧
新技术特征系数 N	$N=\mathrm{sqrt}(V^2+a^2)$	反映某项技术新兴或衰老的综合指标，N 值越大，新兴技术特征越强，预示越具有发展潜力

注　a 为当年某技术领域发明专利申请（公布）数量；b 为当年某技术领域实用新型专利申请（公布）数量；c 为当年某技术领域外观设计专利或商标申请（公布）数量；A 为追溯 5 年某技术领域发明专利申请（公布）累积数量

4）技术成熟度曲线（hype cycle）和优先权矩阵（priority matrix）。技术成熟度曲线和优先权矩阵的评价模型和方法是高德纳公司的核心商业机密，不对外公开，相关信息无法获取，只能针对相关报告发布的内容仅进行解读。

以优先权矩阵为例（见图 5–2），横坐标代表距成熟采用期年数，纵坐标代表技术潜在效益，矩阵可以帮助规划人员从技术投资的潜在效益和成熟年限两个维度选择技术投入的时间和方向。其中，横坐标的年数与技术成熟度曲线上保持一致，纵坐标的技术潜在收益分为 4 档，低档代表技术小幅改进，但很难转化为收入增长或成本节约；中档代表技术逐步改进，可以帮助企业提升收入或节约成本；高档代表技术将实现新的横向和纵向流程执行方式，并将帮助企业大幅收入或成本节约；转换档代表技术将开创新的行业内和行业间业务方式，并将导致行业动态重大转变。优先矩阵左上区域代表高优先投资，位于这个区域的技术具有较高影响，已经达到合理的成熟度水平，在技术采用保守的企业可以关注。

潜在收益 \ 距离主流应用的时间（年）	少于2年	2–5年	5–10年	10年以上
革命性	如果尚未采用应积极投资	保守（C类型）投资组合	和缓（B类型）投资组合	积极（A类型）投资组合
高	保守（C类型）投资组合	和缓（B类型）投资组合	积极（A类型）投资组合	谨慎投资
中	和缓（B类型）投资组合	积极（A类型）投资组合	谨慎投资	极其谨慎投资
低	积极（A类型）投资组合	谨慎投资	极其谨慎投资	极其谨慎投资

图 5–2　优先权矩阵示例

为构建技术成熟度评价模型，需要选择可以结合知识图谱应用的方法，通过上述 5 种评价方法的介绍和分析，选择的依据采用专家评价方式，从精确性、易用性、智能化、经济性、前瞻性五个维度对 5 种技术成熟度评价方法进行优缺点分析并打分，打分采用四级评定，即优、良、中、差，分别对应分数 4、3、2、1。5 种评价方法的优缺点见表 5–10。

其中，精确性表示对于某项技术成熟度所处等级或阶段评价是否准确；易用性表示该技术成熟度评价方法的构建、使用是否方便、快捷；智能化表示该技术成熟度评价方法是否有需要人为参与评价的环节；经济性表示单次对某项技术进行技术成熟度评价的综合成本；前瞻性表示该技术成熟度评价方法是否能够对某项技术的未来发展趋势进行精准判断。评分结果见表 5–11。

通过评分结果可以看出，hype cycle 评价方法对于技术成熟度的评价精确性和易用性最高，对技术发展的趋势判断最为准确，非常契合本次知识图谱平台中技术趋势预测模型的应用。

（3）高德纳技术成熟度曲线（Gartner’s hype cycle）相关解读。

1）《Understanding Gartner’s Hype Cycles》报告解读。通过对高德纳公司《Understanding Gartner’s Hype Cycles》报告的解读，评价技术成熟度主要采用

表 5-10　　5 种技术成熟度评价方法优缺点分析

名称	精确性		易用性		智能化		成本性		前瞻性	
	优点	缺点	优点	缺点	优点	缺点	优点	缺点	优点	缺点
技术就绪水平	中外国防领域广泛应用，评价方法成熟、技术等级清晰	人为（专家）参与评价方法、细则、关键技术等的确定	方法较为成熟，操作流程、细则固化后使用难度不高	评价细则、关键技术等需要多轮次讨论确定，过程繁琐	评价细则、关键技术评价完成后可自动生成技术等级	平台需要运用专家评价问卷调查法	—	高水平领域专家，评估方法培训和多轮次问卷，成本高	—	对现有技术状态进行评估，对未来技术发展不能预测
文献计量法	成熟的数学模型，定量的分析方法	受环境、历史、政策、保密等因素制约	文献外部特征抓取方便，数学模型内嵌平台生成结果	结合内容分析法需要对关键词等文献内容类属进行划分	成熟的数学模型和文献单一的外部特征，智能化程度较高	需要专家对关键词等文献内容类属进行划分	绝大部分操作通过算法可以完成，成本较低	需要购买文献数据库	可以判断技术的成熟度和发展规律	如果文献的预处理不足，特征信息会较为宽泛，缺乏实际指导意义
专利分析法	类似于文献计量法，技术方面专利数据更为精确	受专利来源、指标的选择影响；专利数据滞后；专利全面性不足	同文献计量法	—	同文献计量法	—	同文献计量法	需要购买专利数据库	同文献计量法	专利的申请、公布需要很长时间，滞后性影响技术前瞻性预测

续表

名称	精确性		易用性		智能化		成本性		前瞻性	
	优点	缺点	优点	缺点	优点	缺点	优点	缺点	优点	缺点
Hype Cycle	广泛被市场认可，数据源规范、真实	—	曲线可以直观判断单个技术或领域内多项技术的发展趋势	数据源和算法无法获取	成熟的工具，智能化程度高	数据源和算法无法获取	可以通过 Gartner 每年发布的多张技术曲线进行判断	需要购买 Gartner 公司的相关服务	通过图形描述技术发展的成熟度和发展态势	—
Priority Matrix	侧重于潜在效益的评价（HC 是宣传预期水平）	会加入 Gartner 公司分析师的主观判断	矩阵可以帮助规划人员看透炒作，从潜在效益进行评价	数据源和算法无法获取	同技术成熟度曲线	数据源和算法无法获取	—	需要购买 Gartner 公司的相关服务	同技术成熟度曲线	—

表 5-11　　5 种技术成熟度评价方法评分结果

名称	精确性	易用性	智能化	经济性	前瞻性
技术就绪水平	4	2	2	1	1
文献计量法	2	4	4	4	3
专利统计法	3	3	3	3	2
高德纳技术成熟度曲线	4	4	3	2	4
优先权矩阵	4	4	2	2	4

炒作周期曲线、性能 S 曲线、采购 S 曲线三条曲线（见图 5-3）。

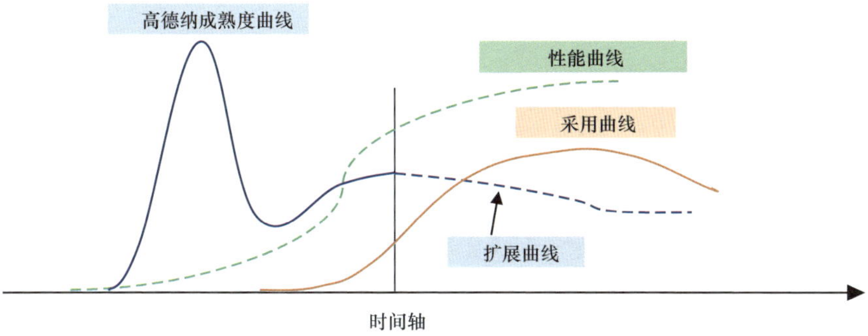

图 5-3　评价技术成熟度的三条曲线

炒作曲线更多反映技术早期发展媒体的报道和炒作的预期，主要来源推测技术前景的媒体报道。炒作周期显示了两个向上方向的阶段（即炒作不断增加）-膨胀的预期达到顶峰和启蒙的上升，其对于技术创新的更具前瞻性和敏锐度。

性能 S 曲线可以反映技术性能的趋势，显示技术性能随时间的增长。性能曲线分为两个阶段：第一阶段平缓部分标志新技术刚刚开始，由于开发难度大、成本高等原因，技术随时间发展性能增长较慢；第二阶段由于企业涌入竞争，技术性能快速提升直至成熟，其有助于判断技术性能所处阶段，较采购曲线更具对技术创新的前瞻性。

采购 S 曲线可以反映市场主体对于一项技术的采用程度，曲线的整体时间落后于炒作曲线和性能曲线，分为三个阶段，第一阶段早起采用，新技术被开发部门采用或交付，第二阶段大规模采用或推广，第三阶段技术更新迭代，采用和交付数量下降，其有助于从市场应用的角度看待技术发展的阶段，但技术采用曲线相较于性能曲线对于技术创新的反映更为滞后，市场采用数据难以获取，不深入进行研究。

报告中将曲线细分为7个阶段（通常为4个阶段），包括：技术触发、上升期、期望膨胀顶峰、滑入低谷、攀登启蒙斜坡、达到稳定期、越过平稳期。不同的阶段、位置都有一些代表性的特征，其中特征包含技术本身的研发应用情况、媒体报道、风险投资、市场渗透率、承载技术的产品信息等（见图5-4）。以技术触发期为例，代表性的特征包括技术的研究与开发、实验室原型、初创企业首轮融资等。

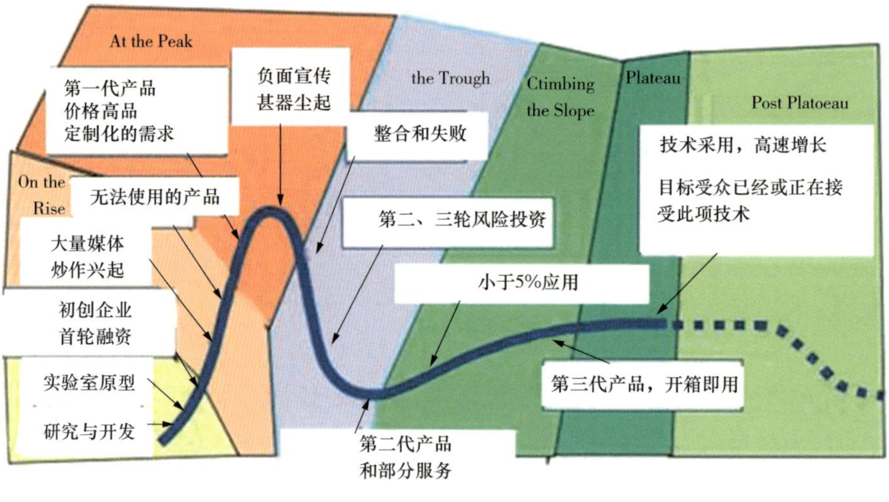

图5-4　hype cycle的阶段划分和各阶段的部分标志特征

2）《Hype Cycle for Emerging Technologies，2017》报告解读。《Hype Cycle for Emerging Technologies，2017》报告，共分为2大部分：第一部分主题为分析，总述部分对2017年技术的整体发展情况进行概述，提出了三大趋势；炒作周期部分对新兴技术推动的大趋势解读，并概述了主要炒作周期的变化情况；优先权矩阵部分介绍了未来2~5年、5~10年、超过10年会被主流采用的技术；单项技术的具体介绍部分，分别从上升期、顶峰期、滑入低谷期、爬上斜坡期对技术定义、商业影响、成熟度、定位和采用速度等9部分进行详细介绍。第二部分主题为推荐阅读，主要是对炒作阶段、收益等级和成熟度等级进行定义的说明。

从单项技术来看，报告从研究主体、发展阶段、里程碑事件、成熟度等11个方面可以得出处于不同阶段的技术的表现呈研究主体增多、应用范围变广、成熟度变高、渗透率增加的趋势。报告中每项技术均由1–3名分析师完成，其中涉及技术的样品供应商，市场渗透率、推荐阅读等内容，都需要人为进行大量市场调研分析，无法通过计算机相关算法获取数据。炒作周期各阶段定义见表5–12。

表5–12　高德纳技术成熟度曲线各阶段定义

阶段	定义
科技诞生的促动期（technology trigger）	在此阶段，随着媒体大肆地报道过度，非理性的渲染，产品的知名度无所不在，然而随着这个科技的缺点、问题、限制出现，失败的案例大于成功的案例
过高期望的峰值（peak of inflated expectations）	早期公众的过分关注演绎出了一系列成功的故事——当然同时也有众多失败的例子。对于失败，有些公司采取了补救措施，而大部分却无动于衷
泡沫化的低谷期（trough of disillusionment）	在历经前面阶段所存活的科技经过多方扎实有重点的试验，而对此科技的适用范围及限制是以客观的并实际的了解，成功并能存活的经营模式逐渐成长
稳步爬升的光明期（slope of enlightenment）	在此阶段，有一新科技的诞生，在市面上受到主要媒体与业界高度的注意
实质生产的高峰期（plateau of productivity）	在此阶段，新科技产生的利益与潜力被市场实际接受，实质支援此经营模式的工具、方法论经过数代的演进，进入了非常成熟的阶段

3）国内外相关研究解读。国内外关于技术成熟度曲线（hype cycle）的研究，其中80%为外文期刊，国内研究相对较少。现阶段对技术成熟度曲线的研究主要集中在二大类，一类是通过数据的回归拟合，逆向解析还原，实现类技术成熟度曲线的评价方法，但由于Gartner’s hype cycle是高德纳公司的商业产品，涉及技术保密、专利保护等因素，针对其逆向还原的研究非常少；一类是

将技术成熟度曲线假定为理论事实，通过数据的收集、分析，正向验证其真实性。目前正向验证主要有两个方向：一个是利用搜索引擎数据和专利数据结合，一个是利用新闻报道内容（纽约时报）和新闻下方评论数据结合，但期刊中对于如何验证的模型和算法没有详细介绍，无法借鉴，只能作为参考的方向。

（4）技术成熟度评价模型的构建。

根据技术成熟度方法的可视化呈现形式，结合现有数据、人力资源等客观条件，评价模型可从呈现方式和资源投入两个维度将可行的实现方法进行归类：第一类为类 Hype Cycle 技术成熟度曲线，包括非线性回归拟合的技术成熟度曲线和基于样本训练的技术成熟度曲线、基于多元数据的技术成熟度曲线；第二类为基于文献计量法的多维评估法；第三类为 TRL 技术成熟度等级评价；第四类为基于文献专利综合分析法的评价模型。

1）非线性回归拟合的技术成熟度曲线模型。该模型反映单项技术成熟度的评估，可以实现类高德纳技术成熟度曲线可视化呈现，主要运用非线性回归法方法，使用论文的频数分布拟合钟形曲线，使用专利的累积分布拟合 S 形曲线，叠加形成技术成熟度曲线，其数据源为论文数据和专利外部数据，但目前还无法实现技术群内多项技术的评估。模型实现路径见图 5–5。

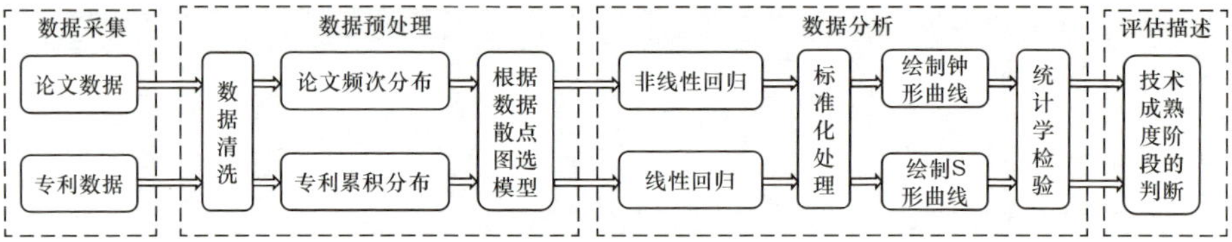

图 5–5　非线性回归拟合的技术成熟度曲线模型实现路径

2）基于文献计量法的多维评估法模型。该模型针对单项技术成熟度的评估，可以实现技术的 S 曲线可视化呈现，主要采用 logistic 增长方程进行图像表示，其数据源为论文数据和专利外部数据，但该方法为已有的研究成果，创新性不足。其实现路径为：首先选择关键技术，以年为单位，对关键技术在不同时间 SCI 和 EI 发表数量进行收集、统计，其次根据公式计算出参数 τ、b、α 和 β，等到在 t 时刻的纵向偏移量 Δy，进而求得技术成熟度 y、技术成熟度系数 r 和时间 t，在此基础上，构建多维评估模型，最后计算技术成熟度等级，并绘制 S 曲线。

3）基于文献专利的综合分析法。该模型对单项技术或技术集群内的多项技术成熟度的评估，可以实现图标 + 文字描述的可视化呈现，是文献计量法和专利分析法的综合运用，数据源为论文数据和专利外部数据，根据技术所处不同阶段进行选择，但对于判断技术成熟度所处阶段和发展趋势判断的直观性不足。

4）TRL 技术成熟度等级评价模型。该模型对单项技术或由多项技术组成的技术整体进行评估，通过 1 ~ 9 级的技术成熟度等级进行系统可视化呈现，模型的核心为专家评价调查问卷，数据源为专家的评价数据，但其单次评价成本高，对于技术未来预测的能力也较为薄弱。

5）基于样本训练的技术成熟度曲线。该模型是对技术集群内多项技术的成熟度进行评估，可以实现类 Gartner's hype cycle 的可视化呈现，主要采用 K 最邻近分类法，但此方法需要投入数据资源，需要购买 Gartner 在能源领域的发布的技术成熟度报告，将其中的成熟度曲线作为训练样本。其中技术集群应满足颗粒度水平相同，训练技术与测试技术属于同一领域。实现路径见图 5–6。

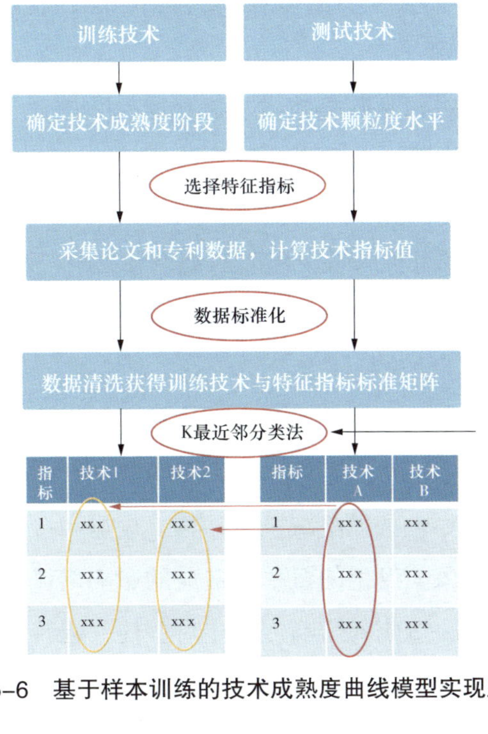

图 5–6　基于样本训练的技术成熟度曲线模型实现路径

5.1.2 长辔远驭：项目闭环管理

开展科技项目全流程的数字化闭环管理，有助于提高项目的成功率，提升项目的管理效率。

1. 科技项目风险管理模型

（1）项目风险管理的相关研究。

项目最早指那些规模巨大、复杂的临时性或一次性活动，如曼哈顿计划、阿波罗登月计划等。项目管理协会出版的 PMBOK 指南将项目定义为创造独特的产品、服务或成果而进行的临时性工作。

其中，PMBOK 指南将项目风险定义为：一种不确定的事件或条件，一旦发生，就会对一个或多个项目目标造成积极或消极的影响。项目风险管理的目标在于提高项目中积极事件的概率和影响，降低项目中消极事件的概率和影响。

通常项目风险管理包括规划风险管理、识别风险、定性风险分析、定量风险分析、规划风险应对等各个过程。规划风险管理确保风险管理的程度、类型和可见度与风险及项目对组织的重要性相匹配，通常使用风险分解结构（RBS）来构建风险类别。

识别风险主要通过信息收集技术（头脑风暴、访谈、德尔菲、根本原因分析等）、图解技术（因果图、流程图、影像图等）和其他技术（核对单分析、假设分析、SWOT 分析等）来判断哪些风险可能影响项目并记录其特征的过程。

定性风险分析评估并综合分析风险的概率和影响，对风险进行优先排序，从而为后续分析或行动提供基础，主要根据风险发生的概率及发生后对目标的影响程度，对每个风险进行评级。

定量风险分析就已识别风险对项目整体目标的影响进行定量分析，主要有敏感性分析、决策树分析、建模和模拟分析。

规划风险应对主要包括风险减轻、转移、规避和接受。风险减轻是指项目团队采取行动降低风险发生的概率或造成的影响的风险应对策略；风险转移是指项目团队把威胁造成的影响连同应对责任一起转移给第三方的风险应对策略；转移风险是把风险管理责任简单地推给另一方，而并非消除风险；

风险规避是指项目团队采取行动来消除威胁，或保护项目免受风险影响的风险应对策略；风险接受是指项目团队决定接受风险的存在，而不采取任何措施（除非风险真的发生）的风险应对策略。

关键成功因素（key success factors，KSFs）最早由哈佛大学教授威廉·扎尼（Wliam Zani）于1970年提出。作为一种对于问题的重点影响因素进行识别的方法，其内涵是以关键因素为依据来确定评价系统信息需求。20世纪60年代起，众多研究人员将关键成功因素法应用到项目上来，其中安德森（Andersen E S）和格鲁（Grude K）从项目启动、计划、实施、控制的生命周期识别项目成功因素；宾图（Pinto J k）和斯莱文（Slevin D P）识别出了10个项目成功因素，包括项目使命、高层管理者的支持等；莫里斯（Morris P W）从概念阶段、计划阶段、实施阶段和收尾阶段分析了项目不同阶段的成功因素和失败因素。

（2）高技术项目风险管理先进经验。

美国航空航天局（NASA）曾成功开展了阿波罗登月工程、火星登月计划等一系列重大高技术项目，其项目风险管理经验具有先进性和可借鉴性。根据NASA更快、更好、更便宜的理念，NASA的管理专家们伯恩斯（Jacob Burns）和诺南（Jeff Noonan）提出了风险过滤、排序和管理框架（risk filtering，ranking and management framework，RFRM）。RFRM框架共分为八个步骤，如图5-7所示。

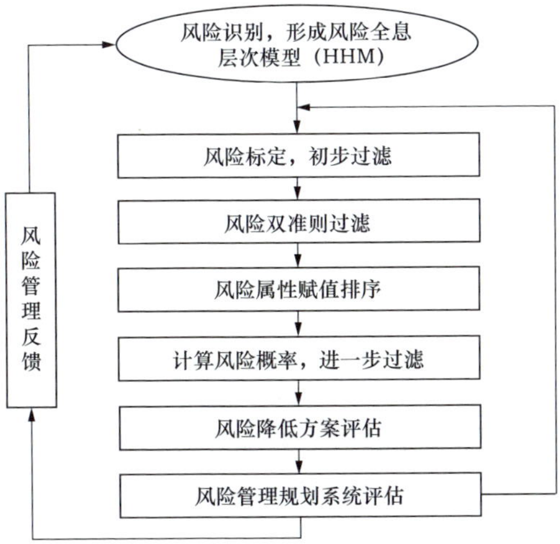

图5-7　RFRM风险管理框架

第一步，风险识别，主要识别项目隐藏在NASA组织结构中的各类风险，这些风险构成了风险管理的全息层次模型（hierarchical holographic model，HHM）；第二步，风险初选，将各类风险根据其对项目的重要程度进行标定，将每一类风险中非重要的风险舍去，从而得到优化后的各类风险因子。在此步骤，风险因子的影响范围及其时域特性是决定其是否舍去的主要考虑；第三步，双准则风险过滤，将精简后的风险类别中的风险根据其发生概率的大小以及风险后果进行定性分类，采用美国空军发明的序数风险矩阵作为分析工具；第四步，风险排序，将剩下需要重点考虑的风险根据其属性赋值大小进行排序。风险的每一种属性都根据其影响的严重程度赋相应的权值，根据权值打分5分、3分、1分，对应的风险程度为高、中和低三个等级。对风险各属性的评分加总就得到该风险的评分，当某一风险的评分低于用户事先设定的阈值时，该风险就被过滤掉，可忽略不予考虑；第五步，风险再过滤，步骤五类似步骤三，利用双准则风险矩阵，按照基数加总而不是序数的方法对风险进行进一步评估和过滤处理。通过计算风险发生的概率区间分布来减少认为排序造成的判断失误；第六步，风险降低规划，对剩下不多的关键风险给予重点考虑，列举各种可能的降低风险的措施，并对每一种措施进行成本效益分析，以权衡其科学性和可行性；第七步，风险系统评估，将第六步中确定出来的风险管理措施放在全系统中考虑，考察风险管理规划的鲁棒性，并评估是否有重要风险被漏掉。如有可能，将重新返回前面的步骤中进行再评估；第八步，风险管理反馈，将风险处理结果反馈到第一步骤中，开始下一步的风险过滤和管理。

（3）项目风险管理模型的构建。

1）科研开放类项目的特点。科研开发类项目具有四个独特的特点：创造性、不确定性、表述困难与隐形、协作面广。创造性指科技创新工作不是简单重复或模仿，而是提出全新的、突破性的解决方案，需要相关人员进行创造性地思考；不确定性指科技创新工作一般涉及前沿技术领域，带有很强的探索性，研究可能面临重大挫折，成果产出具有不确定性；表述困难与隐形是指科技创新的投入是一种脑力劳动，难以被有效观察，科技创新的成果是难以界定的知识，难以精确量化知识的交付；协作面广是指当前技术交叉融合的趋势越来越显著，科技项目涉及的技术领域和专业条线越来越广泛，跨学科、跨单位的协调难度极大。

2）科技项目全生命周期。一般公司的科技项目可分为四个阶段，即项目立项阶段、项目实施阶段、项目收尾阶段、成果推广阶段。项目立项阶段针对某具体的技术领域，识别创新需求，找准研究问题，在此基础上确定项目选题，设计研究方案，并对预期研究内容、研究目标以及主要技术经济指标进行可行性分析；项目实施阶段是在项目实施计划指导下，对项目研究任务、研究资源进行合理分配，执行研究方案，确保项目在时间、经费约束下的各阶段主要研究内容和目标的实现；项目收尾阶段为项目下达单位组织专家进行验收或鉴定评价，评价内容主要包括项目的绩效评价、执行过程的整体评价、提出项目改进、完善、提高的对策建议；成果推广阶段主要是项目收尾后，对具有实用价值的科技成果所进行的后续实验、开发、应用、推广直至形成新产品、新工艺、新材料，发展新产业。

3）科技项目风险管理模块及工作框架。科技项目风险管理共包含三个场景：立项前风险管理、实施中风险管理和转化前的风险管理。在这三个场景下，通过构建风险预警模块，对项目全过程风险进行管控，具体见图5-8。

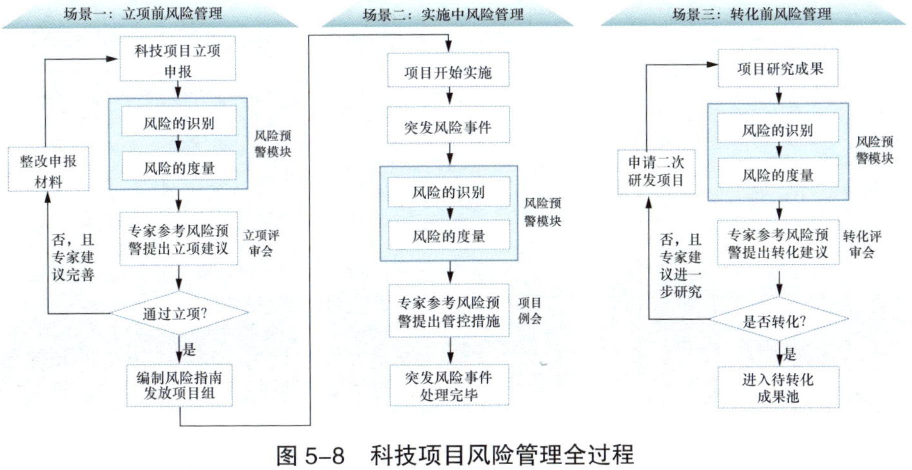

图5-8　科技项目风险管理全过程

风险预警模块包括两部分内容，即风险的识别和度量。

风险识别的主要步骤为：首先，通过文献研究、专家访谈对科技项目关键成功因素进行梳理，生成科技项目的 HHM 框架；其次，通过项目组讨论，对面向三类场景的风险因素进行识别；最后，生成各场景下的风险因素列表。

风险度量的主要步骤为：首先，通过项目组讨论，构建风险因素描述指标，生成风险描述列表；其次，通过文献研究和项目组讨论，构建风险因素评分标准，生成风险因素评分标准表；最后，运用项目风险可视化分析工具，生成风险矩阵和风险回报分布。

风险管理模块的第一个关键环节为搭建全息层次模型 HHM。HHM 模型分为内生风险和外生风险，其中内生风险为领导者或研发团队身体素质或心理波动等主观方面导致的项目失败，这类风险一般可控，包含研究风险和管理风险，研究风险又包括目标风险、技术风险和基础风险；管理风险包括计划风险、实施风险、经费风险、人员风险和合作风险。内生风险的框架和风险表现见表 5-13。

表 5-13　　内生风险框架和风险表现

风险类型			表现
研究风险	目标风险	精准性风险	选题不能准确把握科技创新布局的重点方向
		合理性风险	目标设置不够清晰、明确
			验收指标设置过多或过高
	技术风险	创新性风险	研究方法是现有方法的复制或微调，创新性不足
		复杂性风险	目标技术包含众多子技术或涉及众多交叉技术，研究或转化的难度大
		成熟度风险	目标技术或其配套技术不完备，研究或转化的难度大
	基础风险	研究水平风险	研究经验较少，知识、方法的积淀不满足研究需要
		设施条件风险	信息资料或一手数据缺失

续表

风险类型			表现
研究风险	基础风险	设施条件风险	仪器设备、试验基地、实验手段等不满足研究需要
管理风险	计划风险	时间合理性风险	项目总体时间预估不充分
			各阶段时间安排不合理
		预算充裕性风险	项目总体经费预算不充分
			预算与技术路线不匹配
	实施风险	研究内容偏离风险	项目推进中研究内容发生重大调整
		计划延期执行风险	研究目标无法按计划完成
	经费风险	超预算风险	无法在预算内完成项目
		及时性风险	经费未按节点足额下达
	人员风险	稳定性风险	因职位调动、工作安排变化、事病假等，导致骨干人员流失
		能力风险	项目经理组织协调能力不足
			项目团队科研攻关能力不足
		配置风险	团队人员配备数量不足、过多，或学历、专业结构不合理
		投入度风险	团队人员同时兼职多个项目
			人员责任心不足、消极怠工
	合作风险	合作方风险	合作方研究实力不足，或存在信誉问题、法律纠纷等
		团队协调风险	团队分工不明、沟通不畅、关系恶化，导致推进困难

外生风险为外部客观环境变动导致的项目失败，这类风险一般不可控，其包含技术风险、政策风险和市场风险，技术风险又包括技术过时风险；政策风险包括战略部署变动风险、产业政策变动风险和产品标准变动风险；市场风险包括需求前景风险和竞争能力风险。外生风险的框架和风险表现见表5–14。

表 5-14　　外生风险框架和风险表现

风险类型		风险表现
技术风险	技术过时风险	项目推进过程中发生了技术突破，导致在研技术过时
政策风险	战略部署变动风险	上级政府或公司战略导向发生变化，导致立项需求弱化或消失
	产业政策变动风险	市场准入、税收、补贴政策发生变化，导致项目潜在收益降低
	产品标准变动风险	环境、安全、质量等标准发生变化，导致技术路线不适用
市场风险	需求前景风险	新的市场可能还未形成，现有市场可能不接受或晚接受产品，市场的规模及发展不确定
	竞争能力风险	市场上存在其他竞争者的产品和服务，以及潜在进入者的威胁，市场竞争激烈程度不确定

在识别 HHM 风险的基础上，搭建 HHM 模型。模型见表 5-15。

表 5-15　　科技项目风险全息层次模型 HHM

编号	风险类型	编号	具体风险
A	目标风险	A1	精准性风险
		A2	合理性风险
B	技术风险	B1	创新性风险
		B2	复杂性风险
		B3	成熟度风险
		B4	技术过时风险
C	基础风险	C1	研究水平风险
		C2	设施条件风险
D	计划风险	D1	时长合理性风险
		D2	时间分布合理性风险
		D3	预算充裕性风险

续表

编号	风险类型	编号	具体风险
E	实施风险	E1	研究内容偏离风险
		E2	计划延期执行风险
F	经费风险	F1	经费超预算风险
		F2	经费及时性风险
G	人员风险	G1	稳定性风险
		G2	管理能力风险
		G3	研究能力风险
		G4	数量配置风险
		G5	结构配置风险
		G6	人员投入风险
H	合作风险	H1	合作方风险
		H2	组织协调风险
		H3	团队协调风险
		H4	默契度协调风险
I	政策风险	I1	战略部署变动风险
		I2	产业政策变动风险
		I3	产品标准变动风险
J	市场风险	J1	需求前景风险
		J2	竞争能力风险

三类场景下的风险因素识别见表5-16。

表5-16　　三类场景下的风险因素识别

风险类型	立项前风险预警	实施中风险预警	转化前风险预警
目标风险	精准性风险		
	合理性风险		

续表

风险类型	立项前风险预警	实施中风险预警	转化前风险预警
技术风险	创新性风险	技术过时风险	复杂度风险
	复杂度风险		
	成熟度风险		成熟度风险
基础风险	研究水平风险		研究水平风险
	设施条件风险		设施条件风险
计划风险	时间合理性风险		
	预算充裕性风险		
实施风险		研究内容偏离风险	
		计划延期执行风险	
经费风险		经费超预算风险	
		经费及时性风险	
人员风险	能力水平风险	稳定性风险	
	数量结构风险		
	投入度风险		
合作风险	合作方风险		
	团队协调风险		
政策风险		战略部署变动风险	
		产业政策变动风险	
		产品标准变动风险	
市场风险			需求前景风险
			竞争能力风险

（4）三类场景下风险因素描述指标体系构建。

1）三类场景下风险因素描述指标。立项前风险预警通过项目建议书和可行性研究报告，可以获得项目的关键信息，依托这些信息进行风险评价是立项的基础。立项前预警的风险要素中，部分要素指标由客观数据计算，部分由专家评价。立项前风险预警指标见表 5–17。

表 5-17 立项前风险预警指标

风险分类	风险因素	风险因素描述指标	备注
目标风险	精准性风险	文本挖掘结果中各技术领域关键词累计频次分布，以及该技术领域关键词累计频次所在分位数	详见创新需求识别模型
	合理性风险	—	缺乏客观指标，由专家评价
技术风险	创新性风险	该技术领域已有的专利数量	—
	复杂度风险	该技术领域在知识图谱中的节点连线数量	—
	成熟度风险	该技术领域所处的成熟度阶段	详见技术成熟度评价模型
基础风险	研究水平风险	该技术领域各机构技术水平得分分布，以及公司所在的分位数	详见技术水平评价模型
	设施条件风险	—	专家根据基础数据进行评价（基础数据包括信息系统、实验室、仪器仪表的数量及规格等）
计划风险	市场合理性风险	同类项目总时长分布，以及该项目所在分位数	—
	时间分布合理性风险	项目主体研究阶段占项目总时长的比例	—
	预算充裕性风险	同类项目单位时间金额分布，以及该项目所在分位数	—
		其中，单位时间金额 = 项目金额 / 总时长	—
人员风险	管理能力风险	项目经理曾管理项目的累计金额	—
	研究能力风险	员工过去 5 年在该研究领域的平均科技创新绩效得分分布，以及该团队成员均值所在的分位数	—

续表

风险分类	风险因素	风险因素描述指标	备注
人员风险	数量配置风险	同类项目人均金额分布，以及该项目所在分位数	—
		其中，人均金额 = 项目金额 / 团队人数	
	结构配置风险	—	专家根据基础数据进行评价（团队成员的年龄占比、专业占比、职称占比分布）
	投入度风险	团队骨干成员同时兼职的项目数量	—
合作风险	合作方风险	合作方以往参与项目的评审得分平均值	—
	组织协调风险	项目参与相关方的数量，其中相关方包括供货商、外包方、调研对象、专家等	—
	团队协调风险	项目团队成员的数量	—
	默契度协调风险	团队骨干成员以往合作的项目数量	—

在项目实施过程中，每个风险因素都在不断发展和变化中，必须进行风险的动态监控以及时掌握情况。实施中预警的风险要素中，部分要素指标由客观数据计算，部分由专家评价。实施中风险预警指标见表 5-18。

表 5-18　　实施中风险预警指标

风险分类	风险因素	风险因素描述指标	备注
技术风险	技术过时风险	该技术领域出现与项目预期成果雷同的专利、项目进度	—
		项目进度 = 已实施时长 / 总时长	
实施风险	研究内容偏离风险	—	缺乏客观指标，由专家评价

续表

风险分类	风险因素	风险因素描述指标	备注
实施风险	计划延期执行风险	某里程碑节点处的预期成果达成度、项目进度	—
		其中，预期成果达成度 = 已完成成果 / 截止该节点应完成成果	
		项目进度 = 已实施时长 / 总时长	
经费风险	经费超预算风险	某里程碑节点处的预期经费使用度、项目进度	—
		其中，预期经费使用度 = 已使用经费 / 截止该节点应使用经费	
		项目进度 = 已实施时长 / 总时长	
	经费及时性风险	里程碑节点预期经费下达率 = 已下达经费 / 应下达经费	—
人员风险	人员稳定性风险	骨干成员流失率 = 流失骨干数量 / 团队成员数量	—
政策风险	战略部署变动风险	—	缺乏客观指标，由专家评价
	产业政策变动风险	—	缺乏客观指标，由专家评价
	产品标准变动风险	—	缺乏客观指标，由专家评价

由项目的成果文件，可以获得关于成果转化前景的关键信息，这些信息是决定是否进一步转化成果的基础。转化前预警的风险要素中，部分要素指标由客观数据计算，部分由专家评价。转化前风险预警指标见表 5-19。

表 5-19　　转化前风险预警指标

风险分类	风险因素	风险因素描述指标	备注
技术风险	复杂度风险	该技术领域在知识图谱中的节点连线数量	—
	成熟度风险	该技术及配套技术领域所处的成熟度阶段	详见技术成熟度评价模型

续表

风险分类	风险因素	风险因素描述指标	备注
基础风险	研究水平风险	该技术领域各机构技术水平得分分布，以及公司所在的分位数	详见技术水平评价模型
	设施条件风险	—	专家根据基础数据进行评价（基础数据包括信息系统、实验室、仪器仪表的数量及规格等）
市场风险	需求前景风险	—	缺乏客观指标，由专家评价
	竞争能力风险	—	缺乏客观指标，由专家评价

2）单风险因素评判标准构建。Haimes 等认为风险是风险情景、概率和损失指标的完备集，并将风险 *R* 定义为：

$$R=\{(Si,\ Li,\ Xi)\}C。$$

其中，Si、Li、Xi 分别为风险情景 i、此风险 i 发生的可能性及此风险事件 i 的破坏程度；C 为完备集合。单风险因素发生概率定性评判标准见表 5-20。

表 5-20 单风险因素发生概率定性评判标准

等级	风险发生可能性	符号
很高	几乎确定会发生	S
较高	很有可能会发生	H
中等	有一定可能会发生	M
较低	发生的可能性较小	L
很低	几乎不可能发生	N

单风险因素损失定性评判标准见表 5-21。

表 5-21　　单风险因素损失定性评判标准

等级	风险发生可能性	符号
严重	预期研究目标 50% 以上无法实现，或成本超预算 30% 以上，或进度滞后超过 6 个月	S
较大	预期研究目标 20%～50% 无法实现，或成本超预算 20%～30%，或进度滞后约 3～6 个月	H
中等	预期研究目标 10%～20% 无法实现，或成本超预算 10%～20%，或进度滞后约 1～2 个月	M
较小	预期研究目标 5%～10% 无法实现，或成本超预算 5%～10%，或进度滞后约 11 天～1 个月	L
很小	预期研究目标 5% 以内无法实现，或成本超预算 5% 以内，或进度滞后 10 天以内	N

基于以上单风险因素评判标准的建立，可以对立项前、实施中、转化前三个场景的相关风险因素的发生概率和损失评价进行评判。由于损失的严重性难以判断，此部分均需要专家的主观评价。评判标准见表 5-22～表 5-24。

表 5-22　　立项前相关风险因素评判标准

风险分类	风险因素	发生概率评判				
		S	H	M	L	N
目标风险	精准性风险	分位数＜5	5＜分位数＜20	20＜分位数＜80	80＜分位数＜95	分位数＞95
技术风险	创新性风险	专利数＞150	80＜专利数＜150	30＜专利数＜80	10＜专利数＜30	专利数＜10
	复杂性风险	连线数＞30	20＜连线数＜30	10＜连线数＜20	5＜连线数＜10	连线数＜5
	成熟度风险	技术刚出现	萌芽期	成长期	成熟期	衰退期
基础风险	研究水平风险	分位数＜10	10＜分位数＜40	40＜分位数＜60	60＜分位数＜90	分位数＞90
	设施条件风险	专家主观评价				

续表

风险分类	风险因素	发生概率评判				
		S	H	M	L	N
计划风险	时长合理性风险	分位数>95或分位数<5	80<分位数<95或5<分位数<20	70<分位数<80或 20<分位数<30	60<分位数<70或 30<分位数<40	40<分位数<60
	时间分布合理性风险	占比<10%	10%<占比<30%	30%<占比<50%	50%<占比<70%	占比>70%
	预算充裕性风险	分位数<10	10<分位数<40	40<分位数<60	60<分位数<90	分位数>90
人员风险	管理能力风险	金额<50万	50万<金额<300万	300万<金额<600万	600万<金额<1000万	金额>1000万
	研究能力风险	分位数<10	10<分位数<40	40<分位数<60	60<分位数<90	分位数>90
	数量配置风险	分位数>95或分位数<5	80<分位数<95或5<分位数<20	70<分位数<80或 20<分位数<30	60<分位数<70或 30<分位数<40	40<分位数<60
	投入风险	数量>7	5<数量<7	3<数量<5	1<数量<3	数量<1
	合理性风险	专家主观评价				
合作风险	合作方风险	得分<50	50<得分<60	60<得分<80	80<得分<90	得分>90
	组织协调风险	相关方>10	7<相关方<10	4<相关方<7	2<相关方<4	相关方<2
	团队协调风险	成员>30	15<成员<30	10<成员<15	5<成员<10	成员<5
	默契度协调风险	项目数<1	1<项目数<3	3<项目数<5	5<项目数<7	项目数>7

表 5-23　　实施中相关风险因素评判标准

风险分类	风险因素	发生概率评判				
		S	H	M	L	N
技术风险	技术过时风险	进度＞60%时出现雷同专利	40%＜进度＜60%时出现雷同专利	20%＜进度＜40%时出现雷同专利	5%＜进度＜20%时出现雷同专利	进度＜5%时出现雷同专利
实施风险	计划延期执行风险	预期成果达成度＜50%且项目进度＞50%	50%＜预期成果达成度＜75%且项目进度＞30%	预期成果达成度＜90%，除S，H外的其他情况	预期成果达成度＞90%或项目进度＜10%	预期成果达成度＞95%或项目进度＜5%
实施风险	研究内容偏离风险	专家主观评价				
经费风险	经费超预算风险	预期经费使用度＞120%且项目进度＞70%	110%＜预期经费使用度＜120%且项目进度＞50%	预期经费使用度＞100%，除S，H外的其他情况	预期经费使用度＜100%	预期经费使用度＜90%
	经费及时性风险	预期经费下达率＜60%	60%＜预期经费下达率＜80%	80%＜预期经费下达率＜90%	90%＜预期经费下达率＜100%	预期经费下达率=100%
人员风险	人员稳定性风险	流失率＞50%	30%＜流失率＜50%	10%＜流失率＜30%	5%＜流失率＜10%	流失率＜5%
基础风险	战略部署变动风险	专家主观评价				
	产业政策变动风险					
	产品标准变动风险					

续表

表 5-24　　转化前相关风险因素评判标准

风险分类	风险因素	发生概率评判				
		S	H	M	L	N
技术风险	复杂度风险	连线数＞30	20＜连线数＜30	10＜连线数＜20	5＜连线数＜10	连线数＜5
	成熟度风险	技术刚出现	萌芽期	成长期	成熟期	衰退期
基础风险	研究水平风险	分位数＜10	10＜分位数＜40	40＜分位数＜60	60＜分位数＜90	分位数＞90
	设施条件风险					
市场风险	需求前景风险	专家主观评价				
	竞争能力风险					

3）项目风险矩阵构建。项目风险矩阵的构建，首先需要明确项目中单风险发生的概率，依托知识图谱平台的可视化展示功能，可以运用精益生产中看板工具，通过图形的形式使风险因素一目了然，便于管理。某项目单风险概率看板示例见图 5-9。

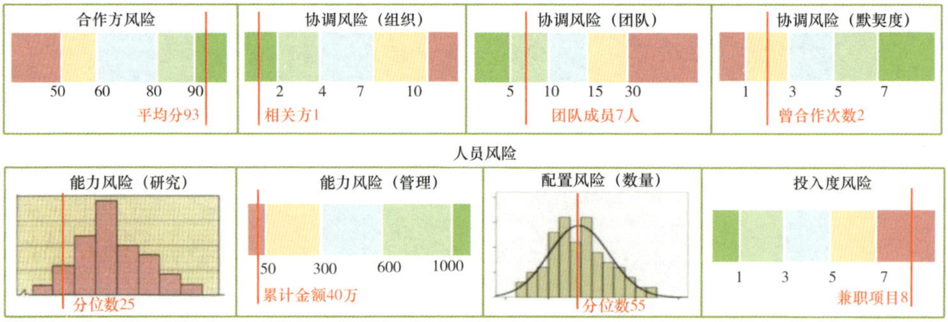

图 5-9　某项目单风险概率看板示例

项目风险矩阵用于评定项目整体风险水平，横坐标代表项目发生的概率，纵坐标代表风险损失的严重性。项目风险矩阵示例见图 5-10。

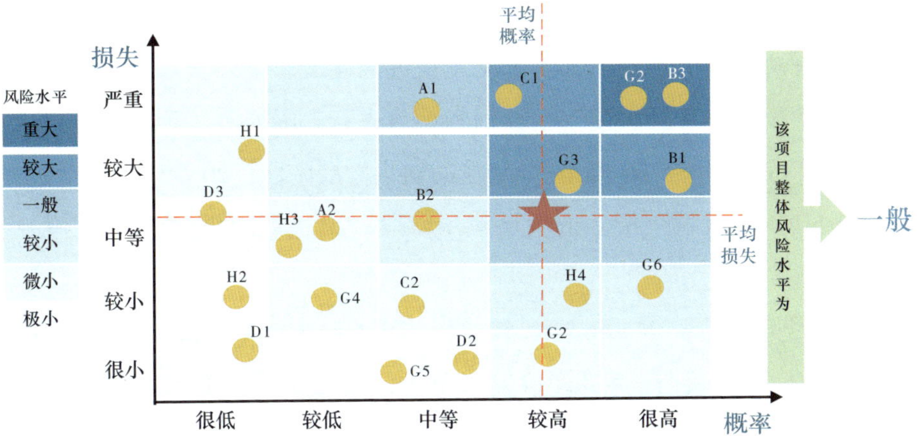

图 5-10 项目风险矩阵示例

根据单项目风险水平的大小，绘制所有待选项目在风险收益坐标系中的散点图，进行回归分析得出平均风险回报曲线，比较不同项目的单位风险回报进行项目优选，实现多项目风险回报对比分析。多项目风险回报对比分析示例见图 5-11。

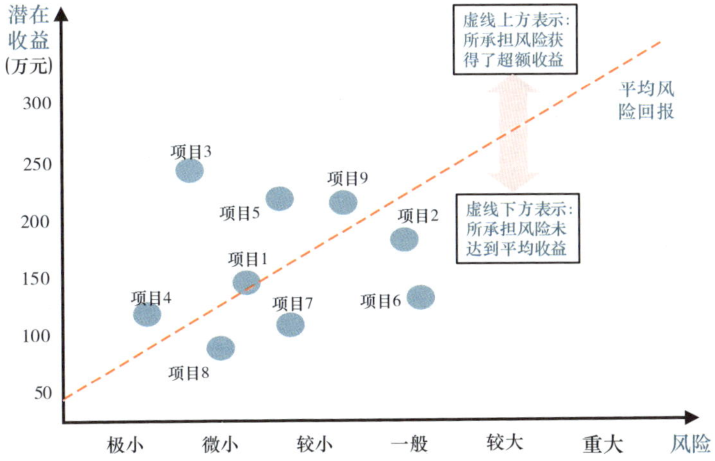

图 5-11 多项目风险回报对比分析示例

2. 科技项目后评估模型

（1）国内外研究。

随国外有关项目后评价的工作开展于 20 世纪 30 年代，与其同步时间发展起来的还有项目前评估工作。从开始发展后的三十年中，项目后评价理论在内容、方法和评价手段上都有着突飞猛进的发展。国外学者有关项目后评价的工作主要围绕着国家预算、计划和项目进行。国外有关项目后评价工作主要经历了三个阶段：20 世纪 30 年代的初步发展阶段；20 世纪 60 年代的传统的社会费用 – 效益分析法的发展应用阶段；20 世纪 60 年代至今，在“新方法”的产生和应用阶段。

穆蒂尼奥（Nuno Moutinho）和莫塔（Helena Mouta）在 2011 年提出基于在项目后评价中存在项目评价方式单一，缺乏多元化方式来适用不同特征的指标，由此提出采用多种评价方式，量化评价指标的特征值，综合客观的评价项目的完成度，为决策者提供更加明确具体的项目评价值。佐蒂（Angela I. Zotti），米拉帕列塔（Vinicius Mirapalheta）和奥利维拉（Thiago P. de Oliveira）于 2012 年深入研究多目标决策属性的概念，在备选方案中选择和决定最佳方案的分析过程，提出多目标模糊决策方法，将最小隶属度偏差法应用到多目标决策模糊法中，解决含有不确定模糊因素复杂决策网络的有效工具。厄尼（Charles Ernie）于 2006 年介绍了有关灰色理论的基本概念，分析了在求解微分方程时由于给定的定解条件的不合理性，结合灰色系统理论和多元统计分析的原理，提出使用拟合原始数据的曲线方程近似代替微分方程求解中的参数常数 c，使得预测方程得到一定的改进。卡尔森（Christer Carlsson），富勒（Robert Fullér）和马杰伦德（Péter Majlender）在 2005 年构建了风险管理评价模型，运用灰色模糊理论引入项目的风险因素和风险水平进行分析研究，评价得出项目所处的风险等级，得出进一步的改进建议评价方法中。董泽琴于 2011 年运用逻辑框架法对实施项目的环境影响进行评价，在环境规划方面的评价内容、指标体系、实施步骤、评价反馈和投入产出分析环境规划。

我国有关项目后评价的工作起步时间大致在 20 世纪 80 年代左右，相关政府部门开始认识到后评价工作在整个项目投资中的重要性，开始不断研究应用后评价理论。我国后评价理论经历了萌芽、起步和徘徊阶段，目前为止形成了相对成熟的体系。国内学者对有关项目后评价工作做了大量的工作，从后评价的内容不断总结扩充到评价方法上的突破。相关学者做出了很重要的贡献，汪昌云教授，任淮秀教授以及张三力等著名项目后评价专家在著作中详细地论述了有关项目后评价理论的内容、特性、方法以及后评价工作组织实施等等。就系统论与控制论作为项目后评价的理论基础进行了研究。姚光业教授、刘凤琴和黄一夫教授和高晓蔚等教授基于我国项目后评价现状，以系统论以及控制论为基础，对项目后评价的评价方法做出新的研究。

目前，国内的后评价研究以构建指标体系为主，指标的选取方式和计算方法有所不同。一部分学者采用灰色系统理论进行系统评价，以追求扩大信息源，提高评价结果的可信度；一部分学者根据不同评价系统的特点，对于过程评价指标集给出指标的获取渠道，影响评价指标通过设计问卷调查矩阵实现，技能评价指标则通过明确指标的计算公式得出。还有一部分学者将熵权模糊综合评价法和灰色模糊评价法引入项目后评价指标体系。

（2）常用的评估方法。

常用的评估方法主要分为四大类：完全定性评价、以统计分析为主的评价、以数理理论为基础的评价、以决策支持为主的评价。其中完全定性评价主要是专家评价法，是以专家为索取未来信息的对象，组织与研究课题相关领域的专家运用专业知识，通过主观归纳做出定量评价；以统计分析为主的评价包括层次分析法、主成分分析法和因子分析法，是采用统计分析方法对指标数据进行转化分析，找出数据样本均值、方差、协方差，反映指标潜在规律，最终得出评价对象的综合认识；以数理理论为基础的评价包括灰色关联度分析和模糊综合评价法，它是通过一定的假设条件，用数学理论和计算方法定量地对评价系统进行描述分析；以决策支持为主的评价包括数据包络法（DEA）和 BP 神经网络，其主要是以计算机模拟技术为主，通过系统的模拟运算，得出评价结果。

上述四类评估方法按照理论成熟度由低到高分别为：成熟度最低的是以决策支持为主的数据包络法（DEA）和 BP 神经网络，数据包括法（DEA）最早是由美国著名的运筹学家查恩斯（A.Charnes）和库珀（W.W.Cooper）提出，是采用变化权重来对决策单元进行评价的一种方法；BP 神经网络是以神经心理学和认知科学为理论出发点，其基本思想是对已知的学习样本采用梯度搜索技术，使实际输出值与期望输出值的均方值误差最小。这两种方法实际应用广泛，但理论研究匮乏，不过应用在持续发展，前景较为良好。成熟度相对较低的是灰色关联度分析，它是根据序列曲线几何形状的相似程度来判断两个要素之间的联系是否紧密，其理论本身已经很成熟完善，衍生出的灰色评价方法需要数据表现出的几何曲线的相似程度高，但对于零散数据，评价方法不是很成熟。相对成熟的是专家评价法，专家的结果具有数理统计特性。从最初不规范的小组讨论到现在的越来越严谨的打分，理论也在不断地完善，其通常是与其他评价方法融合交叉。例如在评价指标的择取上，可以咨询专家的意见，但具体评价可以采取层次分析法。最为成熟的是层次分析法和模糊综合评价法，层次分析法是 20 世纪 70 年代美国运筹学家沙坦（Satty）最早提出的，是建立在网络系统理论和层次分析基础上的多指标综合评价方法，模糊综合评价法是以模糊数学和统计学以理论指导的综合评价方法，这两种方法理论根基完善，国内外学术研究已具有成熟的系统体系，已在社会经济活动中频繁使用并不断完善和改进。

专家评价法操作简单易行，能够充分利用专家的阅历经验和丰富的专业知识，评价结果综合、直观、实用，但评价结果主观性太强，专家选择困难、多人评价意见难统一。

层次分析法原理简单、操作方便需求数据量也较小，同时可将模糊的非结构化的信息转化为可量化的数据，但层次结构和指标权重的设计受较大的人为因素的影响，系数的合理性要充分考虑，否则会造成决策失误。

灰色关联度分析可处理信息不明确且相关性大的系统，无需人为操作，评价结果客观，需求数据少，计算简单，可靠性强，但样本数据的时间序列的相似程度难确定。

模糊综合法可以对复杂模糊的评价因素进行多层次处理，评判的过程是可循环的，适用性强，但指标间评价信息重复、权重确定人的主观性强、评价结果区分度不明显；主成分分析和因子分析优缺点相同，不受主观因素的影响，有较好的客观性，消除了指标间的相互影响，但当原始变量相互独立时，难以用少数综合变量概括，计算结果与实际也可能存在较大的出入。

BP神经网络结构简单、可塑性强，对于非线性、非局域性等大型复杂系统具有很强的包容性，但前期依赖专家打分，需要大量样本数据，同时受学习样本质量影响，学习能力和学习效率难以保证。

DEA数据包括分析无需权重假设，实际数据取得最优权重，客观性较好，对于多输入输出的大系统也有很好的评价效果，但评价标准单一，只能通过投入和产出测算，并且只能得出评价单元相对发展指标，无法展现实际发展水平。

（3）科技项目后评估模型构建。

1）评估原则：

a.独立性。项目后评估具有独立性是指在项目后评价的过程中，其实施者、监督方等相关参与评价的专家学者要求具有独立性，不得受到项目管理者以及参与可行性研究的人员在评价上的建议，保证项目后评价具有完全的公开透明性和客观性。要严格保证项目后评价的独立性，就要从评价结构的选择、评价人员的构成、评价工作的流程以及评价结果报告的编制都要保持独立性，可由独立于项目实施或运营部门的其他部门负责，或委托具备相应能力的第三方机构组织开展第三方评估，项目管理者不得参与其中。

b.客观性。具有客观性是指评估工作必须以事实为依据，客观反映项目决策、项目管理和执行的实际情况，在可靠的文件及明确的数据基础上，依据项目建成后的实际面貌、成果和已达到的各项指标，实事求是地衡量和评估项目的得失和效果。在分析论证时，要坚持公正科学的态度，从客观角度全面看待问题。既不脱离当时当地的客观环境和条件评估当时的工作，又要站在发展变化的高度评估项目的成功和问题，分析原因，总结经验教训，独立地对项目决策、实施及其结果作出评估。

c.针对性。项目评估工作需要针对项目的具体特征，确定评估程序和选择评估方法，综合考虑项目的类型、规模、复杂程度等要素，确保评估过程具有可操作性和分析结论的科学合理。

2）评估模型。根据评价方法的理论成熟度、优缺点的比较，结合后评估的原则和公司科技项目评估现状，数据基础等，基于知识图谱的电网科技项目后评估模型共设计两条可行的技术路径：定量结合定性评价的模糊综合评价法、基于 AHP 层次分析法的评价方法。

a. 技术路径 1——定量结合定性评价的模糊综合评价法。模糊综合评价指标体系是进行综合评价的基础，其选取是否适宜，将直接影响综合评价的准确性。构建指标体系应遵从系统性、可量化原则，重点突出层次结构特点。

项目后评估主要对项目目标、过程、成果、应用以及效益等方面进行系统、客观、公正的评估。后评估的指标体系包含对科技项目后评估的若干关键要素，总体体现被评估的科技项目在目标管理、过程管理、成果管理、应用和效益评价等方面的情况。其中目标评估是分析和评价预设目标的正确性、合理性和实践性，判断项目立项时设定的各项目标的实现程度，包括战略目标、立项目标两个评价维度；过程评估是对项目立项决策、进度计划、经费使用、资源配置、项目执行期内管理活动的合规性、合理性进行评价；成果评估主要从成果的技术水平、成果产出以及成果影响三个维度进行评价，技术水平主要包括项目成果的技术先进性和创新性、难度与复杂度、可靠性和实用性、技术匹配度等，成果产出主要包括知识产权、论文、专著、标准、获取奖项以及人才培养情况等，成果影响主要包括成果价值、社会影响力、行业技术进步贡献度等；应用评估主要从成果成熟度和应用效果两个维度进行评价，成果成熟度主要包括专利转化实施度、技术成熟度以及产业成熟度方面评价成果是否具备良好的推广价值，应用效果主要评估成果实际应用后的运行状态、市场占有率、应用范围以及推广前景，或重大决策建议被相关单位或部门采纳情况及其影响程度；效益评估从经济效益、社会效益、环境影响三个维度进行评估，经济效益评估包括对企业经济收益、经营成本等方面的影响，社会效益评估包括对社会或企业人才培养、安全生产、节能减排、行业发展等方面的影响，环境影响评估包括对自然环境、生态环境、自然资源等方面的实际影响。基于模糊综合评价法的项目后评估指标体系见表 5-25。

表 5-25　基于模糊综合评价法的项目后评估指标体系

一级	二级	三级	指标说明
目标评估 U1	战略目标 U11	与企业科技发展战略预期的符合度 A11	从战略层面对项目目标的实现程度和偏离程度进行评价，主要考察项目结束后产生的实际效果或所呈现的客观状态与企业科级发展战略预期的吻合程度、北里或偏离情况等
	立项目标 U12	对于问题解决的全面程度 A12	评估项目立项目标对于问题解决的全面程度，反映立项的科学性和准确性，基于项目研究结果和目标实际完成情况，评估立项目标的精准度和实现度
		立项目标的精准度 A13	
		理想目标的实现度 A14	
过程评估 U2	立项决策 U21	应用科学原理的准确性 B11	应用的科学原理准确，研究方案可行，技术路线合理、研究基础有保障，项目可研评审意见的科学性、项目审批程序的合法性以及项目决策的合理性
		研究方案的可行性 B12	
		技术路线的合理性 B13	
		项目可研评审意见的科学性 B14	
		项目审批程序的合法性 B15	
		项目决策的合理性 B16	
	进度计划 U22	项目开题进度按计划进行 B21	项目开题、中期检查 / 项目调整、验收等各阶段目标的完成情况
		中期检查 / 项目调整按计划进行 B22	
		项目验收按计划进行 B23	
	经费使用 U23	经费预算、决算规范性和准确性 B31	经费预算、决算规范准确，经费使用合理、合法、合规
		经费使用的合理性 B32	
		经费使用的合规性 B33	
		经费使用的合法性 B34	
	资源配置 U24	资金、设备与项目资源配置的优化性 B41	资金、设备等于项目有关资源优化配置、合理利用、人员配备合理，结构优化

续表

一级	二级	三级	指标说明
过程评估U2	资源配置U24	资金、设备与项目资源配置的合理性B42	资金、设备等于项目有关资源优化配置、合理利用、人员配备合理，结构优化
		人员配备的合理性B43	
	其他管理U25	合同管理、外委及采购等管理合理性B51	合同管理、外委及采购、安全质量、财务结算、固定资产入账、成果档案移交等
成果评估U3	技术水平U31	项目的先进性和创新性C11	用来评估项目提出的新方法、新工艺、新技术，是否比同类技术更有优势，更有潜力，更具先进性
		难度与复杂程度C12	项目研究技术的研究深度及难度，及实现的复杂度
		项目的可靠性C13	采用技术的可靠性、方法的可行性、项目成果推广的难易程度，与企业业务需求的结合度
		项目的实用性C14	
		技术方案的匹配程度C15	用来评估技术方案与实际待解决问题对象间的匹配程度，如原理的可论证性，技术的可重复性、可验证性，决策建议落地的精准性等
	成果产出U32	知识产权数量C21	项目成果形成的专利或软件著作权等
		论文数量C22	项目完成的学术论文
		专著数量C23	项目完成的专著
		技术标准数量C24	项目成果形成的国家或行业标准或企业相关制度
		获奖情况C25	研究成果获取国家级、省部级、地方（其他社会机构）级的技术发明奖、科技进步奖、软科学成果奖等奖励
		中青年科研人员占比C26	攻关团队中青年科研人员的占比

续表

一级	二级	三级	指标说明
成果评估U3	成果产出U32	人才参与度C27	攻关团队中青年科研人员的参与度
		人才贡献度C28	攻关团队中青年科研人员的贡献度
	成果影响U33	成果价值C31	研究成果对所属领域和行业的影响程度。分为国际领先、国内领先、国际先进、国内先进、国内一般五个等级
		媒体影响力C32	在国家级、省级、行业级广播电视媒体或重要纸媒采访和发表观点
		学术影响力C33	评估研究团队或核心人员的业内学术影响力，主要从项目牵头或承担单位主办学术会议的情况和项目完成团队核心成员出席学术会议的情况进行评判
		行业技术进步贡献度C34	评估项目成果对电力行业进步做出的贡献度。该指标可从技术进步贡献度和管理进步贡献度进行考量
		决策咨询影响度C35	评估项目成果通过各级别内参、专报等绝类刊物发表文章的质量和数量
应用评估U4	成果成熟度U41	专利转化实施度D11	评估专利知识产权的转化情况。该指标可从是否形成技术专利和形成专利后专利付费转让、专利自身实施、专利技术与现有技术配套化程度等评价
		技术体系化程度D12	评估依托项目成果形成的专利体系化程度。该指标考察依托项目形成的专利数量与质量，评估依托项目所形成的专利族的大小和含金量
		市场技术壁垒强度D13	评估依托项目成果形成的市场技术壁垒的强度。该指标主要从所形成技术的体系化集成度、逆向工程难度等方面进行考评

续表

一级	二级	三级	指标说明
应用评估 U4	成果成熟度 U41	技术成熟度 D14	评估项目成果所具备的转化和推广应用潜质。基于项目的研究成果，从相关配套设备、关键技术和标准等方面的程度进行评价
		产业成熟度 D15	评估项目成果具备全面或规模化应用和推广的程度
	应用效果 U42	项目成果应用后运行状态及效果 D21	评估项目成果应用后的运行状态、市场情况及取得的效果：成果为相关单位或部门提供重大决策和运营管理方案建议被采纳的情况、影响程度和范围
		成果对相关单位和部门影响程度和范围 D22	
效益评估 U5	经济效益 U51	项目增加的经济效益 E11	项目正价的经济效益、降低经营成本、提高设备安全可靠性、增加供电量、提高市场占有率等
		项目提高设备可靠性 E12	
		项目增加的供电量 E13	
		项目提高的市场占有率 E14	
	社会效益 U52	项目对企业的影响 E21	评估项目对丰富企业技术储备、提升管理效率、促进企业文化建设、提高企业的知名度和美誉度方面的贡献；对社会或企业人才培养、对企业安全生产的影响、对国际和国内行业交流的促进作用以及项目在节能方面的贡献等
		项目对行业的影响 E22	
		项目对社会的影响 E23	
	环境影响 U53	项目的环境影响 E31	评估项目给自然环境、生态环境、自然资源等带来的实际影响等

利用模糊综合评价法进行电网科技项目后评估，共分为两大步骤，第一步需要建立权系数矩阵和模糊评判矩阵。确定权重的方法有许多，常见的有等权重法、统计试验法、专家评分法、变权重法、层次分析法等。等权重法不适用综合评价体系各指标重要性差异较大的情况，统计试验法、专家评分

法在指标个数较多时评价困难，变权重法在构造权重的评价指标值函数时需要大量统计数据支撑因而实际应用性较差。层次分析法是从定性分析到定量分析综合集成的一种典型的系统工程方法，通常用于带有定性指标的指标体系的赋权，因此采用层次分析法进行权重赋值，具体构建步骤如下：首先，分析综合评价指标体系的递阶层次结构，项目后评估指标体系分为三层，分别是第一层、第二层和第三层；其次选合适的标度，构建判断矩阵，通常采用的标度为 A.L.Satty 的 1–9 标度，将同层因素间对其上层因素的重要性进行比较，构造两两判断矩阵。具体标度见表 5–26。

表 5–26　A. L. Satty 的 1–9 标度

标度	重要度定义
1	两因素相比较具有同等重要性
3	两因素相比较，一个比另一稍重要
5	两因素相比较，一个比另一重要
7	两因素相比较，一个比另一重要很多
9	两因素相比较，一个比另一极其重要
2、4、6、8	介于上述两个相邻判断的中值

以第一层为例，构建判断矩阵见表 5–27。

表 5–27　判断矩阵

U	U1	U2	U3	U4	U5
U1	1	a12	a13	a14	a15
U2	1/a12	1	a23	a24	a25
U3	1/a13	1/a23	1	a34	a35
U4	1/a14	1/a24	1/a34	1	a45
U5	1/a15	1/a25	1/a35	1/a45	1

再次，判断矩阵解析，根据判断矩阵 $A=(a_{ij})\ n\times n$（i=1，2，…，n；j=1，2，…，n）得出矩阵最大特征值 λ_{max} 和特征向量，并进行一致性检验。通常

用一致性指标 CR 作为检验矩阵是否具有一致性的衡量标准。具体步骤为：第一步，计算矩阵各行各元素乘积的 n 次方根（几何平均值）：$\bar{\omega}_l=\sqrt[n]{\prod_{j=1}^{n}a_{ij}}$，（$i$=1，2，…，$n$）；第二步，构建向量 $\bar{\omega}=\left(\overline{\omega_1},\overline{\omega_2},\cdots,\overline{\omega_n}\right)^{T}$；第三步，利用 $\omega_i=\bar{\omega}_l/\sum_{i=1}^{n}\bar{\omega}_l$ 对向量 $\bar{\omega}$ 进行规范化处理，得到特征向量 $\omega=(\omega_1,\omega_2,\cdots,\omega_n)^{T}$；第四步，计算矩阵最大特征值 $\lambda_{\max}=\frac{1}{n}\Sigma_{i=1}^{n}\frac{(A\omega)_i}{\omega_i}$

在判断矩阵解析的基础上进行一致性判断，即

$$CR=CI/RI_n=\frac{\frac{\lambda\max-n}{n-1}}{RI_n}$$

其中，Ri_n 为一致性指标，查表可得。判断 $n<3$ 时，矩阵具有完全一致性；$n\geqslant 3$ 且 $CR<0.1$ 时，认为矩阵复合一致性要求；否则判断矩阵不符合一致性要求，需对矩阵中的元素进行调整。根据各层判断矩阵计算所得的特征向量 $\omega=(\omega_1,\omega_2,\cdots,\omega_n)^{T}$，即为该层指标的权系数矩阵。

第二步，模糊评价矩阵建立。根据评语 V 及相应的评价尺度 D，建立各层评价指标的模糊评判矩阵 R=（rij）p×n，其中 p 为评语等级数量，n 为该层评价指标的数量。本文采取 5 个评语等级 V={ 优，良，中，较差，差 }，即 p=5，其相对应的评价尺度 =（9，7，5，3，1）。将指标在各级评价尺度获得的专家投票人数与专家总数的比值作为各因素隶属度，并构建模糊评判矩阵。以 U11 的指标层为例构建模糊评判矩阵 R。

$$R11=\begin{matrix} a111/\sum a11i & \cdots & a115/\sum a11i \\ \vdots & \ddots & \vdots \\ a141/\sum a14i & \cdots & a54/\sum a14i \end{matrix},\ (i=1,\ 2,\ \cdots,\ p)$$

b. 技术路径 2——基于 AHP 层次分析法的评估方法。电力行业属于工业技术类行业中的一种，主要从事业电力相关产品和技术研究与开发，也包括电力系统运行、维护和管理决策类的一些项目。基本上不从事基础理论类的研究工作，研发目标多以产品、实用技术、标准和规范为主。对电力行业科研活动项目的分类方式可以有多种。例如按照专业可以分发电、输电、配电、

运行、维护、检修、设备等；按照电压等级分为高压、低压，中压；按照设备和技术的类别可分为一次设备、二次设备、自动化和调度管理等。通过对国内多家大型电力企业近年来科研项目和科研管理经验的总结和分析，按照上述指标对项目分类对开展评估操作不利。总结多家电力行业企业的成功经验，对电力类科研项目按照科研项目成果的表现形式分类对于后评估工作的开展是有利的。

按照电力科研项目成果的表现形式，一般科研将科研活动分为 3 种形式，即应用基础类项目、应用技术类项目和软科学类研究项目。

应用基础类项目主要解决公司发展过程中必须解决的关键工艺、原理等方面的技术问题，研究成果主要以知识产权成果、科技论文、核心专有技术等为主要表现方式，所以主要注重科技成果的先进性、科学性和创新性。应用技术类科技项目主要解决新产品、新装置、新系统的开发问题，成果评价应注重成果的可靠性、技术成熟度及推广应用的前景和价值。软课题成果主要体现在对管理和决策的支持作用。在深入调研基础上，针对 3 种不同类型的科研活动，设置的评价指标体系分别见图 5-12 ~ 图 5-14。

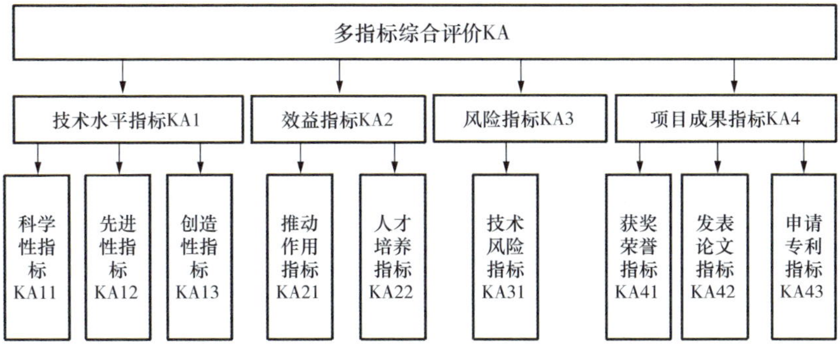

图 5-12　应用基础类项目评价指标体系

应用基础类项目综合评价指标分为技术水平指标、效益指标、风险指标、项目成果指标 4 种。在技术水平指标下设置细分指标科学性、先进性和创造性 3 项；在效益指标下设置推动作用、人才培养 2 个细分指标；在风险指标下设置技术风险指标，在项目成果指标下设置获奖荣誉、发表论文、申请专

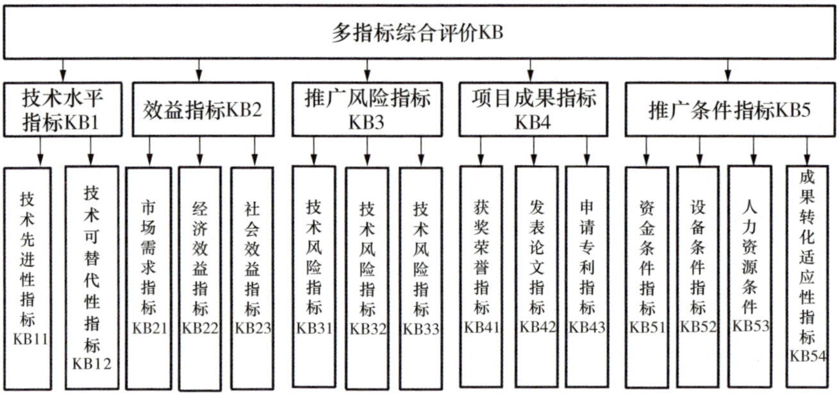

图 5-13　应用技术类项目评价指标体系

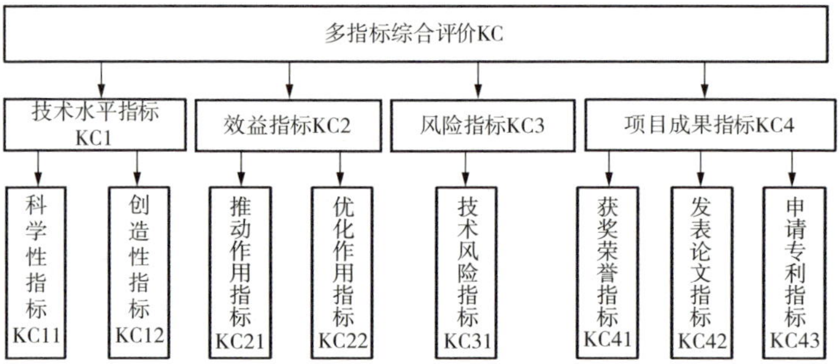

图 5-14　软科学类项目评价指标体系

利 3 个细分指标。

应用技术类项目综合评价指标分为技术水平指标、效益指标、风险指标、量化成果指标、推广条件指标 5 种。在技术水平指标下设置细分指标技术先进性和技术可替代性 2 项；在效益指标下设置市场需求、经济效益、社会效益 3 个细分指标；在风险指标下设置政策风险、技术风险、经济风险 3 个细分的技术指标；在项目成果指标下设置获奖荣誉、发表论文、申请专利 3 个细分指标；在推广条件指标下设置资金条件、设备条件、人力条件、成果转化适应性因素 4 个二级评价指标。

软科学研究类项目综合评价指标分为技术水平指标、效益指标、风险指标、项目成果指标 4 种。在技术水平指标下设置细分指标科学性和创造性 2 项；在效益指标下设置推动作用、优化作用 2 个细分指标；在风险指标下设置技术风险1个细分的技术指标；在项目成果指标下设置获奖荣誉、发表论文、申请专利3个细分指标。

以应用基础类评价指标体系的一级指标参数的权重分配为例，通过AHP方法配置权重的方法如下：

首先，根据专家的经验设置4个一级指标（技术水平指标、效益指标、风险指标、项目成果指标）的两两判断矩阵 W。

$$\varepsilon = CI/RI = (\lambda_{max} - n) / (n-1) / 0.89 = 0.086 < 0.1$$

然后检验一致性，计算一致性参数。式中，RI为平均一致性指标。当一致性参数小于设置值时表明专家经验设置的相对权重具有较好的一致性。根据指标间相对权重可以确定各指标的权重向量 γ，当不能通过一致性检验时应调整两两判断矩阵。在多级指标体系中，可根据上述方法逐级计算出各个指标的权重。

在样本量较小（如评估专家的数量小于3）时，采用加权平均的单一指标的融合策略。设对于某个指标有 n 个专家进行评价，每个专家的评价结果为 s_k，（k=1，…，n），每个专家的评分为 w_k，则综合后的评估结果 s 可表示为

$$S=\sum_{k=1}^{n}\left(s_k \cdot w_k\right) / \sum_{k=1}^{n} w_k$$

在样本量较大时，可以采用特异性去除后的加权平均单一指标的融合策略。特异性去除主要考虑到某些专家由于个体差异或差错导致出现了较为显著的错误结论，如果将其结果纳入最终评价体系会对结果产生较为显著的影响。特异性去除策略主要采用方差判断策略。仍然假设对于某个指标有 n 个专家进行评价，每个专家的评价结果为 s_k，（k=1，…，n），每个专家的总评分分别为 w_k，则评价结果的均值可表示为

$$E=\sum_{k=1}^{n} s_k / n$$

评价结果的平均方差值可表示为

$$\sigma=\sum_{k=1}^{n}\left(s_k-E\right)^2 / n$$

所有方差大于平均方差两倍以上的评估结论都是存疑的，可以被去除。即所有满足下式的评估结论都不被纳入最终的评价计算过程中

$$\sigma_k = (s_k - E)^2 / n > 2\sigma$$

设去除特异性评价结论后的样本数量为 n'，则单指标的评估结果 s 可表示为

$$s = \sum_{k=1}^{n'} (s_k - w_k) / \sum_{k=1}^{n'} w_k$$

在确定单一指标的评估值基础上，结合递阶层次结构方法确定的各级指标权重采用自底向上的算法可以确定综合评价指标的最终计算结果。设某类项目的综合评价指标体系中有 m 个一级评价指标，每个一级评价指标分别有 n_k 个二级评价指标（k=1，…，m）。所有一级评价指标对综合评价指标的权重分别为 w_k。对于第 k 个一级评价指标，其所有的二级评价指标权重分别为 w_{kj}，其中（j=1，…，n_k），则最终确定的综合评价指标可用下式计算

$$S_{all} = \sum_{k=1}^{m'} \left[w_k \times \sum_{j=1}^{n_k} w'_{kj} \times s_{kj} \right]$$

式中　s_{kj}——第 k 个一级指标下的第 j 个二级指标的单一指标评估值。

按照上述公式计算多指标综合数值时间需要非常多的求和及求乘积的计算，计算过程略显复杂。在实际的评估过程中，可以直接求出综合评价指标与二级指标参数之间的比例关系，然后假定多指标综合评价结果按百分制计算，则可以计算出每个二级指标的一级权重参数，然后将融合后的单一指标评估值求和就可以了（单一指标评估值可以在评价时取 0 至二级指标一级权重之间的任意值），即通过简单的求和就可以获得多指标综合评价值。

以多指标综合评价结果最大值 100 为基础，计算二级指标的一级权重的计算公式为

$$w_{kj} = 100 \times w_k \times s_{kj}$$

式中　w_{kj}——第 k 个一级指标下的第 j 个二级指标的一级权重。

5.2　科技创新资源匹配

科技创新离不开各类资源的投入，如何将分散的资源有效汇集，精准匹配需求，决定了科技创新的广度和深度。

5.2.1 擘两分星：科创资源推荐

科技创新资源的主动推荐是从巨量的数据、信息池中为用户量身打造出感兴趣的内容，它是数字世界的出口，决定了整个数字世界的价值最大值。

1. 国内外研究现状

随着信息科技的发展，网络信息数据呈现爆炸性的增长，人们在享受互联网信息交互带来的巨大便利时，也受到了一些问题的困扰，尤其是信息迷航和信息过载问题。信息迷航问题指用户在复杂的网络环境中收集信息时，往往会被一些无关的信息所吸引，迷失了信息查找的方向或者已经忘记了初期的学习目标。而信息过载问题指用户周围的信息已经超过了用户所能接受、处理和有效利用的范围，用户无法从大量的信息中发现自己感兴趣的信息。随着大数据时代的到来，网络信息数据呈现指数级的增长，而其中也充斥着大量的垃圾信息，这些信息是造成信息过载现象的诱因。

推荐系统作为一种信息过滤的重要手段，是当前解决信息迷航和过载问题的最有效的方法之一，主要利用用户对物品的行为信息，挖掘出用户的个性化需求，通过用户的兴趣模型主动向用户提供满足其需求的信息，其往往不需要用户提供明确的需求，本质上说是代替用户评估其从未看过、接触过和使用过的物品，在提升信息分发和信息获取效率的同时解决了资源供给方和需求方精准对接的困局。

推荐系统广泛用于各类互联网公司，基于上面的介绍，只要存在大量的“供用户消费的商品”的互联网产品，推荐系统就有用武之地。具体来说推荐系统的应用领域主要有如下几类：电商网站：如淘宝，京东，亚马逊等；视频：网飞（Netflix），优酷，抖音，快手等；音乐：网易云音乐，酷狗音乐等；资讯类：今日头条，天天快报等；生活服务类：美团，携程，脉脉等；交友类：陌陌，珍爱网等。

推荐系统的原理是在用户需求不明确的情况下，从海量的信息中为用户寻找其感兴趣的信息的技术手段。推荐系统结合用户的画像数据（用户基础数据，如年龄、地域、性别、收入等），标的物元数据（metadata）（类型、尺寸、规格、关键字等），以及用户过去对物品的行为（用户对标的物的操作行为，如播放、点击、购买、收藏等），利用机器学习技术构建用户兴趣模型，为用户提供精准的个性化推荐。

（1）传统的推荐算法。

传统的推荐算法主要分为三大类别，分别为协同过滤算法、基于内容的推荐算法和混合推荐算法。

协同过滤是最早被提出的推荐算法之一，其核心思想是通过用户的历史记录发掘用户之间的共同兴趣。协同过滤算法又可以被分为两大类别，一类为近邻算法，另一类为潜在因子模型。近邻算法有基于用户的协同过滤算法和基于物品的协同过滤算法两类，基于用户的协同过滤算法通过历史评分记录为用户寻找最近邻的用户，使用最近邻用户的评分补全该用户的评分信息；基于物品的协同过滤算法主要通过不同物品在用户历史记录中评分的相似性计算物品之间的近邻，而同一用户对近邻物品的评分应相似，通过该思想补全用户物品评分矩阵。潜在因子模型包含以下几种方法：矩阵分解算法、关联算法、聚类算法、分类算法、回归算法、神经网络、图模型以及隐语义模型。其中矩阵分解是当中最简单的模型，它将用户和物品映射到同维度的子向量空间，将用户和物品之间的关系使用向量的点积表示，目前主流的矩阵分解推荐算法主要是 SVD 的一些变种，比如 FunkSVD，BiasSVD 和 SVD++；常用的关联推荐算法有 Apriori，FP Tree 和 PrefixSpan；聚类算法做协同过滤和前面的基于用户或者项目的协同过滤类似，常用算法有 K-Means，BIRCH，DBSCAN 和谱聚类；常见的分类推荐算法有逻辑回归和朴素贝叶斯；常用的回归推荐算法有 Ridge 回归，回归树和支持向量回归；主流的神经网络算法是限制玻尔兹曼机（RBM）；图模型常用的算法是 SimRank 系列算法和马尔科夫模型算法；隐语义模型主要方法有隐性语义分析 LSA 和隐含狄利克雷分布 LDA。

基于内容的推荐算法主要利用用户的一些属性、特征、历史信息刻画用户的画像（profile），另一方面，根据物品的内容等信息构建物品的画像。根据用户和物品画像的匹配程度完成推荐任务，常见的基于内容的推荐算法包含了大量的特征提取的算法，典型的特征提取的算法有 TF-IDF、word2vec 等算法。基于内容的推荐算法可以有效地缓解冷启动问题，通过为新物品的内容构建画像可以有效解决新物品的冷启动问题，但是对于新用户，如果没有充足的数据为其构建画像，依然存在冷启动的问题。此外，收集用户和物品的信息通常较难，有时候由于数据的质量和隐私等问题，这些信息也不可使用。

混合推荐算法旨在结合协同过滤算法和基于内容算法各自的优点，缓解不同场景下冷启动，数据稀疏导致的推荐精度低的问题。混合推荐算法种类繁多，包括加权混合、切换混合、分区混合、分层混合等，其中加权混合是用线性公式将几种不同的推荐按照一定权重组合起来，权重需要在测试集数据上试验得到；切换混合根据用户量、物品量、系统运行情况等，在不同的情况下切换最为合适的推荐策略；分区混合采用多种推荐机制，并将不同的推荐结果分不同的区显示，使用户得到全面的推荐；分层混合是将一个推荐机制的结果作为另一个的输入，从而综合各个推荐机制的优缺点。近年来，典型的混合模型有 SVDFeature，该算法在 2011 年 KDD 比赛取得了优异成绩。

（2）基于知识图谱的推荐算法。

在推荐系统中引入知识图谱，可以实现精确性、多样性和可解释性。其中精确性指知识图谱为物品引入了更多的语义关系，可以深层次地发现用户兴趣；多样性指知识图谱提供了不同的关系连接种类，有利于推荐结果的分散，避免推荐结果越来越局限于单一类型；可解释性指知识图谱可以连接用户的历史兴趣和推荐结果，提高用户对推荐结果的接受度，增强用户对推荐系统的信任。因此，知识图谱与推荐技术的融合也成为一个提升推荐系统性能的研究方向。近年来利用知识图谱的推荐模型主要有 3 类：基于知识图谱中元路径（meta-data）的推荐模型、基于概率逻辑程序的推荐模型、基于知识图谱表示学习技术的推荐模型。

元路径是知识图谱中不同类型实体和关系构成的路径，研究人员利用路径相似度计算用户对不同物品的偏好。凯瑟琳（Catherine R）和科恩（Cohen，W，W）提出了基于概率逻辑程序的推荐模型，他们使用 ProPPR 将推荐问题形式化为逻辑程序，该逻辑程序对目标用户按查询得分高低输出推荐物品的结果，最终寻找到目标用户的推荐物品。他们提出了 3 种不同的推荐方法，分别为 EntitySim，TypeSim 和 GraphLF，性能超过了以前的最佳方法。这 3 种方法都是基于通用目的的概率逻辑系统 ProPPR。其中 EntitySim 方法只使用图上的连接信息；TypeSim 方法使用了实体的类型（type）信息，GraphLF 提出了一个结合概率逻辑程序和用户物品潜在因子模型的方法。他们的基本思路类似于元路径的工作，通过规则在知识图谱中传递用户的偏好，这解决了路径人工选择的问题，但是他们将推荐的流程分为寻找用户偏好实体和通过偏好实体寻找物品两个步骤，导致无法有效利用物品与物品之间的关系和用户与用户之间的关系。通过知识图谱表示学习技术，可以获得知识图谱中实体和关系的低维稠密向量，其可以在低维的向量空间中计算实体间的关联性，与传统的基于符号逻辑在图上查询和推理的方法相比，其大大降低了计算的复杂度。里斯托斯基（Ristoski P），保尔海曼（Paulheim H）提出使用知识图谱表示学习技术提取知识图谱中的特征，以该特征向量使用 K 近邻的方法寻找用户最相近的物品，但是该模型与推荐模型结合较为松散，仅使用知识图谱表示学习作为特征提取的一种方法。Zhang F，Yuan N J，Lian D 等通过表示学习的方法将知识图谱中的信息加入推荐模型中，提出了协同知识图谱表示学习的推荐模型。

2. 先进应用案例分析 – 以 J 新闻资讯客户端为例

（1）系统概述。

推荐系统本质上要解决用户、环境和资讯的匹配 Y=F（X_{i}，X_{u}，X_{c}），如果用形式化的方式去描述实际上是拟合一个用户对内容满意度的函数，这个函数需要输入三个维度的变量。第一个维度是内容。J 客户端现在已经是一个综合内容平台，图文、视频、UGC 小视频、问答、微头条，每种内容有很多自己的特征，需要考虑怎样提取不同内容类型的特征做好推荐；第二个维度是用户特征。包括各种兴趣标签，职业、年龄、性别等，还有很多模型刻画出的隐式用户兴趣等；第三个维度是环境特征。这是移动互联网时代推荐的特点，用户随时随地移动，在工作场合、通勤、旅游等不同的场景，信息偏好有所偏移。结合三方面的维度，模型会给出一个预估，即推测推荐内容在这一场景下对这一用户是否合适。

公式 $y=F(X_i, X_u, X_c)$，是一个很经典的监督学习问题。可实现的方法有很多，比如传统的协同过滤模型，监督学习算法 Logistic Regression 模型，基于深度学习的模型，因子分解机（factorization machine，FM）和梯度提升决策树（gradient boosting decision tree，GBDT）等。J 客户端旗下几款产品都在沿用同一套强大的算法推荐系统，但根据业务场景不同，模型架构会有所调整。

在模型的训练上，J 客户端大部分推荐产品采用实时训练。实时训练省资源并且反馈快，这对信息流产品非常重要。用户行为信息可以被模型快速捕捉并反馈至下一刷的推荐效果，目前基于 storm 集群实时处理样本数据，包括点击、展现、收藏、分享等动作类型。整体的训练过程是线上服务器记录实时特征，导入到 Kafka 文件队列中，然后进一步导入 Storm 集群消费 Kafka 数据，客户端回传推荐的 label 构造训练样本，随后根据最新样本进行在线训练更新模型参数，最终线上模型得到更新。因为头条目前的内容量非常大，加上小视频内容有千万级别，推荐系统不可能所有内容全部由模型预估，所以需要设计一些召回策略，每次推荐时从海量内容中筛选出千级别的内容库。召回策略种类有很多，J 客户端主要使用倒排的思路，离线维护一个倒排，倒排的 key 可以是分类、主题、实体、来源等（见图 5-15）。

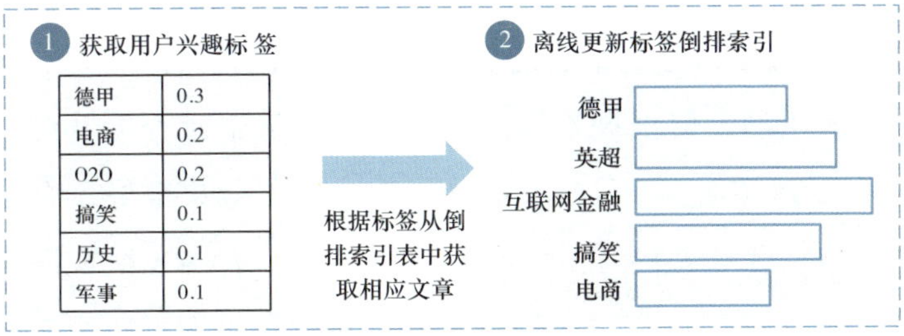

图 5-15　典型的召回架构策略

（2）内容分析。

内容分析包括文本分析、图片分析和视频分析，J 客户端以文本分析为主。其推荐系统抽取的文本特征包括以下几类：

1）语义标签类特征，显式为文章打上语义标签。这部分标签是由人定义的特征，每个标签有明确的意义，标签体系是预定义的。

2）隐式语义特征，主要是主题特征和关键词特征，其中主题特征是对于词概率分布的描述，无明确意义；而关键词特征会基于一些统一特征描述，无明确集合。

J客户端语义标签的特征和使用场景见表5-28。

表5-28　J客户端语义标签特征和使用场景

特征	使用场景
分类	用户兴趣建模、过滤频道内容、推荐召回、推荐特征
概念	过滤频道内容、标签搜索、推荐召回
实体	过滤频道内容、标签搜索、推荐召回

分类的目标是覆盖全面，希望每篇内容、每段视频都有分类；而实体体系要求精准，相同名字或内容要能明确区分究竟指代哪一个人或物，但不用覆盖很全；概念体系则负责解决比较精确又属于抽象概念的语义。

J客户端推荐系统的线上分类采用典型的层次化文本分类算法，最上面Root，下面第一层的分类是像科技、体育、财经、娱乐，体育这样的大类，再下面细分足球、篮球、乒乓球、网球、田径、游泳……，足球再细分国际足球、中国足球，中国足球又细分中甲、中超、国家队……，相比单独的分类器，利用层次化文本分类算法能更好地解决数据倾斜的问题。此套架构在J客户端中是通用的，但根据不同的问题难度，每个元分类器可以异构，有些分类支持向量机（support vector machine，SVM）效果很好，有些要结合卷积神经网络（convolutional neural networks，CNN），有些要结合循环神经网络（recurrent neural network，RNN）再处理。以实体词识别算法为例，基于分词结果和词性标注选取候选，期间可能需要根据知识库做拼接，有些实体是几个词的组合，要确定哪几个词结合在一起能映射实体的描述。如果结果映射多个实体还要通过词向量、主题分布甚至词频本身等去歧，最后计算一个相关性模型。图 5-16 为实体词识别算法示例。

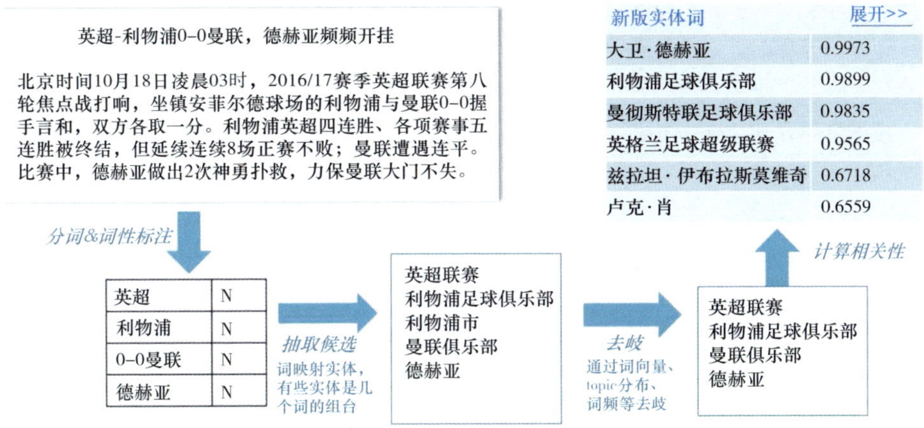

图 5-16　实体词识别算法示例

（3）用户标签。

J 客户端常用的用户标签包括用户感兴趣的类别和主题、关键词、来源、基于兴趣的用户聚类以及各种垂直兴趣特征（车型、体育球队、股票等）。还有性别、年龄、地点等信息。性别信息通过用户第三方社交账号登录得到。年龄信息通常由模型预测，通过机型、阅读时间分布等预估；常驻地点来自用户授权访问位置信息，在位置信息的基础上通过传统聚类的方法拿到常驻点；常驻点结合其他信息，可以推测用户的工作地点、出差地点、旅游地点。这些用户标签非常有助于推荐。针对用户标签的数据处理策略包括过滤噪声、热点惩罚等。具体数据处理策略见表 5-29。

表 5-29　　J 客户端语义标签特征和使用场景

数据处理策略	处理方式
过滤噪声	通过停留时间短的点击，过滤标题党
热点惩罚	对用户在一些热门文章上的动作做降权处理。理论上，传播范围较大的内容，置信度会下降
时间衰减	用户兴趣会发生偏移，因此策略更偏向新的用户行为。随着用户动作的增加，老的特征权重会随时间衰减，新动作贡献的特征权重会更大

续表

数据处理策略	处理方式
惩罚展现	如果一篇推荐给用户的文章没有被点击，相关特征（类别，关键词，来源）权重会被惩罚。当然同时，也要考虑全局背景，是不是相关内容推送比较多，以及相关的关闭和 dislike 信号等
考虑全局背景	考虑给定特征的人均点击比例

3. 基于知识图谱的科技资源推荐系统

（1）科技资源推荐系统的应用场景。

科技资源推荐系统主要包括 6 大应用场景：首页“科技资讯”推荐、首页“实时热点”推荐、科技文献检索页“猜你喜欢”推荐、科技文献详情页“更多文献”推荐、科技人才检索页“猜你喜欢”推荐、科技人才详情页“更多专家”推荐。

1）“科技资讯”推荐是在系统“首页”标签页下，根据用户画像及用户行为数据，向用户推荐其可能感兴趣的新闻资讯。其推荐范式为完全个性化推荐范式，即每个人的推荐列表都不同。由于新闻资讯的时效性较强，大部分是消费当天的内容，协同类算法很难解决文章的冷启动问题，因此采用基于内容的推荐算法。输入数据包括新闻资讯的元数据信息，用户的历史行为信息，如点击、浏览、收藏，以及用户的基础画像信息，如用户单位、部门、职位等。

2）“实时热点”推荐是在“首页”标签页下，搜索栏下方区域，根据平台用户搜索关键词的频次，向用户推荐实时热点。其推荐范式为非个性化推荐范式，即每个人的推荐列表完全相同。由于实时热点反映了用户搜索请求的分布情况，用户搜索请求主要体现在用户在搜索引擎输入的关键词上，因此采用词频统计排序算法。输入数据包括用户输入的关键词信息。

3）“猜你喜欢”推荐分为两部分，一部分是在“科技文献”标签页下，搜索栏下方区域，根据用户行为数据，向用户推荐其可能感兴趣的文献；另一部分是在“科技人才”标签页下，搜索栏下方区域，根据用户行为数据，向用户推荐其可能感兴趣的专家。其推荐范式为完全个性化推荐范式，即每个人的推荐列表都不同。由于科研人员的兴趣与专业领域相关，稳定性和持续性较强，应侧重于维护历史兴趣，推荐与以往浏览过的相似的文献/专家，一方面体现在内容的联系较强，另一方面体现在其他用户经常一起浏览，因此采用基于知识图谱及内容协同过滤的推荐算法。输入数据包括所有用户的点击、搜索、点赞、收藏；知识图谱等行为数据，以及文献/专家的实体及关系等。

4）“更多文献”推荐是在“科技文献”标签页下，搜索弹出的文献详情页内，向用户推荐与该文献相似的其他文献；“更多专家”推荐是在“科技人才”标签页下，搜索弹出的文献详情页内，向用户推荐与该专家相似的其他专家。这两个场景的推荐范式均为非个性化推荐范式，即点击进入该详情页的用户看到相同的推荐列表。由于科研人员在浏览完某文献/专家后，希望查看与其相似度较高的其他文献/专家，一方面体现在内容上的联系较强，另一方面体现在其他用户经常一起浏览，因此采用基于知识图谱及内容协同过滤的推荐算法。输入数据包括所有用户的点击、搜索、点赞、收藏等行为信息，知识图谱信息，以及文献/专家的实体及关系等。

（2）科技资源推荐算法实例。

1）首页“科技资讯”推荐。首页“科技资讯”推荐是通过新闻资讯获取文本特征词信息，并对其建模，同时根据获取用户历史行为信息，对用户兴趣建模，结合两个模型进行用户–物品相似度计算，为用户提供资讯推荐（见图5–17）。

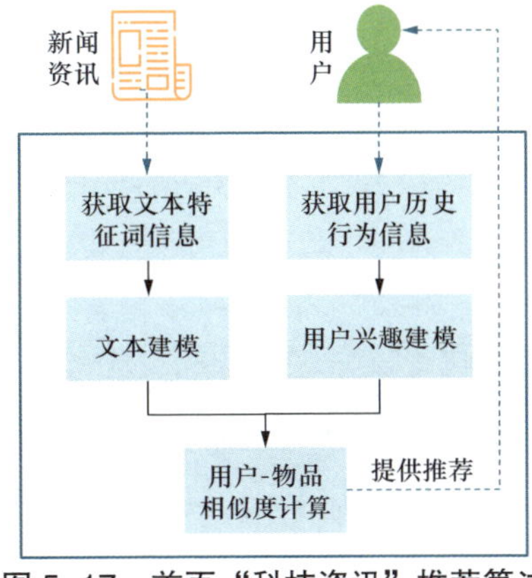

图5–17 首页“科技资讯”推荐算法

获取文本特征词信息阶段，主要是对文本信息进行分词和词性标注，对分词结果进行词性过滤，只保留名词、动词、形容词等对于体现用户兴趣有帮助的词语，去掉分词结果中的停用词。

文本建模阶段，采用向量空间模型建模，每一篇文档表示为一个以特征词和特征词权重为分量的 N 维向量表示 $I=\{(e_1, w_{1j}), (e_2, w_{2j}), \cdots, (e_i, w_{ij})\}$，$e_i$ 代表关键词，w_{ij} 代表对应关键词的权重，应用 TF-IDF 算法计算词权重 w_{ij}，主要思想是在一篇文章中重复出现的词会更加重要，而在所有文章中都出现的词并不重要，其中 TF 代表词频，表示某一关键词在某文本中出现的概率，对于文本 d_j 中的关键词 e_i 来讲，TF 的计算公式为

$$TF_{ij}=n_{ij}/(\sum n_{kj})$$

式中　n_{ij}——词 e_i 在文本 d_j 中出现的次数；

$(\sum n_{kj})$——文本 d_j 分所有词出现的次数之和。

IDF 表示逆向文件频率，反映关键词对文本的区分度，对于关键词 e_i 来讲，IDF 的计算公式为

$$IDF_i=\log(|D|)/(|j: e_i \in d_j|+1)$$

式中　$|D|$——文档的总数；

j——包含词 e_i 的文档数，分母加一是为了防止除零的情况出现。

获取用户历史行为信息阶段，主要是获取用户曾经阅读过的新闻资讯，对每一篇新闻资讯进行文本处理，使用 TF-IDF 算法计算文本特征词的权重，获得用户 u 阅读的文档 j 的特征向量 $I_{uj}=\{(e_1, w_{1j}), (e_2, w_{2j}), \cdots, (e_i, w_{ij})\}$。

用户兴趣建模阶段，由于用户兴趣随时间变化，越早的阅读行为对当下兴趣的影响越小。借鉴牛顿冷却定律构造指数衰减函数 F（u，j），计算文档的衰减权重为

$$F(u, j)=e^{-\lambda*(t_n-t_j)}$$

式中　t_n——当下的时间；

t_j——用户 u 浏览新闻 j 的时间；

λ——衰减速率，范围为 $0<\lambda<1$。

将衰减权重引入空间向量模型中，计算经时间加权的关键词权重 wl_{ij} 和文

档特征向量 IL_{uj}

$$wl_{ij}=w_{ij}\cdot F(u,j)$$

$$IL_{uj}=\{(e_1, wl_{1j}), (e_2, wl_{2j}), \cdots, (e_i, wl_{ij})\}$$

用户 u 曾经阅读的所有文档 j 的特征向量 IL_{uj} 的平均值，即用户的长期兴趣模型 $U==\overline{ILuj}$。

最终，用户－物品相似度计算利用余弦相似度公式计算用户－物品相似度。

$$\text{Similarity}=\frac{I\cdot U}{\|I\|\|U\|}=\frac{\sum_{i=1}^{n} I_i\times U_i}{\sqrt{\sum_{i=1}^{n}(I_i)^2}\times\sqrt{\sum_{i=1}^{n}(U_i)^2}}$$

2）检索页“猜你喜欢”推荐。检索页“猜你喜欢”推荐是通过知识图谱获取文献和专家实体及关系信息，并对其构建实体向量矩阵，同时根据获取用户历史行为信息，构建用户－物品行为矩阵，在此基础上，基于两者物品相似度的融合，进行用户行为评分预测，为用户提供资讯推荐（见图 5-18）。

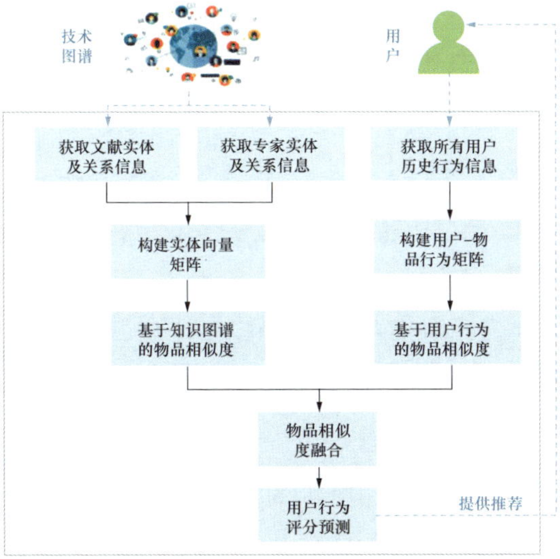

图 5-18　检索页“猜你喜欢”推荐算法

获取实体及关系信息阶段，知识图谱包含物品的实体（如文献）和实体的关系属性（如共同作者、共同被引等）。在知识图谱中，物品对应的实体节点之间的联系越丰富，物品的语义往往也越相似，因此，实体及关系可以被用来刻画物品语义信息，从而提高物品向量化表示的精度。

构建实体向量矩阵阶段，主要应用 TransX 模型，TransX 是知识学习领域的代表性模型，包括知识图完备的学习实体和关系嵌入（learning entity and relation embeddings for knowledge graph completion，TransR）、多元关系数据嵌入（translating embeddings for modeling multi-relational data，TransE）、基于超平面平移的知识图谱嵌入（knowledge graph embedding by translating on hyperplanes，TransH）和基于动态映射矩阵的知识图嵌入（knowledge graph embedding via dynamic mapping matrix，TransD）等。

在 TransX 算法中，知识图谱中知识可以表示为无向图：G=（V，E），其中 V=（v_1，v_2，…，v_n），E 表示实体间各种关系的边的集合，知识图谱中的每个三元组被表示为（v_h，r，v_t），其中，v_h 和 v_t 分别表示被链接的头实体节点和尾实体节点，r 表示两个实体的关系，定义实体和关系的嵌入向量为（v_h，r，v_t）$\in R^d$，其中 R^d 表示 d 维向量空间，且有 $v_h+r \approx v_t$ 成立。

构建实体向量矩阵阶段，定义该三元组的损失函数为 f（v_h，v_t），通过欧几里得距离来定量地描述实体和关系的嵌入误差，f（v_h，v_t）= $\|v_h+r-v_t\|_2^2$，其中 $\|\cdot\|_2$ 表示向量的 2 范数。为了使模型更准确地区分正确的三元组和错误的三元组，在训练时都采用带间距的损失函数。

$$L=\sum_{(h,r,t)\in S}\sum_{(h',r',t')\in S'_{(h,r,t)}}\max\left(0,f\left(v_h,r,v_t\right)-f\left(v_{h'},r,v_{t'}\right)+\gamma\right)$$

其中，S 表示正例三元组集合（知识图谱中的三元组），S′ 表示负例三元组集合（知识图谱中不存在的三元组），γ 是设定的间距参数，用于控制正负样本间的距离。

在计算基于知识图谱的物品相似度阶段，将知识图谱中物品实体和关系映射到 d 维空间中，物品 I_i 嵌入为一个 d 维的向量，I=（E_{1i}，E_{2i}，…，E_{di}）T，其中 E_{pi} 表示物品 I_i 的嵌入向量在第 p 维上的值。为了准确描述物品相似性，使用欧几里得距离来衡量物品向量的语义相似度。物品之间的距离 $d(I_i,I_j)=\sqrt{\sum_{k=1}^{d}(E_{ki}-E_{kj})}$，得到的欧几里得距离是一个大于 0 的值，通过如下的运算将其规约到（0，1）之间。

$$\mathrm{Sim}(\mathrm{I_i},\mathrm{I_j})=\frac{1}{1+\mathrm{d}(\mathrm{I_i},\mathrm{I_j})}=\frac{1}{1+\sqrt{\sum_{k=1}^{d}(E_{\mathrm{ki}}-E_{\mathrm{kj}})}}$$

上式的计算结果越大，表明两个物品的语义相似度越大，当这个值为1时，这两个物品的语义相似度最大，当这个值为0时，认为这两个物品几乎完全不同。

获取用户历史行为信息即获取所有用户曾经对文献或专家做出的历史操作行为，包括点击查看、点赞和收藏。构建用户－物品行为矩阵阶段，假设推荐系统中包含 m 个用户 U=（$\mathrm{U_1}$，$\mathrm{U_2}$，…，$\mathrm{U_m}$）和 n 个物品 I=（$\mathrm{I_1}$，$\mathrm{I_2}$，…，$\mathrm{I_n}$），为用户行为设定不同的分值，其中点击查看行为设为1，点赞行为设为2，收藏行为设为3，无行为设为0，那么用户对物品的行为信息可以表示为一个 $m\times n$ 的矩阵 $\mathrm{R}_{m\times n}$。，见表5–30。

表5–30　　行为信息矩阵

用户 / 物品	$\mathrm{I_1}$	$\mathrm{I_2}$	…	$\mathrm{I_n}$
$\mathrm{U_1}$	$\mathrm{R_{11}}$=1	$\mathrm{R_{12}}$=2	…	$\mathrm{R_{1n}}$=0
$\mathrm{U_2}$	$\mathrm{R_{21}}$=1	$\mathrm{R_{22}}$=0	…	$\mathrm{R_{2n}}$=3
…	…	…	…	…
$\mathrm{U_m}$	$\mathrm{R_{m1}}$=0	$\mathrm{R_{m2}}$=1	…	$\mathrm{R_{mn}}$=1

物品 $\mathrm{I_i}$ 可以表示为一个 m 维向量 I_i=（$R_{1\mathrm{i}}$，$R_{2\mathrm{i}}$，…，R_{mi}）$^\mathrm{T}$，每一维为某个用户行为评分值。

物品相似度融合阶段，基于知识图谱中物品的嵌入向量，得到了基于知识图谱的物品相似度 $\mathrm{sim_{knowledge\_graph}}$，基于用户对物品的评分矩阵，得到了基于用户行为的物品相似度 $\mathrm{sim_{users\_behavior}}$。通过对这两个相似度进行融合，得到物品最终的相似度。融合的方式为加权，具体计算方法如下：

$$\mathrm{Sim}(I_\mathrm{i},I_\mathrm{j})=\alpha\cdot\mathrm{sim_{knowledge\_graph}}(I_\mathrm{i},I_\mathrm{j})+(1-\alpha)\,\mathrm{sim_{users\_behavior}}(I_\mathrm{i},I_\mathrm{j})$$

其中，α为融合因子，取值范围为[0，1]，代表最终的物品相似度中基于知识图谱的物品相似度所占的比例，融合后的物品相似度范围为[0，1]。

融合完所有物品的相似度后，将所有物品的相似度以矩阵形式表示，见表5-31。

表 5–31 相似度矩阵

物品 / 物品	I_1	I_2	…	I_n
I_1	1	S_{12}	…	S_{1n}
I_2	S_{21}	1	…	S_{2n}
…	…	…	…	…
I_n	S_{m1}	S_{m2}	…	1

其中，S_{ij} 表示物品 I_i 和物品 I_j 的相似度，且 $S_{ij}=S_{ji}$，物品与自身相似度为 1。

预测某用户 u 对未评价物品 i 的行为评分 P_{ui}，利用该评分降序生成 Top N 推荐列表。首先，找到用户 u 曾经有过操作行为（点击查看、点赞、转发）的物品集合 N（u），及与物品 i 相似度最高的 k 个物品的集合 $S(i, k)$。其次，将这两个集合做交集，生成参考物品集合 $N(u) \cap S(i, k)$，对物品 i 的评分参考这个集合。再次，为参考物品集合中的每个物品生成权值，物品权值表示该物品的相似度在所有物品相似度中所占的比例

$$p_i = \frac{S_{ij}}{\sum_{j \in N(u) \cap S(i,k)} S_{ij}}$$

最后对用户 u 对物品的预测评分为用户对参考物品集合中所有物品评分的加权和，即

$$p_{ui} = \frac{\sum_{j \in N(u) \cap S(i,k)} (S_{ij} \times R_{uj})}{\sum_{j \in N(u) \cap S(i,k)} S_{ij}}$$

5.2.2 选贤任能：人才画像优选

人才画像可以帮助我们实现精准选才，提高人才搜索的效率及命中率，实现精准高效的人才补充。

1. 国内外研究

（1）用户画像概念。

关于用户画像的概念，普遍认为最早是由“交互设计之父”库珀（Cooper）提出来的，他认为用户画像是真实用户的虚拟表示，是基于一系列真实数据

（marketing data，usability data）的目标用户模型。马萨里（Massanari）将用户画像用于描述产品的使用对象中并认为用户画像是按照用户姓名、照片、兴趣爱好等特征对用户进行描述而形成的用户画像模型，强调了用户在产品开发过程中所起的决定性作用。

国内的代表性观点有：用户画像是参考用户性别、受教育程度等人口统计学特征、社交关系和行为模式等标准而分析、总结和构建出来的一种标签化了的用户模型；用户画像的过程包括搜集用户数据、分析用户相关的业务特色以及可视化数据分析结果等；用户画像代表了某类目标用户群的特征。

2017 年，陈慧香等从用户画像的基本概念、用户画像技术、用户画像模型等几个角度对国外用户画像的研究现状进行了较为系统的梳理。2018 年，刘海鸥等从用户画像的概念与界定、构成要素、模型与方法以及对图书情报学的启示等方面进行综述，并讨论国内外用户画像建模方法在图书馆领域的应用。2019 年，宋美琦等研究者从用户画像的含义、用户画像的研究内容、用户画像技术及其应用价值 3 个方面回顾了国内外用户画像的研究动态并进行了述评。2019 年，张海涛等研究者则从宏观视角运用 Cite space 等可视化工具对图书情报领域用户画像研究的发文量、研究机构、被引期刊、研究热点和研究热点的密度等内容进行了定量分析。

关于用户画像的特征研究，特拉维斯（Travis）的研究提出了用户画像的基本性（primary research）、真实性（realistic）、目标性（objectives）、独特性（singular）、移情性（empathy）等特性。梁荣贤认为用户画像具有真实性、独特性、动态性和应用性的特点。许鹏程的研究发现可迭代性、时效性、区隔性、交互性、知识性和聚类性是数据背景下用户画像的特征。宋美琦等把用户画像的特征归纳为标签化、时效性和动态性可见，用户画像是以大量真实用户数据为基础，对用户行为、兴趣等进行特征抽取而形成的虚拟用户模型，它具有全面性、真实性、代表性、动态性以及移情性等特征。

（2）用户画像构建流程。

目前，有一些关于用户画像构建流程方面的研究。代表性的观点有：用户画像的构建流程包括用户的基本特征、需求、偏好等特征信息的提取和用户画像模型的建构；用户画像的构建流程是一个搜集用户特征数据、研究用户信息、细分标签、丰富用户画像描述的过程。在现有研究的基础上，将用户画像的构建流程划分为 4 个步骤：数据获取、数据挖掘及过滤、标签提取及重组和用户画像应用（见图 5–19）。

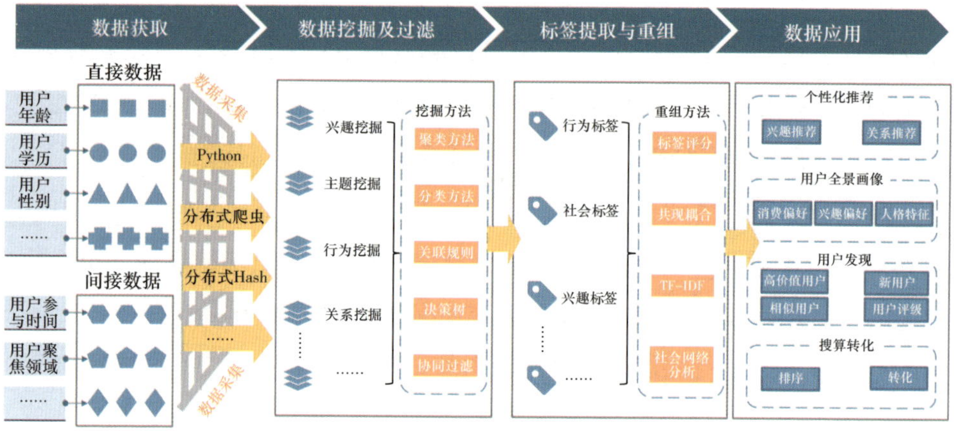

图 5–19　用户画像构建流程

1）数据获取。用户数据是用户画像流程的基础。用户数据越全面准确，用户画像的刻画就越接近于真实用户，用户画像结果就会越成功。等研究者认为应该采集多视角数据，因为其对同一对象从不同层面或者不同方法进行数据的描述，数据可以呈现出多态性、多源性、多描述性和高维异构性等特点。柳益君等研究者则将用户数据划分为：显式行为数据、隐式行为数据、个人信息数据、社交数据以及终端感知数据。但是，当前研究对用户数据真实性、可靠性等方面尚缺乏系统而深入的研究。以视频网站账号为例，针对多人共用同一账号而产生的兴趣、行为方面的偏差可能会对用户画像构建的真实性方面存在一定的偏差关于数据采集的方法，有许多学者从不同的学科和视角进行了探索。

2）数据挖掘及过滤。用户数据挖掘及过滤是用户画像流程的核心和关键。用户画像可以挖掘用户数据之间的关系，将用户画像结果应用到精准信息服务、精准营销等领域来实现其价值。国内外学者对此进行了不同程度的研究，代表性的研究有：库珀（Cooper）利用数据挖掘对加州大学数字图书馆不同类型用户进行分析，从大量的图书馆数据中筛选隐藏数据，发掘了表面上复杂无序信息的联系，发现了不同类型用户逗留时间的规律。斯基伦（Skillen）等人在文章中指出根据智能手机中日志数据进行数据挖掘可以提供个性化服务。陈丹等人认为基于大数据挖掘技术，可以从用户行为、用户社交数据、用户标签集这3种途径提取用户画像标签，从而构建用户画像，进而实现个性化的高质量服务。文献调查表明现有研究的重点关注于用户的行为、用户的关系网络以及兴趣等方面，但针对用户画像数据的过滤以及清洗方面的研究较为鲜见。

3）标签的提取及重组。标签是一个对采集的用户数据进行挖掘与过滤，提取目标用户群的特征，用高度精炼词语对这些特征进行标识的过程，具有语义化、短文本化、专一性等特点。用户标签的提取与重组是用户画像流程的最后环节，是直接影响用户画像结果准确性的步骤，甚至标签权重的不同也会使得用户画像模型存在差异性。

用户画像标签需要按照一定的标准进行划分和等级的排列，从分类的角度来讲，用户标签可以分为用户行为标签、社会网络标签以及兴趣标签等。用户行为标签包括：点击频率、浏览时间长短、搜索记录、评论等等。社会标签则包括：用户角色、用户关系网络、个体与群体的关系等等。用户的兴趣标签包括：用户的兴趣偏好、历史偏好、兴趣转变等标签。从等级排列的角度来讲，行为方面可以划分为一年内的行为、一月内的行为、一周内的行为、一日内的行为等。从社会关系网络的角度来划分可以分为个人与群体的关系、个人与社会的关系等。从兴趣角度来划分可以分为：当前兴趣以及潜在兴趣。

（3）用户画像的算法与技术。

此外，用户画像模型的构建离不开各种算法与技术的支持。在数据采集方面，数据采集往往借用不同工具和方法进行数据的采集，国内外学者运用自编程序、八爪鱼爬虫软件、深度访谈等方法开展了相关的研究；在数据挖掘和过滤方面，数据挖掘的方法有聚类、分类、关联规则、决策树、协同过滤等，聚类和分类的算法能够更好地将用户划分为具有相似特征的群体，以便于将这一类人视为具有共同特征的个体进行划分，关联规则是基于对象的相似性进行数据关系的构建。根据目的的不同，选择相应的数据挖掘的方法；在标签的提取与重组方面，多数学者采用关联规则、标签评分、TF-IDF 算法、社会网络分析等来构建用户兴趣模型；在用户属性特征分析方面，常用数理统计、数据挖掘以及机器学习等方法。

2. 科创人员团队及个人画像的构建

（1）科创人员画像的应用目标。

科创人员画像的应用目标自下而上分为三个层次：

第一层为短期的目标和计划，即“当下怎么做”，主要聚焦战术层面，对科研团队和人员进行全面的介绍，更多维度、更细颗粒度掌握科研团队和人员的基本信息，全面了解科研团队（人员）的相关项目信息、技术领域、合作关系等内容。

第二层中期实现目标的对策，主要聚焦人才的挖掘、优选和管理，实现外部专家和机构的遴选，科创项目内部人才的优选，以及人才潜能的评价及高潜人才的挖掘和培养。

第三层长期的战略发展，主要聚焦战略资源统筹、服务科技创新，掌握科技创新态势水平、总览科技创新全局概况、明确科技创新方向目标、统筹科技创新战略资源，服务公司领导、科技管理者、一线科技人员、人才管理者。

（2）科创人员画像构建流程。

科创人员画像构建流程共分为 5 个步骤：数据收集、数据处理、标签属性提取、科创人员画像标签及可视化、画像场景应用。

第一步数据收集，主要通过现有项目成果、知网、专利知识产权局相关数据获取科研成果、技术专长和项目合作等数据；通过个人信息档案和专家信息档案，获取科创人员基本属性数据。

第二步数据处理，主要通过数据挖掘、清洗和整合获取人员画像的数据。

第三步标签属性提取，根据处理后的数据，对标签属性进行提取，构建科创人员标签体系，属性包括基本属性、项目属性、成果属性、技术属性等。

第四步科创人员画像标签及可视化，通过属性指标的计算，对画像进行可视化呈现。

第五步画像的场景应用，通过项目属性、成果属性、技术属性和合作属性标签构建科创人员综合素质评价模型，开展外部合作遴选和科创人才优选，应用潜能属性标签开展人才潜能评价。

下面以公司科技创新人员（团队）画像为例，具体介绍科创人员画像构建流程。

1）科创人员基础数据分类。公司科创人员画像需要获取的数据主要有四类：项目成果数据、技术专长数据、科研合作数据以及人员基本数据。成员基本属性数据是指团队成员的人口统计学特征，包括姓名、性别、年龄、职称、职位等信息；项目成果数据是每个团队成员辛勤劳动的结晶，揭示其在各学科领域的科研能力和学术影响力；技术专长数据代表团队或个人研究方向；科研合作数据是指团队中成员相互合作共同产生的数据。其中，成员基本属性数据主要来源于个人和专家信息档案，收集方式为数据库和人工收集，其他三种数据主要来源于项目成果文件、知网、国家知识产权局，收集方式为数据库导出、爬虫技术和人工收集。相关数据的收集情况见表5-32。

表5-32 科创人员基础数据分类

数据维度	内部（所有员工）	外部（有过合作的人员）
基础数据	姓名、年龄、学历、政治面貌、职位、职称、专业、毕业院校、工作年限、部门等	
项目数据	参与项目数量、项目角色、项目级别等	
成果数据	技术创新性、经济社会效益、示范应用推广前景、成果转化	
	论文数量、论文等级、专利数量、专利级别、软著数量、软著等级、标准数量、标准等级、奖励级别	
绩效数据	科创人员绩效评分	—
技术数据	主要研究领域	
合作数据	项目合作次数、合作广度（不同技术合作次数）、合作深度（单一技术合作次数）	

2）科创人员画像标签体系。科创人员画像标签体系共包含六大标签：基本属性标签、项目属性标签、成果属性标签、潜能属性标签、技术属性标签、合作属性标签。

基本属性标签包括姓名、性别等员工基本属性；项目属性标签包括项目角色、项目级别、项目质量和项目金额等；成果属性标签包括成果贡献度、论文级别、成果水平、成果价值、标准级别、专利级别、绩效水平、获奖级别等；潜能属性标签为潜能等级；技术属性标签为人员所属技术领域；合作属性标签包括合作拼读、合作深度和合作水平（见表 5-33）。

表 5-33 科创人员画像标签体系

属性	标签维度	标签内容
基本属性	个人信息	姓名、性别、年龄、学历、毕业院校、政治面貌、部门、职位、职称、专业、工作年限
项目属性	项目角色	项目负责人、核心成员、普通成员
	项目级别	国家级项目、省部级项目、国网级项目、公司级项目
	项目质量	高质量项目、中等质量项目、低质量项目
	项目金额	大型项目、中型项目、小型项目
成果属性	成果贡献度	高贡献率、中贡献率、低贡献率
	论文级别	T 类、A 类、B 类、C 类、D 类、E 类
	成果水平	国际领先、国内领先、国际先进、国内先进、国内一般
	成果价值	高价值、中价值、一般价值
	标准级别	国家级标准、省级标准、国网级标准、公司级标准
	专利级别	研究型、发明型、实用型
	绩效水平	高绩效、中绩效、低绩效
	获奖级别	国际级、国家级、省级、国网级、公司级
潜能属性	潜能等级	潜能表现一般、潜能有待观察、潜能有待提高…潜能高

续表

属性	标签维度	标签内容
技术属性	技术领域	数字孪生、智能电网、清洁能源、超导电缆、综合能源、虚拟电厂…
合作属性	合作频度	某领域高频合作者、某领域中频合作者、某领域低频合作者
	合作深度	某领域深度合作、某领域中度合作、某领域浅度合作
	合作水平	某领域高水平合作者、某领域中等水平合作者、某领域一般水平合作者

科技创新人员画像主要用于科创项目人才的选择，对外遴选优秀项目合作伙伴，对内优选科技创新人才。画像主要应用在三个关键环节，一是研究领域的匹配，即人员画像输出的技术属性标签选拔在该研究领域与项目高度匹配的科创人员（内外部）；二是综合素质评价，在确定研究领域后，对人员（内外部）进行综合素质评价，建立科创团队人员选拔辅助决策机制；三是项目角色匹配，即利用画像多维度排序的高级检索，对已选择好的成员进行团队角色的分配。

在综合素质评价环节，通过构建科创人员综合素质评价模型，以定量化的方法，深度融合人员画像，从相关性、专业性、可靠性三个维度开展评价，核心以用户画像标签为数据基础，进行逐层筛选。相关性维度是与科创项目技术领域的相关程度，科创人员在某一技术领域的相关性用$\frac{NA_{ij}}{NA_j}$表示，其数值越大，相关性越高。公式如下

$$\text{相关性}\ \frac{NA_{ij}}{NA_j}=\frac{NA_{ij}}{NA_i}\times\frac{NA_i}{\sum NA_i}\times\frac{\sum NA_{ij}}{NA_j}$$

式中 NA_{ij}——某人在某领域发布的文献数量；

NA_i——某人发布的文献总数；

NA_j——某领域发布的文献总数。

其中，科研人员 i=1、2、…、N，技术领域 j=1、2、…、N。$\frac{NA_{ij}}{NA_j}$代表个人技术

领域标签，$\frac{NA_i}{\sum NA_i}$代表个人文献贡献度，$\frac{\sum NA_{ij}}{NA_j}$代表技术领域热门度。

专业性维度是人员从事技术创新的专业程度，内部人员采用个人科技创新绩效得分进行排序，外部根据画像中合作属性的合作水平标签进行排序。

可靠性维度是人员参与科创项目的可靠程度，采用画像中合作广度标签、合作深度标签和项目得分标签综合进行评价（见图 5–20）。

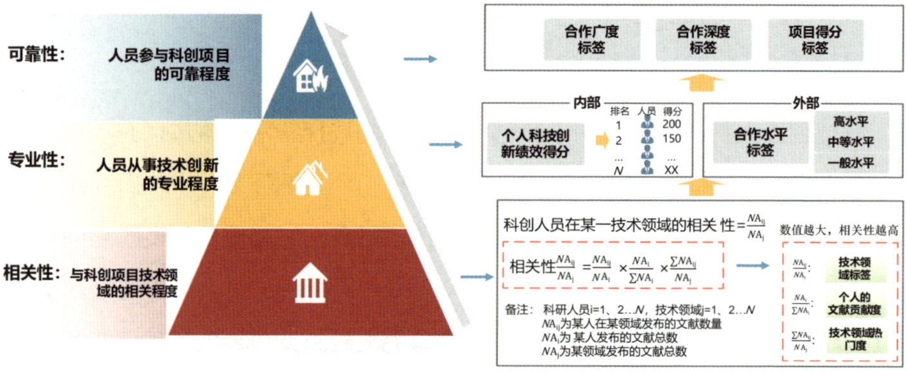

图 5–20　科创人员综合素质评价模型

3）用户画像属性标签添加方法。用户画像属性标签按照提取和添加的方法可以分为四种：固有基本属性标签、基础信息处理得到的标签、用户行为推测得到的标签、数据挖掘建模输出的标签。固有基本属性的标签主要是人口统计学的属性信息，包括性别、年龄、职业、学历等；基础信息处理得到的标签主要是通过已有的基础信息，经过简单逻辑推算出的标签，如通过生日推算出星座、生肖、性格，根据家庭地址推算资产或收入情况，根据职业推算收入情况等；用户行为推测得到的标签主要是根据用户的一些行为特征推测添加标签，如根绝用户的购买商品，推算用户收入情况，贴上高收入或高端的标签；数据挖掘建模输出的标签主要是根据统计分析模型输出标签，如流失预测模型，RFM 模型等对用户进行分类贴标签，根据指标对用户进行聚类分析，得到不同用户群体，再根据群体特征贴标签。

以数据挖掘建模输出标签中的聚类分析为例，目前主要应用的聚类方法包括两步聚类、K–means 均值聚类和层次聚类。其中两步聚类是自动选择聚类数量，通过部分样本建构聚类模型，能处理离散和连续变量，适用于海量数据与复杂类别结构；K–means 均值聚类也称快速聚类，内存少，复杂程度低，快速高效，适用大数据量，要求提前明确分类数目，并对均值进行定义。只能对样本聚类，不能对变量聚类，样本需是连续性变量；层次聚类可以对变量聚类，也可以对样本聚类，可以是连续变量也可以是分类变量。能提供多种计算距离的方法，但计算复杂度高，适用小数据量。聚类分析的核心是确定分类数量，可以根据已有的用户研究以及相关研究结论，或根据具体的分类效果确定，也可以根据层次聚类“步数 – 距离”拐点确定分类数量。

4）科创人员画像属性标签添加方法。科创人员画像属性标签添加方法应用了固有基本属性标签、用户行为推测得到的标签、数据挖掘建模输出的标签三种方法。画像属性标签添加完成后，科创人才的画像即完成（见表 5–34）。

表 5–34　科创人员画像属性标签计算方法

属性	标签	添加方法	计算公式
基本属性	姓名、年龄、职位…	固有基本属性的标签	直接输出标签
项目属性	项目角色	用户行为推测的标签	个人承担项目按照项目角色占比进行加权平均
	项目级别		个人承担项目按照项目级别占比进行加权平均
	项目质量		近 3 年参与项目质量得分的加权平均分按 100–80，80–60，60 以下三个等级统计分析
	项目金额		根据项目投入金额决定项目规模，金额在 100 万以上为大型项目，金额在 100–50 万为中型项目，金额在 50 万以下为小型项目，按参与数量的比例统计分析

续表

属性	标签	添加方法	计算公式
成果属性	论文级别	用户行为推测的标签	个人发表论文按照各级别论文占比进行加权平均
	成果贡献度		根据个人在某领域发表成果数与该领域成果数的比例分析，按照30%、40%和30%的统计区间划分
	成果水平		按照知网评价标准，根据个人成果水平占比统计分析
	成果价值		通过对技术创新型、经济社会价值、示范应用及推广前景按各项的30%、40%、30%加权得分，7～10分为高创新价值、4～7分为中创新价值，4分以下低创新价值，若存在成果转化一律视为高创新价值
	标准级别		个人发布标准按照各级别标准占比进行加权平均
	专利级别		个人发布专利按照各级别标准占比进行加权平均
	绩效水平		按照个人绩效分值前30%、40%和30%的统计区间划分
	获奖级别		个人获得奖项按照各级别奖项占比进行加权平均
潜能属性	潜能等级	数据挖掘建模输出标签	根据收集的数据指标进行聚类、分类分析输出
技术属性	技术领域	用户行为推测的标签	根据人员在某技术领域发表的文献数量占其总发表文献数的比例统计，按照30%、40%、30%的统计区间划分
合作属性	合作频度		根据人员参与合作项目的次数统计，按照30%、40%、30%的统计区间划分

续表

属性	标签	添加方法	计算公式
合作属性	合作深度	用户行为推测的标签	根据人员参与某技术领域合作项目的次数统计，按照30%、40%、30%的统计区间划分
	合作水平		根据人员参与某技术领域合作项目的平均项目团队绩效统计，按照30%、40%、30%的统计区间划分

5.3 科技创新人才管理

人才是科技创新的第一资源，科技人才管理的主要任务就是准确选拔、培养人才，科学地使用管理科技人才，充分发挥科技人才的积极性、主动性和创造性。

伯乐相马：人才潜能评价

科技人才画像的构建不仅可以在科创活动中精准匹配人力资源，选用合适的人才，同时还可以对人才潜能进行评价，挖掘并培养高潜人才，开展创新人才管理。

1. 什么是潜能

目前，对于潜能的定义和描述最位广泛应用是美国著名心理学家麦克利兰于1973年提出的“冰山模型”，它是人才管理和能力开发的基础模型，将人员个体素质的不同表现划分为表面上的“冰山以上部分”和深藏的“冰山以下部分”。“冰山以上部分”包括基本资料、技能、知识，是外在表现，是容易了解与测量的部分，相对而言比较容易通过培训来改变和发展；“冰山以下部分”包括社会角色、自我形象、特质和动机，是人内在的、难以测量的部分。它们不太容易通过外界的影响而得到改变，但却对人员的行为与表现起着关键性的作用。冰山模型中冰山下潜在的部分是人内在的、难以测量的部分，可以宽泛地理解为人的潜力，包括综合能力、个性特征、动机和价值观。

此外，一些知名的人力资源咨询公司也提出了对于潜能的定义。DDI（美国智睿咨询）将潜能定义为可以预测个体的成长性及发展前景的领导者的个性特质；亿康先达将潜能定义为一个人是否具有成长性，应对更大挑战的能力；合益认为潜质是某人目前的能力与未来岗位的职责要求的匹配度，同时考虑到个人潜在的成行因素及可能出现的阻碍因素；光辉国际认为潜质的重要衡量指标是学习敏锐度，即从经验中正确地学习，并将所学运用到新的或第一次遇见的情境中的能力和意愿；拉姆查兰认为潜能是指个体对于某个岗位的准备程度，也就是一个人能否从现在到职位转换到另一个具有不同挑战、规模或更大责任的职位，包括调动的意愿、下一层所需的专业、管理、领导技能、思维方式，潜能可分为三类：转型潜能、成行潜能、熟练潜能。

2. 潜能的评价方法

对潜能进行评价的方法和工具较为知名的包括光辉国际 KFALP 潜能测评工具和合益（HAY）潜力测评工具。

光辉国际对于潜力的研究定位在“学习敏锐度”上，学习敏锐度是指从经验中学习的能力和意愿，具备这种能力和意愿的人能够从以往的经验中正确地学习，并将所学成功运用到全新的情境中。如果具备学习敏锐度，一个人就能将自己所具备的知识智慧，以及所经历的经验转化为新情境或者变化环境下的绩效，也就是潜力，在此基础上，光辉国际推出测量潜力的工具（KFALP），专门用于测评在管理岗位上的“领导力潜力”，并提出领导力潜力七要素，即学习敏锐度、经验度、认知度、领导力特质、内在动力、逻辑思维和出轨风险因素（见图 5–21）。KFALP 将选定的职业目标岗位分为 7 级，再将候选人的行为特质与目标岗位做对比，以选定出最合适的高潜人才，测评结果可以对以上这七项因素分别给出“优势”或“待发展项”的判断，再针对“待发展项”给出具体的发展方式。

图 5-21　光辉国际 KFALP 潜能测评工具

合益（HAY）的潜力理论提出了四种成长因素及相应的阻碍因素。该理论认为，潜质是某人目前能力与未来岗位职责要求的匹配度，同时要考虑到个人潜在的成长因素及可能出现的阻碍因素。其中，潜在的成长因素是影响人卓越表现的标准特质。阻碍因素是个人或组织内部影响或干扰绩效表现的因素。

成长因素包括四个方面的表现：多视角、好奇心、同理心和成熟度。多视角即跨领域思考的能力，其卓越表现为能够从不同的角度去看待问题，能够更深层次地去思考问题而不是简单地就事论事；好奇心即自我学习的能力，其卓越表现为渴望通过不断的学习来加强自我的发展，非常认同才能是可以被发展的；同理心即社会洞察力及人际理解力，其卓越表现为能尽早了解并鼓励这种能力非常重要，能够聆听对方，并且准确理解他人，尤其在意见相左的情况下这样做，能够更好地得到他人的支持和反馈；成熟度即情感的成熟度，其卓越表现为能够保持韧性、控制自己的情绪、具有良好的恢复力以及坚持不懈。

阻碍因素又分为个人因素与组织因素。个人因素的表现包括目光短浅，过于关注目前的结果或技术专长；总是自认为自己比他人聪明；不能够耐心和正确地聆听他人的思想和见解；缺少自我控制，情绪低落，易怒和自我为中心等。组织因素的表现包括只看绩效，对错误视而不见；放任主义的政策错误；轮岗的错误；频繁晋升的错误；组织文化的不适宜；抵制跨地域调动等。

不同于光辉国际潜力测评的是，合益的成长因素可以直接判断高潜力的高低，但要兼顾岗位的职责要求，在实际测评时，需要结合四成长因素的GFI（growth factor inventory）数据、关键个性与岗位的匹配度及业绩等方面数据（见图 5-22）。

图 5-22　合益（HAY）潜力理论

上述潜力测评理论或工具从不同维度出发，对潜力进行定义并梳理卓越表现作为评价依据，但仍存在三大问题：一是指标多为性格特征或能力素质等定性数据，需要结合人力评测工具开展；二是评价方法不对外公开，无法直接使用；三是潜力评价指标涵盖范围广，不适用本项目对科技创新高潜力人才的评价。对于电网科技创新人才潜能评价，在设定特征指标时可以参考光辉国际、合益等主流潜力测评工具的评价维度。

拉姆查兰在《领导力 – 全面打造领导力驱动型公司》中提出潜能三阶段理论和潜能 – 绩效人才九宫格，三阶段即转型潜能、成长潜能和熟练潜能；九宫格根据潜能和绩效，将人才分为明星人才、核心人才、骨干人才等九类（见图 5-23）。人才潜能评价模型在设定人才潜能等级，建立人才潜能地图，针对性设计培养策略等方面可以借鉴拉姆查兰的潜能 – 绩效人才九宫格。

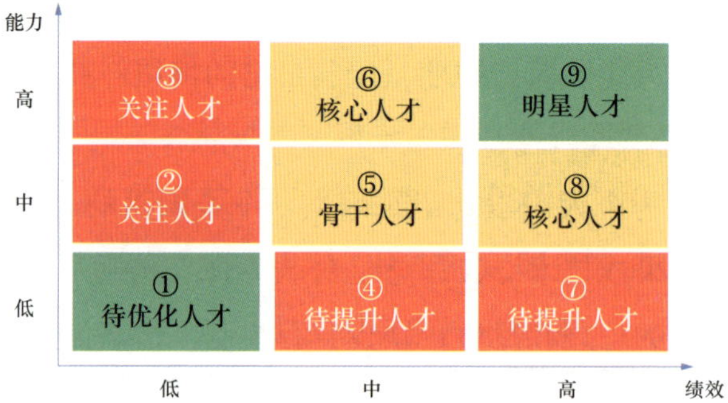

图 5-23　拉姆查兰的潜能 – 绩效人才九宫格

3. 用户价值的评价方法

RFM（recency，frequency，monetary）模型是衡量客户价值和客户创利能

力的重要工具和手段。该模型通过“R（recency）”（一个客户最近一次交易距离现在的时间间隔）、“F（frequency）”（购买的总体频率）以及“M（fonetary）”（客户在企业的消费金额）3 项指标来描述该客户的价值状况。指标特征和客户分类情况见表 5-35。

表 5-35　　RFM 模型指标特征和客户分类

指标特征	客户分类	客户特征
R↑，F↑，M↑	重要价值客户	最佳客户，他们是那些最新购买，最常购买，并且花费最多的消费者
R↑，F↓，M↑	重要发展客户	近期客户，消费金额高，但平均频率不太高，忠诚度不高，但有潜力
R↓，F↑，M↑	重要保持客户	经常购买、花费巨大，但最近没有购买的客户
R↓，F↓，M↑	重要挽留客户	曾经光顾，消费金额大，购买频率低，但最近没有光顾的顾客，可能是即将流失或已经流失的用户，应该给予挽留
R↑，F↑，M↓	一般价值客户	最近购买，消费频次高但消费金额低的客户，需要提高客单价
R↑，F↓，M↓	一般发展客户	最近购买，但消费金额和频次都不高的客户
R↓，F↑，M↓	一般保持客户	很久未购买，消费频次虽高但金额不高的客户
R↓，F↓，M↓	一般挽留客户	RFM 值都很低的客户

RFM 客户价值评价模型为人才潜能评价模型在设计特征指标时提供了新的视角，例如，在评价人才的动机时，可以用 RFM 进行评价。R 进度：最近一次参与项目距离现在的时间、最近一次项目获得高绩效距离现在的时间；F 频度：近三年参与项目的次数、近三年参与项目获得高绩效的次数；M 额度：最近一次项目获得的绩效得分。

4. 结合知识图谱的人才潜能评估

基于知识图谱的科创人才潜能评估模型构建的整体思路是：首先借鉴冰山模型、光辉国际 KFALP、合益（HAY）潜能测评工具、RFM 等模型，构建科创人才潜能特征模型；其次根据特定特征将对象划分为自然的集群，保证同一群内对象特征非常相似，群间对象特征差异较大，从而为不同对象输出分群标签、标识群特征，并刻画该群整体价值轮廓；最后检验聚类效果，应用分类分析，实现未知用户潜能的分析与预测。

（1）模型框架。

模型遵循跨行业数据挖掘标准流程（cross-industry standard process for data mining，CRISP-DM）设计研究框架，如图 5-24 所示。在采集数据源时，根据潜能特征模型的数据需求，抽取建模数据和增量数据，包括现有人员数据库中的基本信息、项目信息和绩效信息等。在数据预处理阶段，处理两类数据缺失值和异常值，并进行数据清洗、属性约简、数据变换等工作。在模型分析与应用阶段，基于标准建模数据，训练聚类模型和决策树预测模型，使用 CH（Calinski-Harabasz）指标做稳定性和有效性验证，最终由决策树预测模型实现对标准未知用户（增量数据）的价值判别，根据业务实际情况，聚类模型和决策树预测模型可以 3 个月或 6 个月运行一次，以保证模型的有效性；在结果与反馈阶段，应用模型对群体和个体的潜能进行画像，并结合实际情况和模型结果，对模型进行反馈、优化。

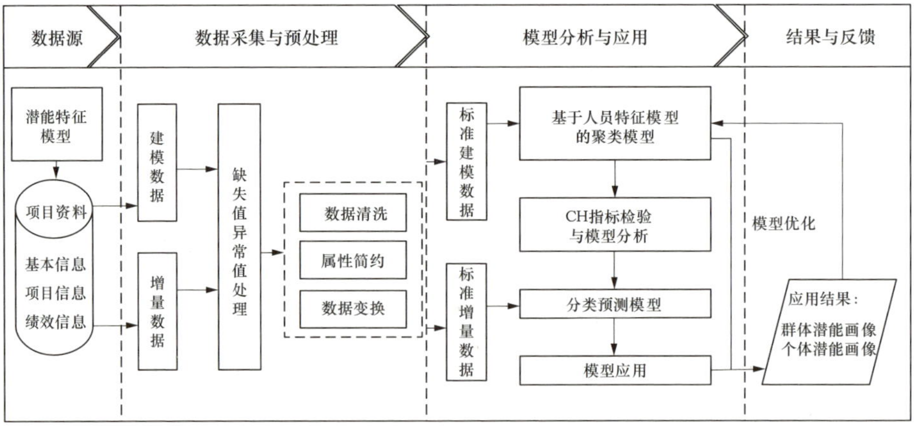

图 5-24　科创人才潜能属性标签输出模型设计框架

（2）关键步骤 1- 潜能特征模型。

借鉴冰山模型，光辉国际领导潜力模型（KFALP）、合益潜能测评工具，RFM 等模型，构建科创人才潜能特征模型（见表 5-36）。

表 5-36　　人才潜能特征模型

<table>
<tr><th colspan="2">类别</th><th>指标</th><th>含义</th></tr>
<tr><td colspan="2" rowspan="2">知识</td><td>专业丰富度</td><td>曾任职岗位涉及的技术领域数量</td></tr>
<tr><td>专业精深度</td><td>曾担任某技术领域相关岗位的累计时间</td></tr>
<tr><td colspan="2" rowspan="3">技术</td><td>技术资质</td><td>专业技术等级（正/副高级/中级/助理级）</td></tr>
<tr><td>技术水平</td><td>参与项目的等级（国家/省部/国网/公司）</td></tr>
<tr><td>技术领域精深度</td><td>过去5年个人在某技术领域科技创新绩效得分</td></tr>
<tr><td rowspan="7">综合能力</td><td rowspan="3">管理能力</td><td>项目管理经验</td><td>担任项目经理的项目累计金额</td></tr>
<tr><td>一般管理经验</td><td>担任党/团/公司管理岗位的累计时间</td></tr>
<tr><td>管理经验广度</td><td>担任不同类型管理岗位的数量</td></tr>
<tr><td rowspan="2">创新能力</td><td rowspan="2">青创赛</td><td>参与青创赛的次数</td></tr>
<tr><td>青创赛获得的成绩</td></tr>
<tr><td rowspan="2">学习能力</td><td>年龄</td><td>举例离退二线的年龄差</td></tr>
<tr><td>学历</td><td>博士、硕士、本科、专科</td></tr>
<tr><td colspan="2" rowspan="5">动力价值观</td><td rowspan="2">R（近度）</td><td>最近一次参与项目距离现在的时间</td></tr>
<tr><td>最近一次项目获得高绩效距离现在的时间</td></tr>
<tr><td rowspan="2">F（频率）</td><td>近三年参与项目的次数</td></tr>
<tr><td>近三年参与项目获得高绩效的次数</td></tr>
<tr><td>M（额度）</td><td>最近一年个人科技创新绩效得分</td></tr>
</table>

（3）关键步骤2-数据整理。

在抽取数据时，将数据划分为建模数据和增量数据（即未知用户数据）。建模数据为参与建模过程的数据，增量数据为未参与建模过程的数据。

在数据预处理阶段，对数据单位及表示形式做统一化处理；采用拉格朗日多项式插值法填补缺失值；为避免数据越界问题，采用Z-score标准化方法将数据转换为标准数据。

（4）关键步骤 3- 聚类分析。

常用的聚类算法主要包括基于划分的聚类算法、基于层次的聚类算法、基于密度的聚类算法、基于神经网络的聚类算法等。以基于神经网络的自组织映射（self-organizing map，SOM）聚类分析为例，其实一种具有自组织功能的神经网络，由输入层与竞争层组成，两层之间各神经元双向连接，竞争层的各神经元之间可以存在横向连接。SOM 模拟生物神经元之间的协调，通过竞争训练权值系数自动得出聚类中心。其算法流程如图 5-25 所示，算法核心为竞争过程、合作过程和权值更新。

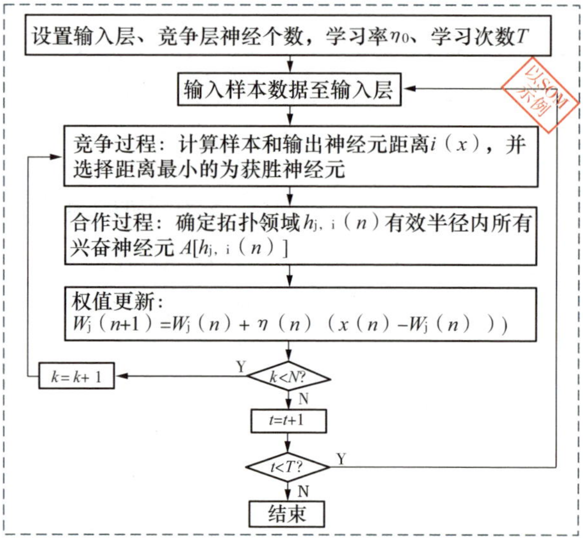

图 5-25　SOM 聚类算法

（5）关键步骤 4- 聚类分析。

衡量聚类效果好坏的指标有调整型兰德系数（ARI）、调整型互信息得分（AMI-score）、同质性 / 异质性得分（homogeneity-score/completeness-score）、调和平均值（v-measure）、FM（fowlkes-mallows）指数、轮廓系数（sil-houette coefficient）、CH（calinski-harabaz index）指标。CH 指标计算速度较快，对比效果较明显，故本文选择 CH 指标作为衡量指标。类簇中数据的协方差越小，同时，类别间协方差越大，CH 指标取值越高，表示聚类效果越好。其原理公式如下

$$S(k)=\frac{tr(B_k)m-k}{tr(W_k)k-1}$$

其中，m 是样本个数；k 为类别数；B_k 为类别间的协方差矩阵；W_k 为类别内部数据的协方差矩阵；tr 为矩阵的迹。

（6）关键步骤 5- 分类预测。

分类预测模型可选择逻辑回归、支持向量机（SVM）、决策树、随机森林、朴素贝叶斯、神经网络等。以决策树为例，选择 C4.5 决策树模型实现未知用户的分析与预测任务（见表 5–37）。C4.5 决策树可以解决 ID3 决策树无法处理连续型数据的问题、ID3 决策树在使用信息增益划分数据集时倾向于选择属性分支更多的属性的问题。C4.5 决策树算法以信息熵和信息增益率为衡量标准，采用树状结构，每个内部节点表示对某个属性的一次测试，每条边代表一个测试结果，叶子节点代表某个类或类分布。

表 5–37　　C4.5 决策树算法

步骤	内容
输入	训练数据集 D，特征集 A，阈值 ε
输出	决策树 T
Step1	若 D 中所有实例属于同一类 C_k，则 T 为单节点树，并将类 C_k 作为该节点的类标记，返回 T
Step2	若 A= ∅，则 T 为单节点树，并将 D 中实例数最大的类 C_k 作为该节点的类标记，返回 T
Step3	否则，计算 A 中个特征 D 的信息增益率，选择信息增益率最大的特征 A_k
Step4	如果 A_g 的信息增益率小于阈值 ε，则 T 为单节点树，并将 D 中实例数最大的类 C_k 作为该节点的类标记，返回 T
Step5	否则，对 A_g 的每一种可能值 a_i，依 $A_g=a_i$ 将 D 分割为若干非空子集 D_i，将 D_i 中实例数最大的类作为标记，构建子节点，由节点及其子树构成树 T，返回 T
Step6	对第 i 个子节点，以 D_i 为训练集，以 A-{A_g} 为特征合集，递归调用 Step1–Step5，得到子树 T_i，返回 T_i

人才潜能评价的核心是画像中潜能属性标签的应用，在输出潜能属性标签进行人才潜能评价的基础上，明确拟重点培养的高潜人才，以及各类人才的培养方向，利用潜能－绩效九宫格制定人才培养目标和策略，并设计人才潜能地图（见图 5–26）。九宫格中纵坐标的发展潜能根据画像标签确定，横坐标的绩效评价根据科技创新绩效评价方法，对个人在科技创新项目的绩效表现进行评分，取近三年的平均得分。九宫格的分数线划分有三种策略：等分法、正态分布法、实际分布法。本次可采用正态分布法并且结合人才分布的特征聚集度。

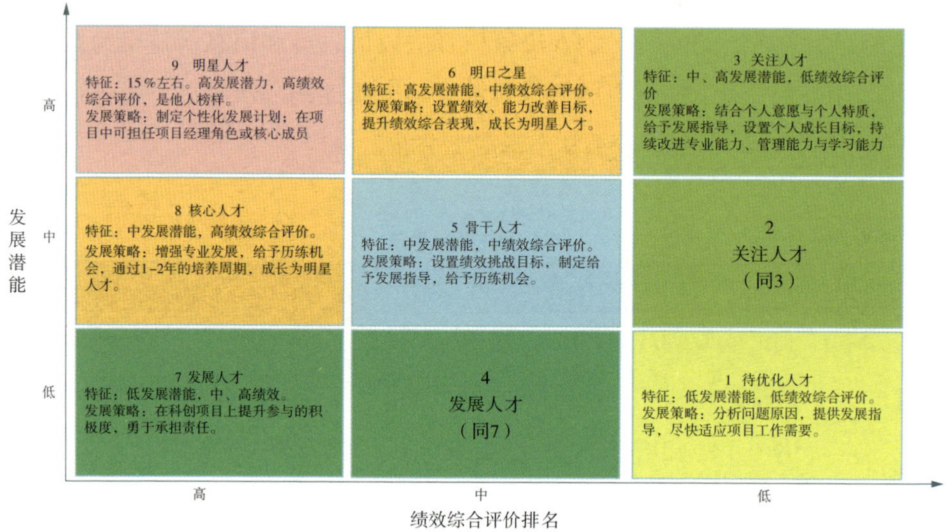

图 5–26　科创人才潜能地图

第 6 章
数字化时代知识图谱与科技创新的未来

展望“后疫情时代”，人类的社会最终会回归到正常状态。而在此次疫情中诞生的各种创新萌芽将成长为科技新的趋势，那就是物理世界与数字世界将会进一步融合、科技创新将朝着更加以人为本的方向发展，从而推动世界持续向好的方面发展。

6.1 知识图谱的未来

6.1.1 知识图谱发展面临的挑战

如果未来的智能机器拥有一个大脑，知识图谱就是大脑中的知识库，对于大数据智能具有重要意义，而且将对人工智能、信息检索和自然语言处理等领域产生较大的影响。

以商业搜索引擎公司为首的互联网巨头已经意识到知识图谱的战略意义，纷纷投入大量资源布局知识图谱，并对搜索引擎形态产生了重要的影响。与此同时，知识图谱还处在发展初期，大多数商业知识图谱的应用场景相对来说比较有限，例如知立方、搜狗更多地聚焦在健康和娱乐等领域。

根据各搜索引擎公司发布的关于知识图谱的报告，为了保证知识图谱的准确率，在知识图谱构建过程中仍然需要采用较多的人工干预。在可以预见的未来，知识图谱将会是大数据智能的前沿研究问题，有很多重要的开放性问题亟待产业界和学术界共同解决。

未来知识图谱研究有以下几个重要挑战：

1）知识类型与表示。知识图谱表示知识主要采用（实体 1，关系，实体 2）三元组的形式，这种方法可以较好地表示更多事实性知识。然而，人类知识的类型是非常丰富多样的，面对很多复杂的知识，三元组就没有太多办法了。例如，新闻事件、人们的购物记录信息等，包含大量实体及其之间的复杂关系，更不用说人类大量涉及主观情感、主观感受和模糊的知识了。有很多学者设计了不同的知识表示方法用来针对不同场景。知识表示是知识图谱构建与应用的基础，因此知识图谱的重要研究问题是如何合理设计表示方案，以便更好地涵盖人类不同类型的知识。

2）知识获取。如何从互联网大数据萃取知识是构建知识图谱的重要问题。目前已有的知识获取方案，在一定程度上已经可以成功抽取出大量有用的知识，但几乎所有方案都存在以下的问题，首先，在大规模开放领域的知识抽取准确率、覆盖率和效率等方面仍不尽如人意；其次，可扩展性不强，因此还有极大的提升空间。

3）知识融合。在知识融合过程，目前主要存在数据噪声和非机构化数据处理的问题。

数据中存在着很多的噪声，即便是已经存在库里的数据也不能保证它有100% 的准确性。数据的噪声主要体现在两个方面：一方面是积累的数据本身是有错误的，所以需要纠正这部分错误的数据，最简单的纠正办法就是做离线的不一致性验证。第二，数据冗余。比如在发表论文时，张某填写的所属单位名称为“国网”，李某填写的所属单位名称为“国网公司”，王某则填写的所属单位名称为“国家电网有限公司”。虽然这三个人都是同一家公司的员工，但是由于他们填写了不同的名字，计算机则会认为他们三人是来自不同公司的员工。怎么从海量的数据中找出这些存在歧义的名字并将它们合并成一个名字是接下来需要处理的问题，这就涉及自然语言处理中的消歧分析技术。

很多数据在大数据时代都是未经处理过的非结构化数据，比如视频、音频、文本、图片等。特别是在互联网金融行业里，往往会面对大量的文本数据。怎么从这些非结构化数据里提取出有价值的信息是一件非常有挑战性的任务，这对掌握的自然语言处理、数据挖掘、机器学习能力提出了更高的要求。

4）知识推理。推理能力是人类智能的重要特征之一，使得人类可以从已有的知识中发现隐含的知识，一般的推理往往需要一些规则的支持，例如张某的朋友很多也是李某的朋友，那我们可以推测张某和李某也很有可能是朋友关系，但此类推理的准确率较低，当信息量特别多的时候，怎么把这些信息有效地与推理算法结合在一起才是最关键的。常用的推理算法包括基于分布式表示方法的推理和基于逻辑的推理，随着深度学习在人工智能领域的地位变得越来越重要，目前研究的热点之一就是基于分布式表示方法的推理。

5）知识应用。目前大规模知识图谱的应用方式和应用场景相对比较有限，如何有效实现知识图谱的应用，利用知识图谱实现深度知识推理，提高大规模知识图谱计算效率，需要不断发掘用户需求，探索更重要的应用场景，提出新的应用算法。这既需要积累丰富的知识图谱技术，也需要敏锐感知人类的需求，只有这样才能找到合适的应用之道。

自2012年知识图谱技术推出以来，已经取得了极大的进展。不仅成为大数据时代的重要知识表示之一，是大数据知识工程的典型代表，而且成为认知智能实现的核心基础技术，有力地推动了智能化的发展进程。在大规模简单应用场景中知识图谱技术已经取得了显著的落地效果。近年来，知识图谱的需求从数据丰富的大规模简单应用场景转向专家知识密集但数据相对稀缺的小规模复杂应用。这一转向过程所呈现出的一系列全新的形势，诸如有限的数据资源、密集的专家知识、深度的知识应用、繁杂的应用场景等，都为知识图谱落地带来了巨大挑战。

6.1.2 知识图谱的发展趋势

从技术角度来看，由于知识图谱拥有大量的实体和关系，但大量不同的关系很难定义逻辑规则，建立在神经网络深度学习基础上的图谱推理能力是未来技术发展的重要方向。此外，随着自然语言处理能力的快速提升，知识图谱的文本检索和理解能力大幅提升，对于图结构推理能力和可解释性的需求不断提高，新的“认知图谱”应运而生。

认知图谱强调“认知”，即通过自然语言处理等人工智能算法的优化完善，提升知识图谱信息处理、逻辑推理、关系表示的能力，其主要从两个方面对知识图谱进行改进提升：一是尽可能将信息处理精确度任务交给检索和自然语言理解算法，以此减少图谱构建时的信息损失，另一方面，在保留完整信息的同时，针对图结构进行可解释关系推理。这两方面的改进使知识图谱可以直接存储带索引的文本数据，实体节点可以通过相关实体识别模型产生，通过节点产生上下文信息可以依靠图神经网络等模型进行可解释的关系推理。

从应用角度来看，随着数字经济的深入发展，知识图谱的应用场景也面临着快速的迭代，行业应用场景边界不断拓宽，垂直应用场景被挖掘的越来越深。高价值且实用性强的垂直场景知识图谱是未来的发展方向，在知识图谱应用发展过程中，知识图谱的应用场景可持续迭代场景广度与深度。一方面，各行业对知识图谱的认知与需求被唤醒，应用场景边界拓宽，主要表现为应用不再局限于现有场景，潜在场景日益增加；应用场景复合叠加，多种应用可同时使用；应用模型能力泛化，可覆盖场景不断增多。另一方面，随着行业认知加深与技术进步，知识图谱的应用深度不断下钻，主要表现为行业应用场景深度加深，技术与业务的结合点愈发精准，技术逐渐走深向实；垂直场景的颗粒度更加细化，广大潜在应用场景逐渐收敛为清晰可见的可用场景，解决方案高度清晰化；高价值且实用性强的垂直细分场景被做深做透，场景业务得到显著优化。循序渐进地被做深做透，为传统企业的业务带来显著的业务增效。

在实际应用中，知识图谱在知识融合、语义搜索和推荐、问答和对话系统以及大数据分析和决策等以数据为中心的应用中已经突显出越来越重要的应用价值。知识图谱技术与其他前沿技术学科的交叉融合，创造了更多的应用，带来了更多的可能。如知识图谱与区块链技术的融合应用，作为极具价值的知识，相互之间建立关联可以进一步增加知识的价值。知识图谱区块链技术从知识生产层而言，知识众包、知识抽取、知识校验、知识对齐融合、知识补全等过程，可以利用区块链的技术体系去完善知识生产的不确定性。当知识已经产生，从知识传播层的角度来看，知识确权、知识溯源等也是结合设计区块链合约等所必须要考虑的因素。最后从知识消费的角度来看，知识图谱与区块链的交叉应用未来将会在知识问答系统、知识学习等等与知识图谱相关的应用中拥有非常广阔的应用价值。

未来，知识图谱的发展离不开供给方、需求方、监管方等多方力量的支持，各方在政策、人才、技术、资本、市场等方面，相互提供资源，汇聚发展合力，探索与克服知识图谱技术、应用的难点。只有通过多方的通力合作，形成共生共赢的合作体系，知识图谱的技术价值、产业价值、社会价值才能真正发挥其巨大的潜能，推动社会、经济、技术不断向前发展。

6.2 科技创新的未来

6.2.1 科技创新激发新动能

1. 科技创新发展趋势

当前，世界正面临着百未有之大变局，新兴技术革命和产业转型深入推进，科技创新的直接影响力和作用越来越强，从中长期来看，全球科技创新发展态势也在发生重大变化。我们必须深入分析和掌握全球科技创新趋势，基于我国科技创新发展的实际情况和需求，积极布局主攻方向，力争在国际格局深刻调整中赢得主动权。

趋势一：未来十年，全球数字技术或将进入新一轮繁荣周期。

大数据、物联网、人工智能、区块链等数字技术目前正处于快速研发和迭代升级的阶段，要将其广泛地、大规模地应用到社会各个领域还需要一个过程。总体上看，广阔的市场潜力、良好的发展前景，吸引了大量投资，推动了多元化的技术路线和商业模式的不断探索和创新，也催生了一批掌握前沿技术和新商业模式的企业。随着数字技术应用的不断扩展，大规模应用过渡已经进入了导入期后半段，预计经过 10 年左右的发展，数字技术应用将进入展开期，进一步渗透至经济社会的方方面面，发挥更大强度的经济推动效应，在 2030 年前后或将进入新一轮繁荣周期。

趋势二：数据资源的重要性凸显。

新兴数字技术让数据的流通和使用更加便捷、高效，成本节约更加显著，同时也进一步发掘出了当代数据资源的价值。数据资源作为一种新的生产要素投入到经济社会各领域，与更多的设备建立了网络连接，一方面能够显著提升生产效率，另一方面也降低了传统要素的投入，带来了生态环境效益的提升。数据不但成为企业发展、产业升级的重要因素，而且在国家战略性资源中的地位的日益提升，在技术研发和应用创新中，数字驱动的能力更加重要，将直接影响国家的综合竞争优势。此外，在价值链中数字资源带来的增加值所占比重将显著提升，对全球价值链中低成本劳动要素的价值产生了冲击。

趋势三：开放创新为创新生态的形成提供了有利条件。

数字技术进步推动了世界更大范围、更深层次的“连接”，提升了创新资源的可用性和流动性，使得创新资源和创新要素更易于被获取、创新创业门槛更低、产业组织和社会分工持续深化。以用户为中心、多元主体参与、在更大范围合作的开放式创新蓬勃发展，参与式创新、协同创新、众包众创等新模式不断涌现。自下而上的创新机制逐步凸显出来，研发活动的合作也不断地得到加强。同时，集聚整合创新资源、提高创新效率是构建良好创新生态的关键。

2. 科技创新管理的发展

科技创新是对人类非常重要，也是极其有价值的活动，但是这种活动也具有高风险，因此，最重要的就是要了解并把握科技发展创新的规律，同时进行科学有效的管理。企业是开展创新工作的主体，要想实现超前的布局，需要进一步发挥企业和市场的作用。一批能够掌握关键核心技术的科技型企业集群式的崛起是中国能持续创新突破的关键。我国的移动通信技术从 1G 的落后、2G 的跟随、3G 的突破、4G 的并跑，到 5G 的领先，就是因为通信企业在基建筹备、技术试验、频谱规划、标准制定等多方面进行了超前的布局。未来中国的科技企业可以在发展中实现更多技术突破。

企业的科技创新需要构建新型的企业创新体系。在新型企业创新体系中，要充分发挥民营企业与国有企业的战略互补性、中小企业与大型企业的能力互补性，建设大中小企业协同、国有民营联动的企业创新体系。首先，积极发挥大型企业在科技创新方面的作用。对于大型央企而言，应积极发挥其在国家基础性、战略性、公共性科技创新方面的作用，充分释放其在共性技术平台建设、高端人才储备、原始性重大创新和集成创新方面的较大优势。对于大型民营企业来说，应充分发挥其在竞争性领域的创新模范作用。其次，进一步扶持中小企业积极实施颠覆性创新。进一步重视民间创新智慧的获取和吸收，积极运用互联网平台，吸收用户和群众的创新智慧，并进一步发挥产业技术工人在创新中的作用，实现智慧共创、群智共享。

3. 科技创新助推中国经济前行

科技创新正以强大的引领力和驱动力助推中国经济“航母”破浪前行。近年来，在规模以上工业中，我国高技术制造业增加值以及占比逐年上升。其中，装备制造业、战略性新兴服务业表现尤为突出。我国在新能源、集成电路、生物制药等高技术产业投资持续增加，在一些关键领域，已取得巨大的发展成就。

持续深化的改革之力使得科技创新引领作用不断增强。近年来，我国科研院所和高校的科研自主权改革持续扩大，目的就是为了提升创新绩效，从而增加科技成果供给；科技成果转化链条的完善让更多成果走向市场；研发费用加计扣除等政策的优化落实助力企业创新发展；打造专业创新创业平台为科技创新大显身手搭建了更广阔的舞台。

科技创新的引领力量不断积攒。近年来，我国更加重视原始创新和基础研究，我国研发投入持续增加。其中，基础研究经费占比大幅提高。在重大科技创新要素投入上，国家重点实验室、国家工程研究中心、国家企业技术中心、大众创业万众创新示范基地、国家级科技企业孵化器等数量也在持续增加。随着投入的不断增强，我国在暗物质粒子探测卫星、量子科学等基础研究领域取得重大突破，在高速铁路、国产大飞机等高技术领域也取得一批重大成果。

随着互联网与5G、云计算、物联网、大数据、人工智能等新一代信息技术不断融合发展，数字经济和信息技术产业持续发展。工业互联网、无人驾驶汽车、工业机器人等一系列新模式、新产品不断推动行业转型升级。在先进技术应用、商业模式创新等方面，科技创新持续发挥着引领作用，在市场消费和居民生活等方面，在线娱乐、在线点餐、在线购物、在线教育、扫码支付、刷脸支付、机器人服务、网约车出行等新商业模式的涌现，引领着人们消费模式和生活方式的变化。

6.2.2 科技自主创新能力的打造

1. 科技自主创新能力的重要性

近现代世界历史的发展表明，科技创新是当今世界现代化的发动机，是一个国家进步和发展最重要的因素之一。重大的原始性科技创新以及由其引起的技术进步和革命成为产业革命的源头，在世界经济的发展中科技创新能力强盛的国家发挥着主导作用。随着经济全球化的加速和知识经济时代的到来，国际竞争越来越激烈。为了在国与国的竞争中赢得主动，依靠科技创新提升国家核心竞争力和综合国力，是世界上许多国家和地区的共同选择。纵观当今世界，创新型国家的共同特征是科技自主创新成为促进国家发展的主导战略，并且这些国家的创新综合指数明显高于其他非创新型国家。因此，只有科技自主创新才能体现出国家的创新能力，只有不断提升自主创新能力，才能使我国经济建设和社会发展迈上新的台阶，从而真正实现可持续发展。

创新是一个国家发展的不竭动力，也是我们这个民族进步的坚实基础。对于我们这样拥有众多人口的发展中国家来说，必须始终把自力更生、自立自强、自主创新作为自己发展的根本基点。科技是国之利器，国家依赖科技能够变的强盛，企业依靠科技能够变得强大，人民生活能够通过科技变得更加美好，因此，中国要想变得强盛，企业要想变得强大，人民生活要想变得美好，就必须拥有科技自主创新能力。

2. 我国科技创新要进一步补短板

改革开放以来，我国在科技创新方面取得了巨大的进步，尤其在近十年间，我国在很多重要的领域都取得了重大进展，比如纳米材料、航空航天、新能源、高性能计算机等。此外，出现了一系列有代表性的创新成果，比如“复兴号”高铁、“天宫”中国空间站等，也出现了一系列有代表性的创新企业，比如华为、大疆等国际化的高科技公司；三一重工、潍柴动力、吉利汽等传统产业领域中有国际竞争力的公司。

科技创新动能的释放是取得这一系列成功最主要的原因，但动能如何持续释放，转化为更强的势能是未来需要思考的核心问题。目前，我国在科技创新过程中，仍存在一些短板，比如，在原创性高水平研究方面，我国与美国、以色列等国家仍然存在一定的差距。在产业创新的系统能力方面，我国和发达国家相比仍有较大的差距，虽然拥有一批具有国际竞争力的企业，但是中国整体的国际创新能力还比较差，劳动生产率也不是很高，在全球有关的排名中比较靠后，这与总量排在前面形成比较鲜明的对比。

此外，在一些重要核心领域严重依赖国外的技术。近些年，我国集成电路进口始终保持较高增幅，贸易逆差为持续增长；大部分疾病的特效药仍需要进口或依赖外国公司的专利许可和授权；高端装备制造的核心部件，如大功率发动机、高性能材料等，还需要进口。这些现实，让我们深刻认识到打造企业科技自主创新能力不仅关乎企业的基业长青，更关乎国家的长远发展。

当今世界正经历百年未有之大变局，新一轮科技革命和产业变革深入发展，国际力量对比正在进行深刻调整，在全球科技创新发展中，中长期的态势也在发生剧烈的变化。面对这种全球科技创新趋势的变化，我们应该顺应全球科技发展大势，在进一步融入全球创新网络的同时，坚持科技自立自强，通过深化改革、扩大开放，提高科技创新能力，在重点领域加快核心技术突破，着眼于国家科学技术长远发展确定重点领域、重点方向和重点项目，战略性配置科技资源，加快塑造未来科技战略优势。

附录　单项技术水平评价细则

评价项目	评分细则	评分标准	标准分	得分
1. 单项技术资源投入水平（55 分）				
1.1 人力投入（10 分）	单项技术参与人员中硕博士人员比重	□ 25% 以上（5 分） □ 20%~25%（4 分） □ 15%~20%（3 分） □ 10%~15%（2 分） □ 10%（以下）（1 分）	5	
	单项技术参与人员高层次技术人才比重	□ 25% 以上（5 分） □ 20%~25%（4 分） □ 15%~20%（3 分） □ 10%~15%（2 分） □ 10%（以下）（1 分）	5	包括科技创新创业人才、国际标准创制人才、中青年科技创新领军人才、重点领域创新团队、国务院特殊津贴专家、千人计划专家等
1.2 经费投入（10 分）	单项技术 R&D 和改造经费（项目批复费用）投入强度：单项 R&D 和改造经费支出占公司技术 R&D 和改造总投入比重	□ 10% 以上（10 分） □ 7%~10%（8 分） □ 4%~7%（6 分） □ 1%~4%（4 分） □ 1%（以下）（1 分）	10	

续表

评价项目		评分细则	评分标准	标准分	得分
1.3 技术载体（20分）	技术的研发机构（10分）	单项技术研发机构数量（包括实验室、研究中心、技术中心等）	□ 5个以上（5分） □ 2~5个（3分） □ 2个以下（1分）	5	
		单项技术研发机构认证级别	□国家级研发机构（5分） □省部级研发机构（3分） □国网级研发机构（2分） □其他（1分）	5	
	技术所属的项目层次（10分）	单项技术所属项目的层次	□国际级（10分） □国家级（8分） □省部级（6分） □国网公司（4分） □其他（1分）	10	
1.4 合作投入（10分）	技术合作项目数量（5分）	单项技术合作项目数量（包括产业单位、高等院校、科研机构等）	□ 5个以上（5分） □ 2~5个（3分） □ 2个以下（1分）	5	
	技术合作关系（5分）	单项技术合作单位层次	□国际级（5分） □国家级（4分） □省部级（3分） □国网级（2分） □其他（1分）	5	
1.5 储备投入（5分）	单项技术储备数量	单项技术立项、规划等数量	□ 5个及以上（5分） □ 4个（4分） □ 3个（3分） □ 2个（2分） □ 1个（1分）	5	
2. 单项技术成果产出水平（85分）					
2.1 技术成果形式（60分）	时间（5分）	单项技术从立项到使用（结项）的时间	□ 12个月以上（5分） □ 6~12个月（3分） □ 6个月（以下）(1分)	5	

续表

评价项目		评分细则	评分标准	标准分	得分
2.1 技术成果形式（60分）	产品（5分）	单项技术产出产品数量（产品包括设备、系统、工艺方法、工具、服务、商业模式等）	□5个以上（5分） □2~5个（3分） □2（以下）（1分）	5	
	技术标准（10分）	单项技术拥有的标准数量	□5个及以上（5分） □4个（4分） □3个（3分） □2个（2分） □1个（1分）	5	
		标准级别	□国际标准（5分） □国家标准（4分） □行业标准（3分） □企业标准（2分） □团体标准（1分）	5	
	论文（10分）	单项技术拥有的论文数量	□8篇以上（5分） □6~7篇（4分） □5~6篇（3分） □3~4篇（2分） □1~2篇（1分）	5	
		论文级别	□SCI（5分） □EI（4分） □中文核心（3分） □其他（1分）	5	
	专利（10分）	单项技术拥有授权专利数量	□5个及以上（5分） □4个（4分） □3个（3分） □2个（2分） □1个（1分）	5	等宽离散化确定分值阶度
		授权专利级别	□发明专利（5分） □实用新型专利（3分） □外观设计专利（1分）	5	
	著作（10分）	著作级别	□专著（10分） □编著、译著、科普（5分）		

续表

评价项目		评分细则	评分标准	标准分	得分
2.1 技术成果形式（60分）	商标（5分）	单项技术拥有商标数量	□5个以上（5分） □2~5个（3分） □2个以下（1分）	5	等宽离散化确定分值阶度
	示范工程（5分）	示范工程数量	□5个以上（5分） □2~5个（3分） □2个以下（1分）	5	等宽离散化确定分值阶度
2.2 技术成果奖励（15分）		单项技术成果奖励数量	□5个以上（5分） □2~5个（3分） □2个以下（1分）	5	等宽离散化确定分值阶度
		奖励等级	□国家级奖项（5分） □省级奖项（3分） □国网级（2分） □其他（1分）	5	
		成果水平	□国际领先（5分） □国内领先（4分） □国际先进（3分） □国内先进（2分） □国内一般（1分）		
2.3 技术成果转化（10分）		技术成果转移转化总数量	□5个以上（5分） □2~5个（3分） □2个以下（1分）	5	等宽离散化确定分值阶度
		技术成果转化金额（收益扣除直接费用后的金额）	□年净收益金额≥2000万（5分） □年净收益金额＜2000万，≥500万（4分） □年净收益金额＜500万，≥50万（3分） □年净收益金额＜50万（2分） □成果转化协议签订（1分）	5	
3. 单项技术影响力水平（10分）					
3.1 技术影响力水平（10分）		媒体报道次数	□5次以上（5分） □2~5次（3分） □2次以下（1分）	5	等宽离散化确定分值阶度

续表

评价项目	评分细则	评分标准	标准分	得分
3.1 技术影响力水平（10 分）	媒体层级	□中央媒体（5 分） □地方媒体（3 分） □行业媒体（1 分）	5	

参考文献

[1] Aminer 学术头条 . 未来在知识图谱领域还会面临哪些挑战 [EB/OL]. 2019. 4. 23. https://zhuanlan. zhihu. com/p/63424097.

[2] Barbara J. Grosz, Aravind K. Joshi, Scott Weinstein. Centering:A Framework for Modeling the Local Coherence of Discourse. [J]. Computational Linguistics, 1995, 21(2):203–225.

[3] Berant J, Chou A, Frostig R, et al. Semantic parsing on freebase from question–answer pairs[C]//Proceedings of the 2013 conference on empirical methods in natural language processing. 2013: 1533–1544.

[4] Bizer C, Heath T, Berners–Lee T. Linked Data:The Story so Far[J]. International journal on Semantic Web and information systems, 2009, 5(3):1–22.

[5] Bordes A, Usunier N, Garcia–Duran A, et al. Translating embeddings for modeling multi–relational data [C]// Advances in Neural Information Processing Systems. 2013: 2787–2795.

[6] Bordes A, Weston J, Collobert R, et al. Learning structured embeddings of knowledge bases [C]//Twenty–Fifth AAAI Conference on Artificial Intelligence. 2011.

[7] Cer D, Yang Y, Kong S Y, et al. Universal Sentence Encoder[J]. Proceedings of the 2018 Conference on Empirical Methods in Natural Language Processing:System Demonstrations, 2018.

[8] Chen D, Fisch A, Weston J, et al. Reading wikipedia to Answer Open-Domain Questions[C]//Proceedings of the 55th Annual Meeting of the Association for Computational Linguistics (Volume 1:Long Papers). 2017:1870-1879.

[9] Chen Q, Zhu X, Ling Z H, et al. Recurrent Neural Network-Based Sentence Encoder with Gated Attention for Natural Language Inference[J]. Proceedings of the 2nd Workshop on Evaluating Vector Space Representations for NLP, 2017:36-40.

[10] Cheng T, Lauw H W, Paparizos S. Entity Synonyms for Structured Web Search[J]. IEEE Transactions on Knowledge & Data Engineering, 2012, 24(10):1862-1875.

[11] Cowie J, Lehnert W. Information Extraction[J]. Communications of the ACM, 1996, 39(1):80-91.

[12] DataFunTalk. 肖仰华：知识图谱下半场 - 机遇与挑战 [EB/OL]. 2020. 1. 27. https ：//mp. weixin. qq. com/s/xAvRl6FK9ZJjpuU_odBEPw.

[13] Ding M, Zhou C, Chen Q, et al. Cognitive graph for multi-hop reading comprehension at scale [C]//Proceedings of the 57th Annual Meeting of the Association for Computational Linguistics. 2019:2694-2703.

[14] Evlin J, Chang M W, Lee K, et al. BERT:Pre-training of deep bidirectional transformers for language understanding [C]// Proceedings of the 2019 Conference of the North American Chapter of the Association for Computational Linguistics: Human Language Technologies, Volume 1 (Long and Short Papers). 2019:4171-4186.

[15] Fader A, Zettlemoyer L, Etzioni O. Open question answering over curated and extracted knowledge bases[C]//Proceedings of the 20th ACM SIGKDD international conference on Knowledge discovery and data mining. 2014:1156-1165.

[16] Fenn J. , Raskino M. Mastering the hype cycle: How to choose the right innovation at the right time[M]. Boston:Harvard Business School Press, 2008:10-15.

[17] Gartner, Inc:Hype Cycle for Emerging Technologies, 2017[R/OL]. [2017-7-21]. http://www. gartner. com/technology/about. jsp.

[18] Gartner, Inc:Understanding Gartner's Hype Cycles[R/OL]. [2003-5-30]. https://www. gartner. com/en/documents/3887767.

[19] Haimes Yacov Y, Kaplan Stan, Lambert James H. Risk filtering, ranking, and management framework using hierarchical holographic modeling. [J]. Risk analysis:an official publication of the Society for Risk Analysis, 2002, 22(2):383–397.

[20] Lappin S, Leass H J. An Algorithm for Pronominal Anaphora Resolution[J]. Computational Linguistics, 1994, 20(4):535–561.

[21] Lee T W, Lewicki M S, Girolami M, et al. Blind source separation of more sources than mixtures usingovercomplete representations[J]. IEEE signal processing letters, 1999, 6(4):87–90.

[22] Malin B, Airoldi E, Carley K M. A Network Analysis Model for Disambiguation of Names in Lists[J]. Computational & Mathematical Organization Theory, 2005, 11(2):119–139.

[23] Marco Campani, Ruggero Vaglio. A simple interpretation of the growth of scientific/technological research impact leading to hype–type evolution curves[J]. Scientometrics, 2015, 103(1):75–83.

[24] Socher R, Chen D, Manning C D, et al. Reasoning with neural tensor networks for knowledge base completion [C]//Advances in neural information processing systems. 2013:926–934.

[25] Studer R, Benjamins V R, Fensel D. Knowledge engineering: principles and methods. Data Knowl Eng 25(1–2):161–197[J]. Data & Knowledge Engineering, 1998, 25(1–2):161–197.

[26] Yao X, Van Durme B. Information extraction over structured data:Question answering with freebase[C]//Proceedings of the 52nd Annual Meeting of the Association for Computational Linguistics(Volume 1: Long Papers). 2014:956–966.

[27] 陈劲，柳卸林．自主创新与国家强盛 [M]. 北京：科学出版社，2008.

[28] 陈立玮，冯岩松，赵东岩．基于弱监督学习的海量网络数据关系抽取 [J]. 计算机研究与发展，2013, 50(09):1825–1835.

[29] 程学旗，靳小龙，王元卓，等．大数据系统和分析技术综述 [J]. 软件学报，2014, 25(09):1889–1908.

［30］董碧娟．科技创新助推中国经济前行 [N]. 经济日报，2020-3-16(004).

［31］房瑞．高校科研协作项目关键成功因素研究 [D]. 山东建筑大学，2015.

［32］Andersen E S, Grude K. Goal directed project management: effective techniques and strategies[M]. Kogan Page Publishers, 2009.

［33］Pinto J K, Slevin D P. Critical success factors across the project life cycle[C]. Project Management Institute, 1988.

［34］Morris P W. Managing project interfaces-key points for project success[J]. Project management handbook, 1983, 2: 16-55.

［35］Moutinho N , Mouta H . Social and environmental impact assessment-theoretical contributions[C]// International Conference on Project Economic Evaluation, 2011. School of Engineering of University of Minho, 2011.

［36］TaniaC. D. Bueno, Claudia de O. Bueno, Angela I. Zotti, Vinicius Mirapalheta, Thiago P. de Oliveira, Hugo C. Hoeschl2012 International Conference on Future Information Technology and Management Science & Engineering(FITMSE 2012). 2012.

［37］Christer Carlsson，Robert Fullér，Péter Majlender[J], A possibilistic approach to selecting portfolios with highest ytil.

［38］DONG Ze-qin, Study on the Post-evaluation of Environmental Planning Based on Logical Framework Approach[J], Meteorological and Environmental Research, 2011(2).

［39］任淮秀，汪昌云．《建设项目后评价理论与方法》[M]. 北京：中国人民大学出版社，1992.

［40］张三力．项目后评价 [M]. 北京：清华大学出版社，2000.

［41］姚光业．投资项目后评价机制研究 [M]. 北京：经济科学出版社，2009.

［42］许晓峰，肖翔．建设项目后评价．北京：中华工商联合出版社 [M]，2000，(1)：71-74.

［43］白思俊．关于项目后评价的探讨．管理工程学报 [J]. 2002,（16）：

21–24.

［44］何应时 . 项目后评价指标体系与量化评价体系研究 [J]. 中国工程咨询，2013, 1.

［45］刘维学 . 系统评价指标体系与灰色模糊评价模型构建 [J]. 计算机技术与发展 , 2013, 7.

［46］中国电力企业联合会 . 电力科技项目后评估导则 :T/CEC 267-2019[S]. 北京：中国电力出版社 , 2020.

［47］王慧 . 电网项目后评价系统研究 [D]. 天津理工大学 , 2011.

［48］徐志勇 , 张徐东 , 曾鸣 , 等 . 基于 ANP 的多层次模糊综合评价法的电网建设项目后评价研究 [J]. 华东电力 , 2009, 37(03):488–491.

［49］纪玉伟 . 基于 DEA 的电网投资建设项目后评价研究 [D]. 北京 : 华北电力大学 , 2008.

［50］廖阳 , 贺艳艳 , 庞勇 . 基于熵权模糊综合评价法的住宅开发项目后评价研究 [J]. 中国经贸导刊 , 2011, (10):81–82.

［51］吴仙丹 . 基于双灰色模糊模型的海铁联运网络风险评价 [D]. 北京 : 北京交通大学 , 2012.

［52］冯秋燕 , 朱学芳 . 社交媒体用户价值画像建模与应用研究 [J]. 情报资料工作 , 2019, 40(06):73–80.

［53］付庆周 . 科技创新是企业发展的不竭动力 [J]. 铁道工程企业管理 , 2003(1):3.

［54］高广尚 . 用户画像构建方法研究综述 [J]. 数据分析与知识发现 , 2019, 3(03):25–35.

［55］郭剑毅 , 李真 , 余正涛 , 等 . 领域本体概念实例、属性和属性值的抽取及关系预测 [J]. 南京大学学报 (自然科学版), 2012, 48(04):383–389.

［56］韩为友 . 技术创新与知识产权保护 [D]. 武汉理工大学 , 2003.

［57］胡巨 , 曾艳 , 钟万里 , 等 . 电网企业科技项目后评价指标体系研究 [J]. 华东电力 , 2012, 40(09):1597–1602.

［58］胡恬 . 文本过滤技术的研究和实现 [D]. 复旦大学 , 2003.

[59] 黄恒琪，于娟，廖晓，等．知识图谱研究综述 [J]. 计算机系统应用，2019, 28(06):1–12.

[60] 焦红，唐衡，周垚．基于 HHM–RFRM 的军用物资配送服务采购关键风险识别与筛选 [J]. 军事交通学院学报，2020, 22(02):57–61+75.

[61] 寇苏玲，蔡庆生．中文文本分类中的特征选择研究 [J]. 计算机仿真，2007(03):289–291.

[62] 李冬梅．知识图谱构建的研究已走入下半场，但大规模落地应用仍需时间 [EB/OL]. 2020. 10. 30. https://www. infoq. cn/article/Fd4ZtNVcK80Mmzgh08Kz.

[63] 李涓子，侯磊．知识图谱研究综述 [J]. 山西大学学报（自然科学版），2017, 40(03):454–459.

[64] 郭道劝．基于 TRL 的技术成熟度模型及评估研究 [D]. 国防科学技术大学，2010.

[65] 李亚男．类 Hype Cycle 技术成熟度评估方法研究 [D]. 中国人民解放军军事医学科学院，2016.

[66] 刘海鸥，孙晶晶，苏妍嫄，等．国内外用户画像研究综述 [J]. 情报理论与实践，2018, 41(11):155–160.

[67] 刘峤，李杨，段宏，等．知识图谱构建技术综述 [J]. 计算机研究与发展，2016, 53(03):582–600.

[68] 刘克彬，李芳，刘磊，等．基于核函数中文关系自动抽取系统的实现 [J]. 计算机研究与发展，2007(08):1406–1411.

[69] 卢道设，杨世瀚，吴尽昭，等．基于描述逻辑的组合知识库推理 [J]. 计算机应用研究，2012, 29(12):4503–4506+4511.

[70] 马名杰，戴建军，熊鸿儒，等．全球科技创新趋势的研判与应对 [N]. 经济日报，2021–01–22(010).

[71] 梅义武．试论科技创新对企业发展的重要性 [J]. 经济师，2016(05):270–271.

[72] 牛立全，李析，王雪松，等．企业科技项目后评价方法研究 [J]. 科技管理研究，2018, 38(14):57–60.

［73］戚云霞．中文文本挖掘技术的研究与应用[D]. 西安电子科技大学，2014.

［74］钱学森，于景元，戴汝为．一个科学新领域——开放的复杂巨系统及其方法论[J]. 自然杂志，1990(01):3-10+64.

［75］曲久龙．科技计划项目评估理论与方法研究[D]. 吉林大学，2006.

［76］史树明．自动和半自动知识提取[J]. 中国计算机学会通讯，2013, 9(08):65-73.

［77］宋成军，张玉华，李冰峰．农业废弃物资源化利用技术综合评价指标体系与方法[J]. 农业工程学报，2011, 27(11):289-293.

［78］汤达伟．论创新对创业型企业的重要性[J]. 上海交通大学学报，2007(S1):230-232+236.

［79］王广凤，朱越杰，孙凤芹．从技术学习到自主创新：文献综述[J]. 科学管理研究，2009, 27(02):5-8+12.

［80］王昊奋，漆桂林，陈华钧．知识图谱：方法、实践与应用[M]. 北京：电子工业出版社，2019.

［81］王日芬．文献计量法与内容分析法的综合研究[D]. 南京理工大学，2007.

［82］王耀德，陈家祺，黄文华．论技术创新的起源和动力[M]. 北京：北京理工大学出版社，2006.

［83］王一鸣．基于知识图谱的推荐技术研究及应用[D]. 电子科技大学，2018.

［84］王营，曹希敬．改革开放以来我国“科技创新”概念内涵的演变[J]. 中国科技纵横．2012.

［85］王宇，谭松波，廖祥文，等．基于扩展领域模型的有名属性抽取[J]. 计算机研究与发展，2010, 47(09):1567-1573.

［86］王元卓，贾岩涛，刘大伟，等．基于开放网络知识的信息检索与数据挖掘[J]. 计算机研究与发展，2015, 52(02):456-474.

［87］韦雪岩，毕竞超．模糊综合评价法应用于项目后评价的模型构建与

实际操作 [J]. 中国工程咨询 , 2017(11):63–66.

［88］吴怀宇 , 程光文 , 丁宇 , 等 . 高校学生创新能力培养途径探索 [J]. 武汉科技大学学报 (社会科学版), 2012, 14(03):334–336.

［89］徐立平 , 姜向荣 , 尹翀 . 企业创新能力评价指标体系研究 [J]. 科研管理 , 2015(S1):5.

［90］徐增林 , 盛泳潘 , 贺丽荣 , 等 . 知识图谱技术综述 [J]. 电子科技大学学报 , 2016, 45(04):589–606.

［91］许唐云 , 瞿海妮 , 赵三珊 , 等 . 电力行业科技项目后评估方法研究 [J]. 湘潭大学自然科学学报 , 2018, 40(06):109–114.

［92］闫永梅 , 任畅翔 , 毛天 , 等 . 基于项目群的电网科技项目评价方法研究 [J]. 南方能源建设 , 2016, 3(02):42–46.

［93］杨莉 , 胡守仁 . 知识库推理和维护系统 (KBIMS)[J]. 国防科技大学学报 , 1991(02):127–133.

［94］杨良选 . 技术成熟度多维评估模型研究 [D]. 国防科学技术大学 , 2011.

［95］Rose Catherine, William Cohen. Personalized Recommendations using Knowledge Graphs: A Probabilistic Logic Programming Approach[C]. In Proceedings of the 10th ACM conference on recommender systems. 2016. pp. 325–332.

［96］Petar Ristoski, Heiko Paulheim. Semantic Web in data mining and knowledge discovery: A comprehensive survey[J]. Web Semantics: Science, Services and Agents on the World Wide Web, 2016, 36(Jan.).

［97］Zhang F. , Yuan N. J. , Lian D. , et al. Collaborative knowledge base embedding for recommender systems[C]. In Proceedings of the 22nd ACM SIGKDD International Conference on Knowledge Discovery and Data Mining. 2016. pp, 353–362.

［98］杨双亮 . 用户画像在内容推送的研究与应用 [D]. 北方工业大学 , 2017.

［99］Alan Cooper(2004). The Inmates Are Running the Asylum[M].

California:Sams Press.

［100］Massanari, A. L. (2010). Designing for imaginary friends: information architecture, personas and the politics of user-centered design[J]. New Media & Society, 12(3), 401–416.

［101］陈慧香，邵波．国外图书馆领域用户画像的研究现状及启示[J]. 图书馆学研究，2017, (20):16–20.

［102］宋美琦，陈烨，张瑞．用户画像研究述评[J]. 情报科学，2019, 37(04):171–177.

［103］张海涛，徐海玲，张枭慧，等．国内外研究现状及展望[J]. 图书情报工作，2019, 63(07):127–134.

［104］Travis D. E–commerceus ability:tools and techniques to perfect the on–line experience[M]. CRC Press, 2002.

［105］赵建建．基于数据驱动的图书馆用户画像模型构建方法研究[J]. 新世纪图书馆，2021(10):43–49.

［106］梁荣贤．基于用户画像的图书馆精准信息服务研究[J]. 图书馆工作与研究，2019(04):65–69.

［107］许鹏程，毕强，张晗，等．数据驱动下数字图书馆用户画像模型构建[J]. 图书情报工作，2019, 63(03):30–37.

［108］陈烨，陈天雨，董庆兴．多视角数据驱动的社会化问答平台用户画像构建模型研究[J]. 图书情报知识，2019(05):64–72.

［109］柳益君，何胜，熊太纯，等．大数据挖掘视角下的图书馆智慧服务——模型、技术和服务[J]. 现代情报，2017, 37(11):81–86.

［110］Cooper Michael D. Usage patterns of a web - based library catalog[J]. Journal of the American Society for Information Science and Technology, 2000, 52(2)：137–148.

［111］Skillen K. L.，Chen L.，Nugent C. D.，et al. Ontological User Modeling and Semantic Rule–Based Reasoning for Personalization of Help–On–Demand Services in Pervasive Environments［J］. Future Generation Computer Systems,

2014, 34(5):97-109.

［112］陈丹，罗烨，吴智勤．基于大数据挖掘和用户画像的高校图书馆个性化服务研究 [J]. 图书馆研究与工作，2019(04):50-53+59.

［113］姚胜．基于知识图谱表示学习的推荐系统设计与实现 [D]. 东南大学，2018.

［114］袁岚峰．瞄准“领跑”，下好创新先手棋 [N]. 人民日报，2019-03-25(009).

［115］约瑟夫·熊彼特．经济发展理论 [M]. 上海：立信会计出版社，2017.

［116］张道天，严正，韩冬，等．采用灰色聚类方法的智能变电站技术先进性评价 [J]. 电网技术，2014, 38(07):1724-1730.

［117］张丽芳．科技项目综合后评价方法研究 [D]. 山西大学，2006.

［118］张晓春．云南电网公司科技项目后评估指标体系建立及应用探索 [J]. 云南科技管理，2010, 23(03):12-14.

［119］张振明．项目后评估在电网企业建设项目中的应用 [D]. 天津大学，2010.

［120］赵军，刘康，周光有，等．开放式文本信息抽取 [J]. 中文信息学报，2011, 25(06):98-110.

［121］郑伟，王锐．文本分类中特征提取方法的比较与研究 [J]. 河北北方学院学报（自然科学版），2007(06):51-54+64.

［122］周光中，朱卫东．项目后评估的研究综述 [J]. 中国管理科学，2006, 14(10):747-754.

［123］朱启超，匡兴华，沈永平．风险矩阵方法与应用述评 [J]. 中国工程科学，2003(01):89-94.

［124］朱启超，匡兴华．NASA 高技术项目风险管理技术与方法 [J]. 世界科技研究与发展，2004(03):95-102.

［125］朱扬勇，孙婧．推荐系统研究进展 [J]. 计算机科学与探索，2015, 9(05):513-525.